北京市教育委员会共建项目建设计划：哲学社会科学研究基地建设项目

中国都市经济研究报告2014

从产业结构演进角度来研究北京市金融中心构建

北京市哲学社会科学规划办公室　刘　伟／主　编
北京市教育委员会　　　　　　　黄桂田／副主编
中国都市经济研究基地　　　　　张　辉／等　著

北京大学出版社
PEKING UNIVERSITY PRESS

图书在版编目（CIP）数据

中国都市经济研究报告.2014，从产业结构演进角度来研究北京市金融中心构建/张辉等著.—北京：北京大学出版社，2014.10
ISBN 978-7-301-25300-7

Ⅰ.①中… Ⅱ.①张… Ⅲ.①区域金融中心—研究—北京市 Ⅳ.①F832.71

中国版本图书馆 CIP 数据核字（2014）第 304877 号

书　　名：	中国都市经济研究报告2014——从产业结构演进角度来研究北京市金融中心构建
著作责任者：	张　辉　等著
责 任 编 辑：	赵学秀
标 准 书 号：	ISBN 978-7-301-25300-7
出 版 发 行：	北京大学出版社
地　　　址：	北京市海淀区成府路 205 号　100871
网　　　址：	http://www.pup.cn
电 子 信 箱：	em@pup.cn　　QQ:552063295
新 浪 微 博：	@北京大学出版社　　@北京大学出版社经管图书
电　　　话：	邮购部 62752015　发行部 62750672　编辑部 62752926
	出版部 62754962
印　刷　者：	北京大学印刷厂
经　销　者：	新华书店
	787 毫米×1092 毫米　16 开本　20.25 印张　331 千字
	2014 年 10 月第 1 版　2014 年 10 月第 1 次印刷
定　　　价：	55.00 元

未经许可，不得以任何方式复制或抄袭本书之部分或全部内容。
版权所有，侵权必究
举报电话：010-62752024　电子信箱：fd@pup.pku.edu.cn

课题组主要成员

朱津函　赵正博　孙梦迪　华晓辰
郭力铭　丁匡达　刘若霞

摘　　要

　　金融市场通过资金转化作用与资源优化配置作用深刻影响着全球的经济,在金融市场的体系中,金融中心占有举足轻重的地位。有影响力的金融中心,不仅可以带来资金、资本的集聚,也可以带来技术的创新、人力资本的累积、投资需求的上升与产业结构的优化与升级。中国目前经济有一重要目标就是调整结构。调整结构需要以对产业结构演进的相关研究作为基础,了解产业结构演进的机制,这不仅有助于"调结构、促改革"的推进,也有助于促进国民经济实现又好又快的增长。

　　本书主要研究在产业演进视角下北京市金融中心的构建。改革开放以来,北京市的经济水平在各个方面都有了长足发展。但是随着工业化的完成,改革逐渐进入深水区,先前的浅层红利即将释放完毕,经济增长速度放缓,北京市的"去工业化"进程造成了一定的经济增长空白。通过何种产业结构调整才能保证北京的经济发展是焦点所在。在此局面下,2008年4月中共北京市市委、市政府发布的《关于促进首都金融业发展的意见》和2011年8月的《北京市国民经济和社会发展第十二个五年规划纲要》,均指出北京市金融业已进入一个重要的上升发展时期,应当使金融业形成产业新增长极,充分发挥金融在全面建设小康社会、加快现代化建设中的重要作用,提出要建设具有国际影响力的金融中心城市。所以,无论是基于现实,还是基于发展规划,金融业的发展和产业结构优化调整均是北京市发展路径中极其重要的一环,并将为城市的经济增长提供持续的动力。

　　本书选取了金融业作为研究对象,从产业结构演进的角度切入,多层次、全覆盖地研究了北京市构建金融中心的可行性及必要性。

　　从北京视角来看,本书利用偏离—份额分析法证明了金融业是北京市的优势产业,大力发展金融业也是大力发展城市经济的必经之路;运用时间序列模型和向量自回归模型证明了北京市金融业的发展对第二、第三产业的发展有拉动作用且第三产业的比重增速高于第二产业,因而金融业的发展促进了北京市产业结构的升级。

从国内外视角来看,本书用因子分析法、熵权法和灰色关联度法测度了排名靠前的城市的成片聚集现象;对最为明显的四个经济圈运用向量自回归模型论证了核心城市对周边区域经济拉动作用,证明了构建北京金融中心对经济圈的正向影响力。

基于实证研究和与其他国内外金融中心的对比,本书评估了北京市金融中心建设存在的诸多问题,包括金融市场体系发展较为滞后、组织体系限制市场发展、服务体系发展相对滞后、地区间横向经济联系松散、缺少经济腹地等。针对以上问题,北京市应当明确北京金融中心的定位与作用,创建宽松的金融政策环境,构建完善、中立、权威的法律制度,加强金融配套设施建设,加强横向联系,拓展金融腹地等。

Abstract

By promoting the conversion of money into capital and optimizing the allocation of resources, financial market exerts a profound influence on the global economy. And financial centers plays a significant role in the financial market system. As the gathering place of capital, innovation and talents, an influential financial center can stimulate investment demand and upgrade multiple industries. One of the most important goal of China's economic reform is restructuralization, and we won't be able to achieve restructuralization without deep understanding of Industrial Structure Evolution. Knowing the mechanism of Industrial Structure Evolution is not only essential for "structure adjusting and reform acceleration", but also helpful for the rapid and sound development of the national economy.

This book tried to study the establishment of Beijing financial center under the perspective of Industrial Structure Evolution. Since China's reform and opening up, Beijing's economy has made substantial progress in all aspects. However, with the industrialization completed, and the reform deepened, the economy of Beijing has been slowing down. Deindustrialization also hindered the economic development of Beijing. So here comes the question: how do we reboot the economy of Beijing through adjustment of industrial structure. In April 2008, Beijing Government released Opinions on Promoting the development of Beijing's financial industry, and in August 2011, The Twelfth Five-Year Plan for the National Economic and Social Development of Beijing was released. Both documents pointed out that the financial industry in Beijing has entered an important period of dramatic transformation and development. Financial industry should become a new growth pole of Beijing's economy, should help build a fairly well-off society in an all-around way and should accelerate the modernization process of Beijing, Beijing should be a financial center with international influence. In that, the development of financial industry and transformation of industries will both play a significant role in Beijing's future growth path.

From the angle of Industrial Structure Evolution, this book studied the feasibility and necessity of constructing a financial center in Beijing on many different levels.

From a Beijing perspective, this book proved that financial industry is a competitive industry in Beijing using Shift-share Analysis, development of financial industry can go a long way towards development of economy of the city; using time series model and VAR, this book also demonstrated that the development of financial industry can significantly stimulate the development of secondary industries and tertiary industries in Beijing, and tertiary industries have a much faster growth than secondary industries, so it's fair to say that the development of financial industry promoted the industrial structure optimization in Beijing.

From an international perspective, this book measured the urban aggregation of major cities in the world using factor analysis method, entropy weight method and fuzzy correlation method; by using VAR on 4 major economic circles, we demonstrated the core cities' promoting function for surrounding areas, hence proved the positive influence of the construction of Beijing financial center.

Based on empirical research and in contrast with other financial centers in the world, this book pointed out many obstacles that Beijing may have in building a financial center, including development lag of financial market system and service system, loose affiliations among regional markets, lack of economic hinterland, etc. In view of the above problems, the Beijing authority should have a clear picture of the role of Beijing financial center, provide a loose policy environment, construct an evolved, independent and authoritative law system, strengthen financial infrastructure construction and expand financial hinterland.

前　　言

2004年,为贯彻《中共中央关于进一步繁荣发展哲学社会科学的意见》,北京大学承担了北京市哲学社会科学规划办公室和北京市教委关于设立中国都市经济研究基地的任务。在北京大学哲学社会科学部的推荐和支持下,北京大学经济学院依托当时已有的十个研究所、中心和六个系的科研力量建成了中国都市经济研究基地。中国都市经济研究基地是一个开放型的研究机构,不仅包括经济学院和北京大学其他院、系、所和中心的科研力量,而且还广泛邀请北京市和全国乃至世界的相关科研机构、政府部门加入研究。中国都市经济研究基地首席专家为刘伟教授,负责人为黄桂田教授。从2004年基地设立以来,基地有力地带动了科研课题的增加,对课题研究起了孵化作用;有力地推进了学科建设和人才队伍建设;促进了科研基础条件和支撑条件的改善;产生了一批有影响的成果;有力地融入到北京市社会经济发展之中。

中国都市经济研究基地自成立以来,积极开展中国都市特别是北京市都市经济发展方面的研究。目前,基地已经完成的典型科研项目包括:(1)北京在中国及世界都市经济中的今天与未来定位;(2)北京地区水资源短缺对策研究;(3)北京2008奥运融资研究;(4)北京地方产业集群发展研究;(5)中国都市房地产宏观调控研究;(6)全球价值链下北京地方产业升级研究;(7)北京市政债券问题研究。基地当前在研的典型项目有:(1)北京市产业空间结构研究;(2)北京市"去工业化"的都市金融中心构建;(3)中小企业集群融资理论与创新设计研究;(4)中关村自生创新示范区深化发展路径研究;(5)北京市统筹城乡医疗保障制度对财政体系的影响研究;(6)北京城市公用事业价格规制及政府补贴管理研究;(7)北京市金融产业竞争力发展研究;(8)北京农产品价格形成机制研究。根据相关研究,从2005年以来,出版了中国都市经济系列年度研究,本研究是中国都市经济系列研究中2014年的主要研究成果。

本书是以张辉副教授为负责人2012年所承担北京市教育委员会共

建项目建设计划:哲学社会科学研究基地建设项目"从产业结构演进角度来研究北京市金融中心构建"的最终研究成果。该研究从2012年1月开始,严格按照研究任务书要求完成各阶段各项任务,2013年3月完成研究成果,2014年受到北京市哲学社会科学规划办公室研究基地年度报告出版资助,于是在已有研究成果基础上进一步修订优化,最终形成本年度报告。

课题由张辉副教授负责,北京大学硕士研究生朱津函和赵正博具体协调,课题组经过多轮讨论统一了研究框架和研究思路。课题组主要成员有北京大学经济学院博士后刘若霞、北京大学经济学院硕士研究生丁匡达、北京大学软件与微电子学院硕士研究生孙梦迪、华晓辰、郭力铭。

经济全球化和经济金融化是当今世界经济发展的重要特点。金融在本质上是配置资本这一生产要素的过程,而对于经济发展的作用则通过金融体系的功能来体现。目前,金融市场通过其资金转化作用与资源优化配置作用深刻影响着全球的经济,在金融市场的体系中,金融中心占有举足轻重的地位。一个有影响力的金融中心,不仅可以带来资金、资本的集聚,也可以带来技术的创新、人力资本的累积、投资需求的上升与产业结构的优化与升级。

传统的经济学理论认为宏观经济有四大目标,即经济增长、充分就业、物价稳定和国际收支平衡。而由于自身的特殊情况,中国在四大目标之外还有一重要目标——调整结构。调整结构需要以对产业结构演进的相关研究作为基础,了解产业结构演进的机制,这不仅有助于"调结构、促改革"的推进,也有助于促进国民经济实现又好又快地增长。本书主要研究在产业演进视角下北京市金融中心的构建,与国内其他城市相比,北京市在政治、经济、自然资源等方面有着与众不同的优势,导致其产业结构也有独特之处。作为中国的首都,北京市在国民经济中占有重要的地位。所以,对北京市的研究也对全国有重要的借鉴意义。

改革开放以来,北京市的经济水平在各个方面都有了长足发展,无论是在量的方面还是在质的方面都取得了显著的成就。2013年,北京市GDP达到19 500.6亿元,同比增长7.7%,人均GDP达到93 213元,三次产业比例由1990年的9∶52∶39调整为1∶22∶77。在改革开放以来的三十多年发展中,北京市的经济总量稳步提升,产业结构优化调整,工业化几近完成。

但是随着工业化的完成,改革逐渐进入深水区,先前的浅层红利即将释放完毕,由此带来的后果之一便是经济增长速度放缓的预期。此外,政府的政策主导也使近年来北京市的产业结构发生了一定的变迁,特别是以北京市举办奥运会为契机,北京市关停并转了大批产能落后、高污染、高能耗的工业企业。此过程可看作"去工业化"过程,而在此过程的初始阶段,这些工业企业的退出势必会对北京市的经济增长有一定影响。

在此局面下,2008年4月,中共北京市委、北京市人民政府发布《关于促进首都金融业发展的意见》(以下简称《意见》)。《意见》指出,北京市金融业已进入一个重要的上升发展时期,应当使金融业形成产业新增长极,充分发挥金融在全面建设小康社会、加快现代化建设中的重要作用,促进首都经济社会协调可持续发展。

2011年8月,《北京市国民经济和社会发展第十二个五年规划纲要》(以下简称《纲要》)发布,提出了强化创新推动、增强服务功能、优化空间布局、提升城市管理、推动成果共享的发展途径。其中,《纲要》特别强调了金融业在增强服务功能中的重要作用,提出要建设具有国际影响力的金融中心城市。

所以,无论是基于现实,还是基于发展规划,无论是着眼于北京市近期的发展目标,还是中长期的城市发展远景,金融业的发展和产业结构优化调整均是北京市发展路径中极其重要的一环,并将为城市的经济增长提供持续的动力。

基于上述原因,本书选取了金融业作为研究对象,并从产业结构演进的角度切入,旨在通过实证分析阐明第三产业中金融业的发展在北京市经济增长中的重要地位和对北京市产业结构优化的促进作用,说明在北京市未来的经济发展中,金融业将是其主要的增长动力,并根据研究成果提出部分政策建议。

具体而言,本书分为以下四个部分进行阐述:

第一部分为理论综述,主要梳理了区域产业结构演进的相关理论,和金融中心构建的相关理论,归纳总结了地区经济发展特别是金融业发展的一般规律,为后文的实证分析提供了坚实的理论基础。

第二部分从北京的视角,多方面考察了北京市金融业的发展概况,并通过实证分析论证了北京市金融业的发展是否会推动经济的增长,促进产业结构的进一步优化。

首先,北京市产业结构演进和金融业的发展概况显示,北京市第三产业和金融业发展迅速。第三产业自2001年起进入高速增长期,占GDP

的比重也逐年增加,产业结构变迁明显;金融业产值呈明显上升趋势,占GDP的比重在2012年达到峰值(14%),在产业结构中重要性日益凸显。

其次,本书利用偏离—份额分析法进行分析,认为虽然北京市各产业竞争力一般位于全国水平之下,但产业结构较全国而言有一定比较优势,其中金融业优势明显,因而能够作为北京市未来经济增长的主导行业,大力发展金融业也是大力发展城市经济的必经之路。

金融业对经济发展的拉动作用有多大,是否能够弥补由于"去工业化"而造成的经济增速的放缓等问题,不仅需要上述定性分析,更需要用严谨的定量分析来考察。本书从两个方面对此进行了实证研究。首先从贡献率角度来看,第二产业和金融业对经济增长贡献的实证分析显示,金融业对经济增长的贡献率呈快速上升趋势,到2010年贡献率比重达到22.67%,而作为整体的第二产业仅为10.88%,金融业已逐渐成为北京市经济发展的主导产业。其次从产业结构角度来看,由时间序列模型和向量自回归模型的结果可知,北京市金融业的发展对第二、第三产业的发展均有促进作用,且第三产业的比重增速高于第二产业,因而金融业的发展在一定程度上促进了北京市产业结构的升级。

因此,本书认为金融业在北京拥有良好的发展前景,因为其不仅是北京市经济增长的新动力,也是能够促进产业结构优化升级的推动力,因而北京市发展金融业的战略是正确的,构建金融中心也是势在必行。

第三部分从国内外视角,对北京市与其他城市的金融中心构建进行了多维度的横向比较,主要着眼于北京市的比较优势,并从国内外案例中总结了成功经验。

首先,本书通过城市竞争力指标在中国大陆范围选出了64个具有成为金融中心潜力的城市,采用因子分析法、熵权法和灰色关联度法对这64个城市的经济支撑、金融发展、城市环境和发展潜力与人才四个方面分别进行了排名。结果显示,虽然各指标具有不同的理论意义和计算方法,但排名结果非常接近,且排名靠前的城市呈明显的成片聚集现象,分别构成京津唐经济圈、长三角经济圈、珠三角经济圈和成渝经济圈四个经济圈。

其次,为什么竞争力排名靠前的城市会在区位分布上有成片聚集的现象?本书通过对上述四个经济圈的实证分析,认为这是由于各大经济圈内都有一个核心城市(成渝经济圈为双核),而该核心城市对周边腹地的经济发展有较强的辐射效应。从四个经济圈在中国的布局来看,华北、华东、华南和西南地区各占其一,且四个经济圈的 GDP 占全国比重之和在 2012 年达到 47.8%,对于中国经济的重要程度可见一斑,其特殊的发展格局也将在未来对中国经济的整体发展提供多方位、多层次的强有力支持。

最后,在上述国内经济圈的发展历程之中,各个核心城市作为成功的金融试点,其各自的比较优势和发展经验各不相同,非常值得处于构建金融中心阶段的北京市借鉴。此外,国际知名的各大金融中心由于起步较早,经历了更长的发展史和兴衰史,对北京同样具有深刻的借鉴意义。因而本书分别从国内和国外选取了最具代表性的几个金融中心,与北京市进行比较分析,得出了其在金融中心的构建上所具有的比较优势,归纳总结了其他金融中心构建的成功经验。

第四部分为结论与建议,在对前文结论进行归纳和总结的基础上,本书详尽地分析了北京市在产业结构演进和金融中心构建方面存在的优势,包括优越的地理位置、雄厚的经济实力、不断完善的金融市场制度建设和产品创新等;同时也存在一定的问题与短板,本书针对这些问题提出了相应的政策建议,包括创建宽松的金融政策环境、加大金融机构和金融人才的集聚、推进信息化建设、改善法律环境和税收制度、拓展经济腹地建设等。

总而言之,北京市金融业的发展在经济增长中有着重要地位,对产业结构优化也有重要促进作用,因而在"去工业化"的大背景下,为了弥补去工业化带来的经济增长动力不足,大力发展金融业、构建金融中心是北京市城市发展的必经之路。本书在分析和论证的过程中兼顾了全面性、专业性和规范性的原则,以期能为北京市经济发展道路选择和未来发展方向展望提供一定的参考和借鉴。

在本书的研究过程中,我们得到了北京市教育委员会、北京市哲学社会科学规划办公室和北京大学社会科学部诸位领导的大力支持。在此,对所有关心和帮助本书完成的机构和人员表示衷心的感谢。最后,由于本书时间和水平有限,书中的分析和论证难免存在不足或疏漏之处,还请各位读者不吝批评指正。

张　辉
2014 年 10 月

目　　录

第一部分　理论与文献综述

第一章　区域产业结构演进相关理论与文献综述 ………… 3
　第一节　产业结构理论与产业结构政策 ………………… 3
　第二节　产业结构变迁与经济增长 ……………………… 8
　第三节　产业结构与主导产业 …………………………… 9
　第四节　产业结构演进的模型分析 ……………………… 10

第二章　区域金融发展与金融中心构建相关理论与文献综述 ………………………………………………………… 15
　第一节　金融发展文献综述 ……………………………… 15
　第二节　金融集聚文献综述 ……………………………… 21
　第三节　金融中心构建理论 ……………………………… 37
　第四节　金融中心的评价体系 …………………………… 42

第二部分　金融中心构建：北京视角

第三章　北京市产业结构演进与金融业发展 ……………… 61
　第一节　北京市产业结构演进 …………………………… 61
　第二节　北京市金融业发展 ……………………………… 79
　第三节　北京市金融业专业化程度与集聚度概况 …… 94

第四章　北京市产业结构优化分析及测算 ………………… 97
　第一节　产业结构优化理论综述 ………………………… 97

第二节 基于偏离—份额法的产业结构演进分析 …… 98
第三节 实证模型结论 …………………………… 103

第五章 北京市第二产业和金融业对经济增长的贡献 …… 105
第一节 第二产业、金融业和经济增长 ……………… 105
第二节 第二产业和金融业对经济增长贡献
的研究 …………………………………… 107

第六章 北京市金融发展对经济发展影响的实证分析 …… 117
第一节 金融机构存贷款指标与经济发展实证
分析 ……………………………………… 117
第二节 基于向量自回归模型和协整的实证
分析 ……………………………………… 120

第七章 北京市金融业的行业关联度 ………………… 137
第一节 理论与文献综述 …………………………… 137
第二节 北京市金融业的行业关联度 ……………… 142

第三部分 金融中心构建：国内外视角

第八章 我国金融中心体系的构建 …………………… 153
第一节 经济发展水平和金融实力的地区间
比较 ……………………………………… 153
第二节 对国内金融中心排名的实证分析 ………… 171
第三节 中国金融中心的排名结果及北京定位 …… 200

第九章 金融中心的辐射效应 ………………………… 205
第一节 区域性经济圈金融业发展现状 …………… 205
第二节 三大经济圈金融集聚程度比较 …………… 210
第三节 区域性经济圈核心城市条件比较 ………… 212

第四节　西部新星——成渝经济圈……………………………215
　　第五节　金融中心对腹地辐射效应实证分析………………217
　　第六节　金融试点案例介绍——深圳前海特区………………237

第十章　国际金融中心的变迁及比较分析………………………243
　　第一节　国际金融中心的变迁………………………………243
　　第二节　基于机构统计指标的金融中心比较
　　　　　　分析……………………………………………………257
　　第三节　基于比较优势理论的国际金融中心
　　　　　　比较分析………………………………………………263
　　第四节　城市新金融中心的崛起
　　　　　　——以伦敦金丝雀码头为例…………………………272
　　第五节　北京建设国际金融中心的优势、差距
　　　　　　及建议…………………………………………………278

第四部分　国际金融中心：开放、包容与创新

第十一章　建立国际金融中心的一些约束条件与北京的
　　　　　潜在问题…………………………………………………287
第十二章　建立体系完备、开放包容的国际金融中心……………292

参考文献……………………………………………………………297

CONTENTS

Part I Literature Review

Chapter I **Review on Regional Industrial Structure Evolution** ⋯ 3

    1 Industrial Structure Theory and Industrial Structure Policy ⋯⋯⋯⋯⋯⋯⋯⋯⋯⋯⋯⋯⋯⋯⋯⋯⋯⋯⋯⋯ 3

    2 Industrial Structure Changes and Economic Growth ⋯ 8

    3 Industrial Structure Changes and Leading Industry ⋯ 9

    4 Review on Industrial Structure Evolution Models ⋯⋯ 10

Chapter II **Review on Regional Financial Development and Financial Centres Building** ⋯⋯⋯⋯⋯⋯⋯⋯⋯⋯⋯⋯⋯⋯ 15

    1 Review on Financial Developing ⋯⋯⋯⋯⋯⋯⋯⋯ 15

    2 Review on Financial Agglomeraton ⋯⋯⋯⋯⋯⋯⋯ 21

    3 Theories of Building Financial Centres ⋯⋯⋯⋯⋯⋯ 37

    4 Rating Methods of Financial Centres ⋯⋯⋯⋯⋯⋯⋯ 42

Part II Financial Center : Perspective of Beijing

Chapter III **Industrial Structure Evolution and Financial Developing in Beijing** ⋯⋯⋯⋯⋯⋯⋯⋯⋯⋯⋯⋯⋯⋯⋯⋯⋯⋯ 61

    1 Industrial Structure Evolution in Beijing ⋯⋯⋯⋯⋯ 61

    2 Financial Developing in Beijing ⋯⋯⋯⋯⋯⋯⋯⋯ 79

    3 Financial Specialization Level and Agglomeration Degree in Beijing ⋯⋯⋯⋯⋯⋯⋯⋯⋯⋯⋯⋯⋯⋯⋯ 94

Chapter IV	Analysis and Measurement of the process of Beijing's Industrial Structure Optimization ·············· 97
	1 Review on Industrial Structure Optimization ········ 97
	2 Shift-Share Analysis of Industrial Structure Evolution ··· 98
	3 Empirical Conclusion ································ 103
Chapter V	Chapter V Contribution of the Secondary Industry and Financial Industry to Economic Growth in Beijing ··· 105
	1 Industrial Structure, the Secondary Industry, Financial Industry and Economic Growth ··············· 105
	2 Measuring Method Contribution of the Secondary Industry and Financial Industry to Economic Growth ········ 107
Chapter VI	Empirical Analysis of the Impact of Financial Development on Economic Development ···················· 117
	1 Empirical Analysis of Deposits and Loans of Financial Institutions and Economic Development ············ 117
	2 Empirical Analysis based on Vector Autoregression Model and Co-integration Model ····················· 120
Chapter VII	Industry Association of Beijing Financial Industry ··· 137
	1 Literature Review ···································· 137
	2 Industry Association of Beijing Financial Industry ··· 142

Part III Financial Center：Perspective of China

Chapter VIII	Domestic Financial Centres System ················· 153
	1 Comparison of Financial Development and Financial Strength among Different Regions ················· 153
	2 Domestic Financial Centres Ranking ············· 171
	3 Ranking Results of Financial Centres and Economic Implications ·· 200

Chapter IX	**Radiation Effect of Financial Centres** ·············· 205	
	1	Financial Development of Regional Economic Zones ·· 205
	2	Comparison of Financial Agglomeraton Levels among Regional Economic Zones ························· 210
	3	Comparison of Core Cities among Regional Economic Zones ·· 212
	4	Chengdu-Chongqing Economic Zone ············· 215
	5	Empirical Analysis of Radiation Effect from Financial Centres to Hinterland ···························· 217
	6	Introduction of Domestic Financial Pilot-Qianhai District, Shenzhen ·· 237
Chapter X	**Comparative Analysis of International Financial Centres** ··· 243	
	1	The Rise and Fall of International Financial Centres ··· 243
	2	Comparative Analysis of International Financial Centres Based onIndex ································· 257
	3	Comparative Analysis of International Financial Centres Based on Comparative Advantages ··················· 263
	4	The New CBD-Canary Wharf Case Study ·········· 272
	5	Advantages, Disadvantages and Advice of Beijing's Building International Financial Centre ··············· 278

Part IV International Financial Centre: Open, Inclusive & Innovative

Chapter XI	Some Restrain Conditions on International Financial Center Construction and Potential Problems Beijing Face to ··· 287
Chapter XII	Construct an Open International Financial Center with Complete System ····································· 292

References ··· 297

第一部分

理论与文献综述

本书第一部分主要对书中涉及的理论进行介绍。在对国内外产业结构演进和金融中心构建理论进行研究的过程中,可发现经济增长、产业结构变迁、主导产业的更替、金融业的发展和集聚以及最终金融中心的形成几个命题之间有着紧密的内在联系,它们共同构成了金融中心相关理论的复杂体系。经济增长和产业结构优化升级是地区发展的主题,两者的相互作用使地区的经济发展最终表现为主导产业优势地位的有序更替;根据金融发展理论,金融中介会在这个过程中起到不可替代的作用,同时金融业会在某些有条件的城市集聚、成为主导产业并进一步促进城市自身乃至整个周边区域的经济发展;最后,按照金融中心理论和各国形成金融中心的实践来看,国家范围内将形成不同功能和不同等级的金融中心,并构成一个国家的金融中心体系。

本部分有两章,第一章将对区域产业结构的已有研究进行介绍,第二章对金融发展理论、集聚理论和金融中心理论进行介绍。对产业结构理论、金融发展理论和产业集聚的介绍按照时间和理论发展的顺序,对金融中心理论则将从各国学者不同的研究角度出发进行介绍。

第一章 区域产业结构演进相关理论与文献综述

第一节 产业结构理论与产业结构政策

一、产业结构政策

产业结构政策的记载可以追溯到外国的古埃及、古巴比伦时期,以及我国的春秋战国时期。《史记·货殖列传》记载:"待农而食之,虞而出之,工而成之,商而通之",则"农不出则乏其食,工不出则乏其事,商不出则三宝绝,虞不出则财匮少,财匮少而山泽不辟矣"。讲的是要依赖农民种地来生产,依赖掌管山林水泽的虞人送出,依赖工匠制造,依赖商人流通。农民不出来种地就会缺少食物,工匠不出去做工就会少了工匠的事做,经商的人不经商各地的货物就不能通畅,虞人不出就会财产减少,财产减少就会让山泽的道路堵塞。而现代意义上的产业政策则形成于产业革命完成、现代大工业发展时期的资本主义国家。产业政策的蓬勃发展则应归功于日本。二战后日本经济濒临崩溃,日本政府通过规划产业结构高度化发展的目标,设计产业结构高度化的途径,确定不同时期带动整个国民经济起飞的"主导产业",诱导经济按既定目标发展,使日本在短短二十多年的时间内一跃成为世界经济强国。

二、产业结构理论

产业结构理论的思想渊源可以追溯到 17 世纪。英国资产阶级古典政治经济学创始人威廉·配第早在 17 世纪就第一次发现,随着经济的不断发展,产业中心将逐渐由有形的物质性生产转向无形的服务性生产。1691 年,威廉·配第根据当时英国的实际情况明确指出:工业生产往往比农业生产的利润多得多,因此劳动力必然由农转工,而后再由工转商。

1940年,英国科学家科林·克拉克在威廉·配第关于收入与劳动力流动之间关系学说的研究成果之上,计量和比较了不同收入水平下就业人口在三次产业中分布结构的变动趋势后,得出了"随着全社会人均国民收入水平的提高,就业人口首先由第一产业向第二产业转移;当人均国民收入水平有了进一步提高时,就业人口便大量向第三产业转移"的结论。他认为自己只是印证了威廉·配第提出的结论,后人把克拉克的发现称为配第—克拉克定理。

法国古典政治经济学的主要代表、重农学派的创始人魁奈分别于1758年和1766年发表了重要论著《经济表》和《经济表分析》。他根据自己创立的"纯产品"学说,提出了关于社会阶级结构的划分:生产阶级,即从事农业可创造"纯产品"阶级,包括租地农场主和农业工人;土地所有者阶级,即通过收取地租和赋税从生产阶级那里取得"纯产品"的阶级,包括地主及其仆从、君主官吏等;不生产阶级,即不创造"纯产品"的阶级,包括工商资本家和工人。他在经济理论上的突出贡献是他在"纯产品"学说的基础上对社会资本的再生产和流通条件的分析。

在威廉·配第之后,亚当·斯密在《国富论》中虽未明确提出产业结构概念,但论述了产业部门、产业发展及资本投入应遵循农工批零商业的顺序。其时恰逢工业革命前夕,重商主义阻碍工业进步的局限性和商业繁荣的虚假性已暴露出来。就此而论,配第、魁奈及亚当·斯密的发现和研究是产业结构理论的重要思想来源之一。

产业结构理论的形成是在20世纪三四十年代。在这个时期对产业结构理论的形成做出突出贡献的主要有新西兰经济学家费夏、日本经济学家赤松要、俄裔美国经济学家里昂惕夫、英国经济学家克拉克和美国经济学家库兹涅茨等。

日本经济学家赤松要在1932年提出立足于发展中国家的"雁形产业发展形态说"。该学说认为,伴随着发达国家技术和产业发展的推动作用,发展中国家的产业结构的演变规律为由进口到国内生产,再到出口。其经历的"进口—当地生产—开拓出口—出口增长"四个阶段呈周期循环规律。某一产业随着进口的不断增加,国内生产和出口的形成,其图形就如三只大雁展翅翱翔。人们常以此表述后进国家工业化、重工业化和高加工度化发展过程,并称之为"雁形产业发展形态"。

新西兰经济学家费夏在1935年首次提出三次产业划分方法,他以属性的不同作为产业结构划分的依据:第一次产业是指农林渔等直接以自然资源为生产原料的产业;第二次产业为以自然资源的生产物为加工原料的加工业;第三次产业是以非物质产品为主要特征的包括商业在内的服务业。这标志着产业结构理论初具雏形。

英国经济学家科林·克拉克在吸收并继承配第、费夏等人的观点的基础上,建立了完整、系统的理论框架。他在1940年出版的《经济发展条件》一书中,通过对40多个国家和地区不同时期三次产业劳动投入和总产出的资料的整理和比较,总结了劳动力在三次产业中的结构变化与人均国民收入的提高存在的规律性:劳动人口从农业向制造业,从而从制造业向商业及服务业移动,这就是克拉克法则。其理论前提是以经济在时间推移中的变化为依据。这种时间序列意味着经济发展,而经济发展在此是以不断提高的国民收入来体现的。

美国经济学家库兹涅茨在1941年的著作《国民收入及其构成》中阐述了国民收入与产业结构之间的重要联系。通过对大量历史经济资料进行研究,他认为产业结构和劳动力的部门结构将趋于下降;政府消费在国民生产总值中的比重趋于上升,个人消费比重趋于下降,这便是库兹涅茨的产业结构论。在理论前提上,他把克拉克单纯的"时间序列"转变为直接的"经济增长"概念,即"在不存在人均产品的明显减少(即人均产品一定或增加)的情况下产生的人口的持续增加"。同时,"人口与人均产品双方的增加缺一不可",而"所谓持续增加,指不会因短期的变动而消失的大幅度提高"。而后,他将产业结构重新划分为"农业部门"、"工业部门"和"服务部门",并使用了产业的相对国民收入这一概念来进一步分析产业结构。由此,克拉克法则的地位在现代经济社会更趋稳固。

这些经济学家和学者对产业结构的研究从最初的实证分析逐步转向理论研究,促进了产业结构理论的形成。

产业结构理论在20世纪五六十年代得到了较快的发展。这一时期对产业结构理论研究做出了突出贡献的代表人物包括里昂惕夫、库兹涅茨、刘易斯、赫希曼、罗斯托、钱纳里、霍夫曼、希金斯等以及一批日本学者。

(一)欧美学者对产业结构的研究

里昂惕夫、库兹涅茨、霍夫曼和丁伯根分别沿着主流经济学经济增长理论的研究思路,分析了经济增长中的产业结构问题。

里昂惕夫对产业结构进行了更加深入的研究。他于1953年和1966

年分别出版了《美国经济结构研究》和《投入产出经济学》两书,建立了投入产出分析体系,并利用这一体系分析了经济的结构域各部门在生产中的关系和国内各地区间的经济关系以及各种经济政策所产生的影响。另外,在《现代经济增长》和《各国经济增长》中,他还深入研究了经济增长与产业结构关系的问题。

丁伯根关于制定经济政策的理论包含了丰富的产业结构理论。例如他认为,经济结构就是有意识地运用一些手段达到某种目的,其中就包含了调整结构的手段。将经济政策区分为数量政策、性质政策和改革政策三种。其中,性质政策是改变结构(投入产出表)中一些元素,改革政策是改变基础(投入产出表)中的一些元素。又如在他的发展计划理论中所采用的大型联立方程式体系,就是凯恩斯、哈罗德、多马以及里昂惕夫等多种模型的混合物;另外,他所采用的部分投入产出法,也是一种产业关联方法,它直接从投资项目开始,把微观计划简单地加总成为宏观计划。

刘易斯、赫希曼、罗斯托、钱纳里和希金斯的产业结构理论则是发展经济学研究的进一步延伸,其中存在两种思路:

1. 二元结构分析思路

刘易斯于1954年发表的《劳动无限供给条件下的经济发展》一文中,提出了用以解释发展中国家经济问题的理论模型,即刘易斯理论(二元经济结构模型)。拉尼斯和费景汉把二元经济结构的演变分为三个阶段,他们认为不仅收入分配发生变化,与之相对应的规模以及储蓄、教育、劳动力市场等有关因素之间也存在着直接的联系。希金斯分析了二元结构中先进部门和原有部门的生产函数差异。原有部门的生产函数属于可替代型的,而先进部门存在固定投入系数型的生产函数,采取的是资本密集型的技术。

2. 不平衡发展战略分析思路

赫希曼在1958年出版的《经济发展战略》中提出了一个不平衡增长模型,突出了早期发展经济学家限于直接生产部门和基础设施部门发展次序的狭义讨论。其中关联效应理论和最有效次序理论,已成为发展经济学中的重要分析工具。

罗斯托提出了著名的主导产业扩散效应理论和经济成长阶段理论。他认为,产业结构的变化对经济增长具有重大的影响,在经济发展中应重视发挥主导产业的扩散效应。罗斯托的主要著作有《经济成长的过程》

和《经济成长的阶段》等。

钱纳里对产业结构理论的发展贡献颇多。他认为,经济发展中资本与劳动的替代弹性是不变的,从而发展了柯布—道格拉斯的生产函数学说,指出在经济发展中产业结构会发生变化,对外贸易中初级产品的出口将会减少,逐步实现进口替代和出口替代。

(二) 日本学者对产业结构的研究

欧美学者的产业结构研究及提出的理论模型具有一般意义,形成了该研究领域的主流。但作为应用经济理论,各国在实践中形成了各具特色的理论概况。二战后,立足本国国情,日本经济学家逐步发展形成了一套独特的产业结构理论,他们认为产业结构变动与周边国家或世界相关联。在日本,对产业结构理论有比较深入研究的学者有筱原三代平、马场正雄、宫泽健一、小宫隆太郎、池田胜彦、佐贯利雄、筑井甚吉等。其中筱原三代平是日本研究经济周期理论和产业结构问题的著名专家。他的研究成果包括《日本经济的成长和循环》《收入分配和工资结构》《消费函数》《日本经济之谜——成长率和增长率》《产业构成论》《现代产业论(产业构造)》。

筱原三代平(1955)提出了"动态比较费用论",其核心思想强调:后起国的幼稚产业经过扶持,其产品的比较成本是可以转化的,原来处于劣势的产品有可能转化为优势产品,即形成动态比较优势。由于与国际贸易理论密切相关,因此这个理论成为战后日本产业结构理论研究的起点。在实践中,一些日本学者提出了各种理论假设和模型来研究实现产业结构优化升级的具体途径,其中最著名的是赤松要等提出的产业发展"雁形态论"。

赤松要(1936,1957,1965)在战前研究日本棉纺工业史后提出了"雁形态论"最初的基本模型,战后与小岛清(1937)等进一步拓展和深化了该理论假说,用三个相联系的模型阐明了完整内容。

关满博(1993)提出产业的"技术群体结构"概念并构建了一个三角形模型,并用该模型分别对日本与东亚各国和地区的产业技术结构做了比较研究。其核心思想是:日本应放弃从明治维新后经百余年奋斗形成的"齐全型产业结构",促使东亚形成网络型国际分工,而日本也只有在参与东亚国际分工和国际合作中对其产业进行调整才能保持领先地位。

日本学者的产业结构研究实际上触及了东亚区域产业结构循环演进

的问题,并且已经明确意识到一国产业结构变动与所在国际区域的周边国家或世界相关联,但这些研究仍以单个国家为立足点,仅涉及国际区域的一个特例,没有上升到一般理论。

第二节 产业结构变迁与经济增长

有关结构变迁(structural change)和经济增长的关系的研究历史悠久,卷帙浩繁,最早可以追溯到20世纪30年代,如费希尔(1931)、克拉克(1940)等,而库兹涅茨(1957)较早就从实证角度分析和度量了三次产业、产值结构及劳动力结构对经济增长的影响。但是,关于产业结构变迁和经济增长之间联系的研究甚少。20世纪七八十年代以来,当代最著名的关于结构变迁和经济增长的关系的研究主要来自发展经济学家,尤其是钱纳里(1977,1979,1985)、赛尔奎因(1984)等结构主义学派,钱纳里、赛尔奎因等用计量实证方法和投入产出分析方法建构了工业化进程中经济结构变迁的标准模型,为后来的研究者分析和度量结构变迁和经济增长的相互关系提供了可视的尺度。他们在20世纪七八十年代从发达国家的工业化和经济成长历史中挖掘出很多关于经济结构和经济发展的相互关系的有价值研究,在研究方法上有很多新的进展和突破;而20世纪90年代以及21世纪初叶的最新研究主要出自对转型经济(中国、俄罗斯、东欧等)、新型工业经济(新加坡、韩国、中国台湾等)和不发达经济感兴趣的经济学家。其中,Pilat(1993)、Fagerberg(2000)、Timmer(2000)、Peneder(2003)等都尝试了用新的方法测度在东亚经济的发展过程中结构变迁究竟在多大程度上推动了劳动生产率的提升。在他们的研究中,有的证明了结构效应十分显著,有的发现结构效应并不显著,对此,Timmer(2000)认为这可能是因为结构效应发生在更微观的领域,宏观的度量方法不一定适用。

国内关于产业结构变迁与经济增长的理论研究和实证分析有很多。在实证分析上,国内相关研究主要是用投入产出方法和经济计量方法研究经济结构(主要是产业结构)和经济增长的相互关系,最新的研究中以计量方法为主,刘伟、李绍荣(2002),朱慧明、韩玉启(2003)和陈华(2005)先后用经典最小二乘法、格兰杰(Granger)因果检验和协整检验等静态和动态计量方法研究了中国的产业结构对经济增长的影响。尽管方法层出不穷,但这些研究都认为产业结构优化确实促进了经济增长,然而由于数据和计量方法的差异,产业机构对经济增长的影响程度没有一致的结论,差异很大,尚需进一步的探讨。国内相关研究中首先量化测度结构变迁对经济增长的贡献率的学者有樊胜根等(2000),他们创新性地引入"结构调整"作为除了要素投入和技术进步以外的第三个经济增长因素,用效率指数(实际 GDP 和有效配置 GDP 的比值)表示配置效率,效率指数增长率和 GDP 增长率的比值就是结构调整的贡献率。通过这一新古典的方法,樊胜根等得出了有益的结论,但他们没有详述该文中最重要的基础指标"有效配置 GDP"和"效率指数"是如何计算的。

第三节 产业结构与主导产业

主导产业的概念最初由美国著名经济学家赫希曼提出。赫希曼主张,在资源有限的发展中国家,应采取不均衡的发展战略。他在其发展经济学经典著作《经济发展战略》一书中提出选择主导产业的"产业关联度标准"。产业关联度高的产业对其他产业会产生较强的前向关联、后向关联和旁侧关联。选择这些产业作为政府重点扶持发展的主导产业,可以促进整个产业的发展。

美国著名经济学家约瑟夫·熊彼特在其著作《经济发展理论——对于利润、资本、信贷、利息和经济周期的考察》中提出,经济发展的原因在于"创新"打破了原有的均衡,这个过程也是主导产业形成、发展和演变的过程。熊彼特的创新理论提出了研究主导产业理论的非均衡动态分析的思路,对主导产业发展的基本规律做出了一种阐释。

对主导产业理论进行明确、系统研究的是美国发展经济学家罗斯托。在吸取熊彼特创新理论和赫希曼不平衡发展理论的基础上,罗斯托从经济史的研究出发,探讨经济发展的理论,强调主导产业的作用,并用来解释现代经济增长。罗斯托认为,经济成长的各个阶段都存在相应的起主导作用的产业部门,即通常所说的主导产业,它在产业结构中占有较大的比重,对整个国民经济发展和其他产业发展具有强烈的向前拉动或向后推动作用,对一个国家的经济发展起带头作用;经济成长阶段的演进又以主导产业部门的更替为特征,主导产业部门通过投入产出关系来带动整个经济增长;主导产业部门并非固定不变,而是与发展阶段相联系,是一个有序更替的过程。

对于主导产业选择的理论,明确而具体提出主导产业选择基准的经济学家是日本的筱原三代平。筱原三代平提出了选择主导产业的两条基准,即收入弹性基准和生产率基准。1971 年,日本产业结构审议会在筱原三代平二基准基础上又增加了"环境标准"和"劳动内容"两条基准。这两条基准是为了实现经济与社会、环境协调发展的目标。除以上基准外,有的学者还提出"经验法则""高附加值基准""货币回笼基准""边际储蓄率基准""就业与节能基准""生产要素持续基准""产业链延伸效应基准""市场导向基准""经济效益比较基准",等等。

国内学者在主导产业理论上进一步发展了支柱产业(pillar industry)的概念。支柱产业不仅要在地区经济中发挥主导作用和带动作用,还强调产业对经济积累和总量扩张的作用。

国内针对主导产业的实证研究集中在对区域主导产业的选择上,刘克利(2003)综合考虑了主导产业发展的目标性、前景、科技含量、对上下游产业的带动作用和区位因素,构建了地区主导产业指标体系,并利用主成分分析的方法对湖南省各产业数据进行测算,计算了湖南省多个主导产业的相对得分。党耀国(2004)使用了感应系数、影响力系数、需求收入弹性、增长率和综合就业系数等指标度量了各产业的关联性、附加值、成长性和带动就业的能力,并使用灰色聚类模型对各产业进行了综合评价,计算了江苏省各产业的地位和作用。

第四节 产业结构演进的模型分析

一、新古典理论模型

本段主要通过构建经典的新古典理论模型来界定产业结构变迁在经济增长中的作用(刘伟、张辉,2008),即在新古典经济学框架下,考虑存在两类产品情况下产业结构有所改变时是否会对生产产生影响。利用图 1-1(a)和(b)来演示产业结构变迁在经济增长中所处的位置。图(a)为生产可能性边界曲线,商品 A 表示农业产品,商品 B 表示工业产品;图(b)则为工业产品的等产量曲线。产业结构演进导致经济增长主要是以下的方式进行的:图(a)中从点 G 到点 H,图(b)中从点 N 到点 P。这表示资源在不同产业部门之间的再配置,这一步骤即为产业结构变迁。在市场这只"看不见的手"的指引下,资源从一种产业转移至另一种产业,使得生产符合最优转换比率。

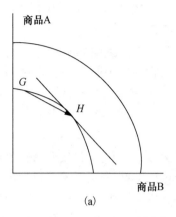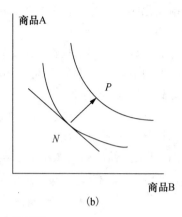

图 1-1　新古典模型

在新古典主义理论中推动长期经济增长的因素主要有三个：（1）要素投入的增长；（2）技术进步；（3）产业结构变迁——将产业结构变迁对经济增长的促进作用称为"结构效应"。只有当经济处于非均衡状态,资源才会在不同产业之间进行再配置。如果将现有的资源配置效率状态和最佳的资源配置效率状态之间的差距称为资源配置效率的落差,那么这种落差将随着市场化的深入、产业结构的变化及技术进步而不断缩小。

二、偏离—份额模型

偏离—份额分析法是把区域经济的变化看作一个动态的过程,以其所在大区或整个国家的经济发展为参照系,将区域自身经济总量在某一时期的变动分解为三个分量,即份额分量、结构偏离分量和竞争力偏离分量,以分析出结构变化对于经济增长的贡献率。本部分将对偏离—份额法进行简单的介绍,同时使读者对这种方法的应用情况和不足之处有所了解,在本书的第四章将运用此方法对北京市的各产业进行分析。

由于在表达式中显著地包含了结构变化的贡献,因此偏离—份额法被广泛用于分析产业结构对于经济增长的影响。其公式可以表述为：

$$LP^T - LP^0 = \sum_{t=1}^{n} (LP_t^T - LP_t^0) S_t^0 + \sum_{t=1}^{n} (S_t^T - S_t^0) LP_t^0 + \sum_{t=1}^{n} (S_t^T - S_t^0)(LP_t^T - LP_t^0)$$

这是将劳动生产率分解的公式,反映了从 0 时刻到 T 时刻,构成劳动生产率变化的各个部分。其中,右端的第一项被称为行业内生产率增长(intra-branch productivity growth),反映的是在假设产业结构不变的前提下各行业内部生产率的提高;第二项被称为静态影响(static effect),反映的是在期初劳动生产率的情况下,劳动力向高效率行业转移带来的生产率的提高;第三项被称为动态影响(dynamic effect),反映的是劳动力向更具有活力的行业转移带来的生产率的提高。而产业结构对于经济增长的贡献包括第二项和第三项。

如前所述,偏离—份额法由于显著包含了结构演进对于经济增长的贡献,因此被广泛采用。Timmer和Szirmai(2000)利用了偏离—份额法分析了东亚生产率提高的原因,检验了产业结构红利假说;Cimoli等(2011)也采用了偏离—份额法分析了巴西的经济情况,得出了在巴西产业结构对于经济增长的贡献较差的结论。

尽管偏离—份额法被广泛地应用,但是其自身存在着一些缺陷。Timmer和Szirmai(2000)就在文章中指出了偏离—份额法有如下的缺陷:第一,偏离—份额法仅仅关注了生产要素的供给方面(supply-side oriented),而把需求的变化定义为外生变量,从而忽视了需求的作用。第二,偏离—份额法采取的是宏观层面的分析,因此资源再分配的作用被低估了。即有可能在行业等微观层面发生了由于资源再分配带来的生产率的提高,但是由于偏离—份额法只关注较为宏观的层面(一般为三次产业层面),因此可能会低估产业结构,尤其是产业结构内部的变化对于经济增长的贡献。第三,传统的偏离—份额法没有考虑边际生产率的作用。在传统的偏离—份额法中,假设各个行业的要素生产率是相同的,但是这明显与实际情况相悖。当此假设不存在时,即存在低估产业结构影响的可能。比如,某行业向其他行业转移了其过剩的劳动力,这应该是劳动力在行业间转移产生的产业结构的影响,但是在偏离—份额法中,劳动力的减少会提高该行业的生产率,从而会反映在行业内生产率增长之中。第四,凡登效应(Verdoorn effect),即在传统的偏离—份额法中,认为产出和生产率的增长是没有联系的,这个可能是传统模型的一个重大遗漏。

三、回归模型

回归分析是经济学中分析问题最常用的方法之一,其在产业结构与经济增长的关系中也得到了普遍的应用。文献中的回归分析大致可以分为以下三类:

第一,简单的线性回归。此模型可分为两类,即基于柯布—道格拉斯生产函数的回归分析以及直接的回归分析。前者将在下一小节详细介绍,这里不再赘述;直接的回归分析一般将 GDP 或者其生产率作为被解释变量,将欲探讨的因素作为解释变量,进行简单的线性回归,有时也会利用本部分第一小节描述的指标。简单的线性回归拥有直接简便等优点,也可以直接看出产业结构等关注的因素对于经济增长的贡献率,但是由于产业结构和经济增长往往存在相互影响的关系,严格来说采用简单的线性回归并不恰当,而且并不能检验相互影响的关系。

第二,构造结构方程,进行时间序列分析。这部分最主要采用的就是在数据平稳性检验基础上的协整分析和格兰杰因果检验。由于这种回归分析更加符合理论要求,因此得到了广泛的运用。比如付凌晖(2010)运用 ADF 单位根检验、恩格尔—格兰杰两步协整检验、格兰杰因果检验等方法,检验了改革开放以来我国产业结构高级化与经济增长的关系,得到了两者存在长期稳定的关系,经济增长带动了产业结构的高级化,但是产业结构高级化并未明显促进经济增长的结论。苏辉(2012)采取 ADF 单位根检验、协整检验、格兰杰因果分析、脉冲响应、方差分析和向量误差修正模型(VECM)等方法,对南通产业结构与地区经济增长进行了长期均衡和短期波动的实证分析,得出了第一和第二产业对南通地区 GDP 影响较大而第三产业影响很小,以及在短长期内各个产业对于 GDP 产值的影响的结论。金福子、崔松虎(2010)在 ADF 单位根检验的基础上,利用协整检验和向量误差修正模型,以河北省为例研究了产业结构偏离度对于经济增长的影响,得出了在长期经济增长与产业结构偏离度之间存在长期均衡关系,且有显著的负相关,而短期的影响不显著的结论,等等。总体来看,由于构造结构方程程序化规范化较强,国内学者利用其进行研究的文章较多,且涉及了从国家到地市等各个层面。

第三,利用面板数据模型进行分析。与其他回归方法相比,面板数据是近年来才兴起的工具,具有可以缩短所需时间跨度的优点。单纯地使用面板数据,或者将面板数据模型与格兰杰因果检验相结合以及使用动态面板等,都在分析产业结构与经济增长关系的领域得到了应用。比如王焕英等(2010)采用面板数据模型,利用全国 29 个省份 1978—2007 年的数据,研究了我国产业结构对经济增长的整体影响,以及产业内部结构变动对经济增长的影响,得出产业结构的状态在一定程度上影响着经济总量的增长的结论。Dong 等(2011)利用面板格兰杰模型,采用 1978—

2008年全国主要省份的数据，得出从长期来看产业结构和经济波动之间存在双向因果关系的结论。Peneder(2003)采用动态面板模型，研究了28个OECD成员国的数据，得出了在OECD成员国中，产业结构对于经济增长的影响不大，但是对于某些行业有利的产业结构变化会促进经济增长的结论。

传统的柯布—道格拉斯生产函数是描述影响经济增长因素的经典函数，函数中认为科技进步、资本存量和劳动力数量是推动经济增长的三大因素。对传统的柯布—道格拉斯生产函数稍加变形，即可作为回归方程的基础，从而研究产业结构对于经济增长的影响。刘伟、李绍荣(2002)对此问题有详细的阐述：生产要素通过市场和政府行政手段配置到一定的产业组织结构中才能发挥其生产的作用。因此，不同的产业结构会影响要素的生产效率。所以，在传统的柯布—道格拉斯生产函数中加入了产业结构，即把产业结构视为制度因素加入生产函数。改进后的生产函数为：

$$Y = K^{\sum \alpha x} \times L^{\sum \beta x} \times e^{\sum Cx + E}$$

两边取对数，即有：

$$Log(Y) = (\alpha_1 x_1 + \alpha_2 x_2 + \cdots) \cdot Log(K) + (\beta_1 x_1 + \beta_2 x_2 + \cdots) \cdot Log(L) + C_1 x_1 + C_2 x_2 + \cdots + E$$

即可从产业结构对于资本利用率的影响、对于劳动生产率的影响以及对于生产规模的直接影响三个方面研究产业结构对于经济增长的作用。类似地，张晓明(2009)利用柯布—道格拉斯函数研究了中国产业结构升级与经济增长的关联关系，得出了第三产业产值占国内生产总值的比例对经济增长率的影响最大，而且第三产业比重促进总产值提高的同时自身对资本的需求是降低的这一结论。

第二章 区域金融发展与金融中心构建相关理论与文献综述

第一节 金融发展文献综述

一、主要金融发展理论概述

金融发展理论是研究金融发展与经济发展关系的学科,即研究金融体系(包括金融中介与金融市场)在经济发展中发挥的作用以及研究如何建立有效的金融体系和金融政策组合以最大限度促进经济发展的学科。研究金融中心的构建问题,必须首先了解金融发展给地区乃至国家的经济活动带来的影响,以及这些影响对经济发展,包括经济增长和产业优化产生作用的方式,这正是金融发展理论所研究的课题。

西方学者对货币和银行的研究中萌生了金融对经济有重要影响的思想,如以英国的 John Law 为代表的重商主义者认为货币即是财富,货币增加就意味着财富增加;以亚当·斯密为代表的古典经济学派认为虽然货币对经济发展没有实质影响,但各种金融活动对经济发展有促进作用。最早对金融与经济关系进行研究的是英国的巴杰特(Bagehot,1873),他认为金融体系及其运行在工业革命中起到了关键作用,其关注的焦点在于金融体系降低了社会交易成本并提高了社会资本的配置效率。在金融发展理论的萌芽阶段,最有影响力的莫过于美籍奥地利经济学家约瑟夫·熊彼特提出的创新理论和非常信用理论。熊彼特在 1912 年发表的《经济发展理论》中提出:银行的功能在于甄别出最有可能实现产品和生产过程创新的企业家,通过向其提供资金来促进技术进步,即创新理论;企业家在原则上总是需要信贷,通过信贷获得购买力并最终能够进行生产,银行信用为生产要素的新组合提供必需的购买力。这种购买力不来源于银行吸收的储蓄也不来源于真实票据的抵押,而是来源于银行的信用创造。熊彼特的理论第一次指出了货币因素对长期经济发展所具有的特殊意义,他把货币理论同经济发展理论结合起来,将货币和信用视为经济发展的重要因素。

上述有代表性的金融理论仅在货币和信贷领域进行了阐述,并没有对金融发展与经济增长关系做出系统的分析,也无法解决国家层面上储蓄与资金对经济发展的制约问题。20世纪60年代中期以后,随着发展经济学的发展,新古典主义发展思路处于支配地位,市场作用受到重视,金融产业的发展有了合适的空间,金融发展与经济增长的关系才越来越受到关注,金融发展理论开始真正发展起来。

1955年和1956年,两位美国经济学家约翰·格利(John G. Gurley)和爱德华·肖(Edward S. Shaw)先后合作发表了《经济发展的金融方面》和《金融中介机构与储蓄——投资过程》两篇文章,系统剖析了金融发展和经济增长的关系,揭开了金融发展理论研究的序幕。格利和肖首次通过建立基本模型,分析了金融在经济中的作用,即把储蓄者的储蓄转化为投资者的投资,从而提高全社会的生产性投资水平。他们也提出了研究金融发展理论的新思想,认为应该把金融放在一个分立的部门进行研究,否则会将金融分析从总量经济分析中撤去;金融发展的进步得益于金融创新与金融技术,金融创新使得金融制度趋向成熟,随之产生了间接金融机构;金融技术的发展使各种金融机构都得到发展;非银行金融机构的发展使得非货币的金融资产种类增多,金融资产的总量扩大,从而提高了储蓄和投资水平,促进了经济增长。

在早期对金融发展与经济增长关系的研究中,另一位突出贡献者是美国经济学家休·帕特里克(Hughes T. Patrick)。1966年,帕特里克在《欠发达国家的金融发展与经济增长》中提出金融发展与经济增长关系的因果方向不仅是金融发展促进经济增长一种可能,还可能有经济增长促进金融发展以及两者互为因果两种可能。随后,帕特里克又提出了金融发展的阶段论假说,他将经济发展的阶段分为"需求追随"(demond-following)和"供给引导"(supply-leading)两种类型。在经济增长的初期阶段,金融会以"供给引导"方式引导经济增长;在经济快速增长阶段,经济增长中各种矛盾凸显,对金融服务产生各种需求,进而刺激金融发展,此时金融发展方式变为"需求带动"模式。帕特里克还在文章中针对处于"供给引导"阶段的国家提出了发展金融的政策建议,与"需求追随"的金融发展政策不同,它不是在经济发展产生了对金融服务的要求以后再考虑金融发展，而是在需求产生以前就应超前发展金融体系。

1969年，美国著名经济学家雷蒙德·戈德史密斯(Raymond W. Goldsmith)出版了《金融结构与金融发展》一书，在此书中，戈德史密斯提出了"金融发展就是金融结构变化"这一著名论点。他通过对35个国家1860—1963年的数据和资料进行比较研究，描述了发达国家和欠发达国家的金融演变过程，进而找到金融发展和经济因素间的互动和因果关系。戈德史密斯在书中提出了一系列重要观点：在一国经济发展的过程中，金融部门的增长速度要大于物质部门的增长速度，表现为金融相关比率(FIR)的上升；银行金融资产在全部金融资产中的比率下降，非银行金融机构比重提高；一国经济运行中的外部融资比率可反映其金融发展水平等。

20世纪70年代以前的金融发展理论主要是针对市场机制和金融体制较为完备的发达国家，对市场机制不健全、金融体系落后的发展中国家缺少现实意义。随着第二次世界大战以后发展经济学的影响，各国的经济学家纷纷将目光转向发展中国家。1973年，美国经济学家罗纳德·麦金农(Ronald I. Mckinnon)和爱德华·肖(Edward S. Shaw)分别独立发表了《经济发展中的货币与资本》和《经济发展中的金融深化》两本著作，在书中分别提出了"金融抑制"(Financial Repression)和"金融深化"(Financial Deepening)理论。麦金农的金融抑制理论研究的对象是发展中国家的金融和经济状况，他的《经济发展中的货币与资本》对阿根廷、智利、巴西、德国、韩国、印度尼西亚等国的金融体系与经济增长的状况进行了研究。他认为发展中国家的金融市场是不完全的，这导致了资源配置的扭曲和低效运用，具体表现为货币化程度低、正规金融和非正规金融并存、金融市场不完善及对金融活动的管制。他指出，对于发展中国家的经济分割使市场不完全，企业得不到外部融资的机会，同时导致金融萎缩。政府的干预和发展中国家普遍的高通胀又打击了居民储蓄的积极性，使资本积累缓慢，造成"金融抑制"，阻碍了技术进步和经济增长。肖的《经济发展中的金融深化》的研究对象则是同样为发展中国家的金融中介机制，在深入地分析了政府金融干预对经济的不利影响后，肖认为如果金融本身被抑制，那么它就会成为经济发展的障碍。如果政府能完善金融市场，突出市场作用，放松利率管制，积极推动这些方面的金融自由化和金融深化，那么国家可以完全依赖国内资金，利用金融市场，促进经济发展。麦金农和肖的金融抑制和金融深化理论从实践意义上完善了金融发展理论,标志着金融发展理论的正式形成。

20世纪90年代以前的麦金农、肖学派对金融发展和经济增长关系的研究大致停留在经验式的主观判断上,进入20世纪90年代金融发展理论的研究逐渐进入以内生增长模型为中心的阶段,在金融与经济增长关系的研究上,强调将金融作为经济发展,特别是产业结构调整过程中的必要手段和重要推动力。以托马斯·赫雷曼(Thomas Hellmann)、罗伯特·金(Robert King)和莱文(Levine)等为代表的一些经济学家在内生增长理论的基础上开创了内生金融发展理论的研究,第一次从理论和实证两个方面证明了金融发展和经济增长之间的因果关系。使用AK模型推导的内生模型以及金融发展对经济增长的作用路径,将在下一节AK模型框架下的涓流效应中做出更详细的解释。

二、金融发展实证研究综述

自从帕特里克提出金融发展阶段假说之后,人们把金融发展与经济增长关系的因果方向问题称为"帕特里克之谜"。各国经济学家对这个问题表现出极大的关注。在金融发展理论的早期研究中规范性的理论研究较多,最早的实证研究是戈德史密斯使用比较研究的方法对多国数据进行统计分析,发现了经济发展与金融发展之间的平行关系。使用实证方法对金融发展理论进行验证的高潮则始于20世纪90年代初,对金融发展与经济发展关系的研究范围包括了世界上不同地区发展程度差异巨大的不同国家,同时在研究方向上也涵盖了金融发展对经济增长的影响和对产业结构优化的影响。上一节按时间顺序介绍了金融发展理论的研究,本节中则主要从金融发展与经济增长和金融发展对产业结构优化两个方面对已有的实证研究进行介绍。

(一)金融发展与经济增长实证研究

金融发展与经济增长的研究中实证研究占很大的比重,这些文献中具有里程碑意义的两篇文献为Goldsmith(1969)、King和Levine(1993)。

戈德史密斯被誉为比较金融学的开山鼻祖,开辟了金融发展与经济增长实证研究的先河,他通过翔实的统计资料阐明了影响一国金融结构、金融工具存量和金融交易流量的主要经济因素,并研究了这些因素如何通过相互作用促进金融发展。戈德史密斯创造性地提出了衡量一国金融结构和金融发展水平的存量和流量指标,其中的金融相关比率(Financial

Interrelations Ratios,FIR)最为关键。通过考察金融结构、金融发展与经济增长的关系,戈德史密斯发现:通过对大多数国家数十年的考察,经济发展与金融发展之间存在着大致平行的关系,经济增长的时期同时也是金融发展速度较快的时期。

King 和 Levine(1993)在戈德史密斯研究的基础之上进行了继承与扩展,并解决了戈德史密斯研究中的部分问题。首先,King 和 Levine(1993)增加了研究样本的数量至 80 个国家,是 Goldsmith(1969)样本量的两倍以上;其次,戈德史密斯在考察金融发展对经济增长影响时并未考虑其他影响经济增长的因素,而 King 和 Levine(1993)则对其他影响经济增长的因素进行了控制;此外,King 和 Levine(1993)还对戈德史密斯的研究进行了延伸,他们从金融发展与经济增长的联系渠道进行了研究,而且阐述了初始金融发展与其后 30 年平均经济增长率之间的关系。

Atje 和 Jovanovic(1993)通过 OLS 估计,得出股票市场发展对经济增长的双重效应:增长效应与水平效应。Levine 和 Zervos(1996)采用两阶段最小二乘法,采取 41 个国家作为样本,研究了股票市场发展与经济增长之间的关系。Harris(1997)通过实证研究发现股票市场对经济增长的作用并不像 Atje 和 Jovanovic(1993)中的结论,他认为股票市场对经济增长的作用相当有限。而且他将研究样本分为发达国家和发展中国家,发现发达国家股票增长的作用是非常弱的,而发展中国家股票市场活动水平的确解释了人均 GDP 的增长。Levine 和 Zervos(1998)拓展了 King 和 Levine(1993)对金融中介的研究,通过研究银行指标与股票市场指标与当前及未来经济增长率、资本积累率、生产率增长率之间的关系发现:银行发展、股票市场流动性与同时期的经济增长率、资本积累率以及生产率增长率之间有很强的正相关关系,而且还是经济增长率、资本积累率以及生产率增长率的良好预测指标。Aretis 等(2001)采用时间序列的方法在控制股票市场易变性和银行体系效应的基础之上对 5 个发达国家的数据检验了股票市场发展与经济增长之间的关系。他们认为:银行和股票市场都有利于经济增长,但是银行的作用更加显著。

随着金融发展与经济增长实证研究的发展,研究方向不再限于金融发展与经济增长指标的正相关关系的论证,而是逐渐转向深入研究金融发展与经济增长之间的因果关系。与此同时,研究切入点也逐渐从宏观指标深入到微观层面。

Rajan 和 Zingales(1998)在行业层面从金融发展对外部融资成本影

响的角度论证了金融发展对行业成长的促进作用。Wurgler(2002)引入了"投资弹性"这一指标用于度量国家金融体系对信贷资源重新配置的程度,通过行业层次数据从投资变动率的角度研究了金融发展与经济增长的关系。

Demirguc-Kunt 和 Maksimovic(1998)则从企业层面检验了金融发展对企业外部融资便利程度的影响。他们基于理论模型得出企业受限于内部融资、内部融资与债务融资、内部融资与短期融资三种不同情况下的最大可能增长率,从而进一步以各国金融发展指标作为解释变量、各国代表企业与上述三个比例的差额作为被解释变量得出了金融发展使更多比例的企业通过外部融资实现最大可能增长率的论证。

(二) 金融发展与产业结构优化的实证研究综述

Allen 和 Gale(2001)发现:从工业化发达国家的发展经验来看,投资效应是经济结构调整的关键,金融体系中最重要的环节即引导资金从盈余的当事人流向短缺的当事人。Atje 和 Jovanovic(1993)通过 OLS 估计,得出股票市场发展对经济增长的双重效应:增长效应与水平效应。其中水平效应即股票市场发展对产业升级水平效应。Greenwood 和 Smith(1997)突破了新古典经济理论的限制,得出产业结构升级和金融系统的发展具有双向的促进作用的结论。他们认为金融系统的发展是一个内生过程,需要通过专业化来促进金融增长。然而,产业结构升级为金融系统的专业化所需的产品和服务的市场提供了必要的资源支持。Rajan 和 Zingales(1998)通过最小二乘法对 41 个国家 1980—1990 年的数据进行实证检验,从金融发展提高资本配置效率的角度,论证了金融发展对产业增长的作用。Wurgler(2000)通过考察一国金融发展水平即产业增长水平指标之间的相互关系,探究了金融发展作用于产业结构升级的相关机制。Rajan 和 Zingales(2001)对金融与产业结构及经济发展的相关性进行了实证分析,指出金融在产业结构调整和经济发展中的重要作用;Fisman 和 Love(2003)对金融市场在整个社会资源配置中的作用进行了检验,得出金融市场发展水平越高的国家,各产业之间相互关联的增长率也就越高的结论,即金融市场对企业利用全球性增长机会实现产业升级起到了重要作用。

国内金融发展与产业结构调整以及金融发展与产业结构升级的相互作用机理的相关研究主要有:张旭、伍海华(2001)针对金融作用于产业结构的过程进行了研究,他们认为金融发展首先对储蓄、投资产生影响,进而通过资金的流量结构影响生产要素的分配及资金的存量结构,最后造成对产业结构的影响。范方志等(2003)从实体经济结构升级、社会资源从传统部门向新兴部门流动从而造成新兴金融部门与传统金融部门的资本存量变化这一角度分析了经济结构与金融体系结构之间的演进关系。叶耀明、纪翠玲(2004)通过实证研究了长三角城市群金融发展对该区域产业结构升级的促进作用。刘赣州(2005)通过分析中部地区金融支持对产业结构升级的影响,得出了中部地区产业结构升级需要金融超常规发展以及金融服务手段创新这一结论。曾国平、王燕飞(2007)从金融发展与产业结构变迁理论出发,通过1952—2005年数据进行实证检验,得出的结论为:中国的金融业以一种非常态的畸形发展模式发展,表现为产业结构变迁中的扭曲效应。史诺平、廖进中(2010)从资金来源、运营效率、配置效率三方面对金融发展与产业结构的相关关系与因果关系进行了实证研究。他们认为,金融发展与产业结构调整存在长期相关关系,而金融发展并不能构成促进产业结构调整的原因。

第二节 金融集聚文献综述

一、集聚理论概述

产业集聚指同一产业在特定地理区域高度集中,产业资本在空间上不断汇聚的过程。关于产业集聚的研究始于19世纪末,包括韦伯的工业区位理论、廖什的市场区位理论以及马歇尔的产业区位理论。

阿尔弗雷德·韦伯(Alfred Weber)在他1909年出版的《工业区位论》中从微观企业的区位选择角度阐明了企业是否靠近取决于集聚的好处与成本的对比,运输成本和工资是最重要的影响因素。他首次提出了集聚经济(Agglomeration)的概念,并将产业集群的产生归为四个方面的因素,即技术设备的发展、劳动力组织的发展、市场化因素和经常性开支成本。

廖什(A. Losch)的市场区位理论把市场需求作为空间变量来研究区位理论,进而探讨了市场区位体系和工业企业最大利润的区位,形成了市场区位理论。市场区位理论将空间均衡的思想引入区位分析,研究了市场规模和市场需求结构对区位选择和产业配置的影响。廖什认为工业区位应选择导致利润最大化的市场区域,经济个体的区位选择同时受到其他经济个体、消费者和供给者的影响。在这样的假设下,他认为空间区域达到均衡时,最佳的空间范围是六边形。

新古典经济学家阿尔弗雷德·马歇尔(Alfred Marshall)在1920年出版的《经济学原理》一书中对区位理论中的集聚现象进行了分析,他认为产业的集聚主要是一种规模经济和外部性,并提出了经济活动中劳动力市场的共同分享、中间产品的投入与分享、技术外溢三个重要的理论概念。之后的许多经济地理理论研究都借鉴了马歇尔外部经济性思想来解释经济活动在地理位置上的趋向集中。

对新古典区位理论的创立也做出一定贡献的还有这一时期的新古典经济学家,如俄林、罗奈、伊萨德等人。他们主要是针对韦伯理论的薄弱之处,着重论证了工业区位、原材料产地及消费市场三者之间的相互依存关系。以上基于古典经济学和新古典经济学框架对集聚现象的研究为解释产业集聚的形成机理、动力机制、集聚类型等内容做出了严谨的推理和解释,但是其缺点也较为明显:第一,在方法上偏重静态分析,缺乏动态分析;第二,受新古典经济学的影响采用完全竞争市场、收益递减、理性人等与现实经济环境出入较大的假设,使应用价值大打折扣。之后关于产业集聚的研究主要集中在经济地理学范围内而游离于主流经济学研究之外。

20世纪90年代,迈克尔·波特(Michael Porter)和保罗·克鲁格曼(Paul R. Krugman)对产业集聚的杰出研究使产业集聚的研究再次回到主流经济学家的视野,并引发了各学科研究产业集聚的热潮。

迈克尔·波特从他独特的"钻石理论"的地区产业竞争优势分析框架出发,重构了有关产业集聚的新竞争理论。他认为产业在地理上的集聚,能够对产业的竞争优势产生广泛而积极的影响。在他的钻石理论中,产业群可通过三种方式影响竞争力:一是通过提高立足该领域的公司的生产力来施加影响;二是通过加快创新,为生产力的增长奠定基础;三是通过鼓励新企业的形成,扩大并增强产业群自身规模和实力来影响竞争。可见,波特是从产业集聚影响地区产业竞争力从而保持或增加市场份额的角度出发研究产业集聚,他的贡献在于对产业集聚影响企业竞争力的机理研究。

1991年保罗·克鲁格曼发表在《政治经济学》期刊的《收益递增与经济地理》是一篇极具影响力和代表性的关于产业集聚理论的文献。之后,以克鲁格曼为代表的学者发表的一系列对新经济地理学研究的文献,从理论领域对区域产业集聚和经济一体化的特点及发展规律进行了新的探讨。与前人的研究相比,克鲁格曼的新经济地理模型将规模报酬递增和不完全竞争的假设引入模型,同时假设存在固定比率的运输成本;在建立模型时将动态模拟和均衡调整过程的博弈论分析。克鲁格曼的新经济地理模型主要是围绕着经济活动的空间聚集这一主题来进行探讨,而决定经济活动在空间上将处于聚集状态还是分散状态,主要看促使产业地理集中的向心力和削减产业地理集中的离心力两者中,谁占据主导地位。促进产业地理集中的向心力量主要包括市场规模效应、充裕的劳动力市场和纯外部经济性;促使经济活动分散化的离心力量包括要素的不可流动性、地租和纯外部非经济性。克鲁格曼的新经济地理模型主要包括中心—外围模型、国际专业化模型、全球和产业扩散模型、区域专业化模型及历史和期望对区域发展影响的模型等。

不同历史时期的经济学家在不同的理论框架下分别对产业的集聚现象进行了深刻的剖析。但显而易见的是,大多数学者的研究对象停留于生产企业上而没有对金融部门做出专门的研究,特别是专门解释金融集聚效应和机理的理论模型比较匮乏。但是这些研究都对金融业集聚的机理有较强的解释能力。对金融集聚和金融中心形成的另一种解释是"金融信息",这是金融地理学对金融集聚研究的主线。

金融地理学从学科性质和研究对象来说是新经济地理学的一个子集,其研究开始于 20 世纪 50 年代,但从 20 世纪 80 年代才得到重视发展,现已成为经济地理学的重要分支之一。

金融地理学认为伴随着技术的发展,地理区位对经济活动的影响也在发生变化。由于金融产业发展的特殊性,金融信息的重要性愈发突出,人们在研究金融活动时要特别考虑信息可得性的影响。金融发展中的信息因素包括不对称信息的影响、非标准化信息的影响等。

Zhao(2002)认为,金融活动中的信息可分为标准化信息与非标准化信息,每个人都可得到相同的标准化信息,而非标准化信息的传输要受到地理位置的限制,例如只能在人与人的正面接触中传输。由于金融信息的价值性,金融机构为了尽可能多地掌握金融信息从而为自身的金融业务服务,就需要更充分地向富于非标准化信息的来源地聚集,从而依赖区位环境与地区文化背景收集、解释非标准化信息。因此,非标准化信息对金融活动有着关键的影响力。金融标准化信息与非标准化信息的共存使得金融机构与金融行为出现均匀分布趋势与集聚趋势共存。

金融地理学的实证研究主要集中于对资本市场的研究。Hua(1999)通过交易人数研究了信息的不对称问题,他发现了不对称信息对股市行为的地理分布以及国际投资组合管理所起的重要作用。

Clark 和 Wojeik(2003)对德国的资本市场进行的实证分析表明,欧洲一体化水平及资本市场的有效性低,一些投资者仍然可以从寻找信息、分析信息中获利,因此需要离信息源近一些。对德国的研究表明,不仅国家边界而且区域边界对市场有效性和透明度至关重要。

二、集聚测定指标

产业集聚现象受到广泛的关注和研究,这些研究都要以对产业集聚程度进行定量认识为前提。目前产业集聚的测定指标多种多样,常用的包括行业集中度、赫芬达尔指数、熵指数、空间基尼系数、E-G 集聚指数等。本书主要使用赫芬达尔指数、区域熵指数和区位熵这三种指标。

计算赫芬达尔指数(SHHI)的公式为:

$$SHHI = \sum_{k=1}^{n} S_k^2$$

其中,n 为地区的全部产业数。SHHI 值在 $1/n$—1 之间变动。若 SHHI 值为 $1/n$,表示地区产业高度多样化;若 SHHI 值为 1,表示地区产业集中在一个部门。其值越大,表示地区的产业结构越不均衡,地区专业化程度越高。

计算区域熵指数的公式为:

$$SE = \sum_{k=1}^{n} s_k \log_2 S_k^{-1}$$

与 SHHI 强调规模大的产业不同,区域熵指数以产业份额 S_k 的对数为权值,比较强调规模小的产业的权数。SE 值在 0—$\log_2 n$ 之间变动。其值越小,越趋于 0,表示地区专业化的程度越高。

计算区位熵的公式为:

$$LQ_{ij} = \frac{\dfrac{L_{ij}}{L_i}}{\dfrac{L_j}{L}}$$

其中,LQ_{ij} 为 i 地区 j 部门的区位熵,L_{ij} 为 i 地区 j 部门的产值,L_i 为 i 地区总产值,L_j 为全国 j 部门的总产值,L 为全国总产值。区位熵反映了某个地区的优势产业与集聚水平,区位熵大于1说明该产业在该地区具有比较优势,区位熵大于2说明该产业在该地区优势十分突出,产业集聚明显。

三、金融集聚的形成机理与辐射效应

(一)金融集聚的动因

区域金融集聚的形成主要受两类因素影响:集聚经济因素和集聚区位因素。前者反映了金融集聚在地域上形成发展的动因,后者决定了金融集聚在特定的区域实现。集聚的经济因素主要受经济发展程度和经济结构影响,这两类因素对区域金融集聚的形成具有关键作用。集聚区位因素则主要分为内生比较优势因素和外生比较优势因素两类,下面为金融产业集聚形成机理的具体分析。

1. 集聚的经济因素

金融产业属于生产性服务业,是服务于其他产业的产业,虽然自身具有独立性,但是其发展程度归根结底还是取决于其服务对象,即经济因素的发展。毕竟经济基础决定了上层建筑、实体经济决定了虚拟经济,而不是相反,但我们并不否认金融对经济的反作用。

(1)经济因素对于金融集聚的主导性作用

第一,经济发展程度决定了金融集聚的形成。

从历史角度看,货币是固定地充当一般等价物的商品,是商品经济发展到一定阶段的产物。货币服务于商品交换进而服务于商品生产,可以说货币是一种手段。等到商品经济发展到发达阶段,即资本主义经济时,货币的功能也产生了变化。随着资本主义的发展,其功能越来越完善,形式也越来越多元。随着其支付功能(即支付债务功能)的不断发展,逐渐产生了金融的最主要功能——信用,于是产生了借贷、证券,也随之产生了银行、证券机构,伴随信用功能的强化,出现了各种金融工具,包括期权、期货以及其他金融衍生品。

从逻辑角度看,金融就是资金的跨时间、跨区域配置,无论其如何流动,最终必须配置到实体资源上,否则一切收益都是虚幻,2008年美国的金融危机恰恰说明了这一点。实体经济有多大,金融就有多大的舞台,金融业只能起一个优化资源配置的作用,却不能代替资源本身。实体经济决定虚拟经济这一规律,强制性地为自己开辟道路,产业空心化并不是长

远之计,金融中心也只有在其与周围地区经济、金融形成良性互动时才能产生,而且其自身也必须具有一定的经济实力,人为安排的"金融中心",如果不具有这些条件,也只能是黄粱一梦。

第二,区域经济结构决定了金融集聚发展。

金融集聚发展的水平不仅仅受地区经济发展程度影响,经济结构同样对金融集聚水平起到了决定性的作用。当然,经济结构本身也可作为一种经济发展的指标,但是此处我们将其单列,以具体分析经济结构对金融发展的作用。

(2) 经济结构划分方法

经济结构按照不同的划分方法有不同的层面,此处主要从所有制结构、产业结构两方面说明经济结构对金融集聚发展水平的影响。

所有制结构决定金融集聚发展水平。所有制主要分为国有、私有(集体占比不高)以及外资,国有企业的优势在于其能集中力量办大事,能够在极短的时间内调动大量资源,同时能够服务于一定的国家政策目标。私有企业和外资企业的优势在于其充满活力,能够有效利用有限的资源。这两种所有制企业在我国金融业发展过程中都起到了不可或缺的作用:没有国有企业大量的资金需求,不会有金融机构的迅速发展;没有国有企业较强的信用,也不会有金融机构良好的风险控制,更进一步,很多金融机构本身就是国有企业。同样,私企和外企对于金融机构的发展也影响深远,它们提高了资金的利用效率,给金融机构提供了更丰厚的利润,金融机构与私企和外企信息不对称的倒逼机制,也提高了其风险控制能力;私企规模的不断扩大,也是金融机构发展的动力和源泉。此外,中小私营企业的资金需求,也为一些合法的民间金融的发展提供了土壤。目前来看,私企信贷在总体信贷中比例相对较小,但是随着改革开放的深化以及市场化改革的不断推进,私企和外企对于金融机构的发展会起到越来越重要的作用,政府要清醒地认识到这一点,顺应发展趋势,推动金融机构的发展,温州金融改革试点的建立,正是这一思想的直接体现。

产业结构决定金融集聚发展水平。从三次产业结构来看,第三产业是服务业,金融业属于服务业,同时它又是其他服务业的"服务业"。显然,第一产业即农业发达的国家,金融业发展水平必然落后,只有第二、第三产业发达的国家,金融业才有发展的基础。从产业内部结构来看,重工业、高科技产业、新兴产业由于其自身的性质,对于资金的需要高于其他产业,因此其更依赖于社会资金。此类产业通常通过银行借贷、股权融资等手段向银行、社会公众、基金公司、保险公司等融资。而轻工业由于规模较小,往往可通过自有资金支付日常开销,因此对于融资依赖性相对不高。

2. 集聚的区域因素

金融资源地域运动的最终目标是追求更高的收益率,但地区之间投资收益率的差距归根结底取决于各地区的比较优势。区域比较优势可分为内生比较优势与外生比较优势,前者包括贸易需求、外部经济等;后者包括地理区位、制度、基础设施、人才等。不同区域在不同方面各具优势,因而造成了金融资源在不同地域之间的运动,从不均衡到均衡方向发展。

(1) 内生比较优势

外部经济。外部经济是指微观经济单位在空间上彼此接近时所产生的降低成本和增加收益的经济效益。它是经营单位以及生产单位形成空间聚集的主要动因。了解国际金融中心运行可以发现,外部经济在以下几个方面表现得尤为突出:① 行业内多个银行的空间聚集使得银行之间的彼此协作更加密切,由此一来可以降低银行经营成本,提高资产运作能力。自 20 世纪中叶以来,世界各国银行的主要利润来源依然是利差,随着市场的完善,中间业务的份额逐步扩大,国际金融中心提供了这种配合的良好环境。② 建立国际金融中心可以让消费者和生产者在空间上相互更加接近,减少其间的流通环节,起到方便消费和生产的作用。③ 空间上聚集的金融机构各个部门可以共同建设和使用基础服务设施,这样一来可以有效地减少投资成本。除此之外还可形成一个能够方便各产业部门人才交流的多样化的劳动市场。由于一个国际金融中心往往是多部门的空间聚集,因而需要先进的技术装备和优良的基础设施,然而建立这些设施需要花费巨大成本。金融、工业生产、交通运输等部门在空间上的集聚可以实现这些设施的共享,做到物尽其用,提高资源的利用效率。④ 快捷的信息沟通对于需要面对面进行金融市场交易活动的参与者尤为重要,而金融中心正好可以让他们在空间上相互接近,减少旅行的时间和成本,让沟通和传递信息更加便捷,极大地提高了效率。

贸易需求。国际贸易对金融中心的发展起到关键性作用,经过研究证实,人均收入与国际贸易额成正比,国际贸易额与金融规模成正比。可见进口与金融部门的发展有明显的正相关关系,而出口与金融部门的发展则呈现出负相关关系。目前,为大多数学者接受的一种解释是出口商为规避外汇风险,采用买方货币计价。因此,出口商为降低本国金融业的规模通常利用进口国银行所提供的金融服务。除以上方面以外,一个城市的跨国公司数目、业务范围和规模与金融部门的规模也具有一定的相关关系。

国外学者对贸易与金融产业集聚之间的紧密关系也进行实证分析验证,例如 Goldberg 和 Saunders(1980)研究阐述了美国对英国的贸易往来是导致美国银行进入英国的主要原因。同样 Goldberg 等(1989)、Goldberg Grosse(1994)、BagchiSen(1995)研究了外资银行在美国各州的分布,得出外资银行分布的主要决定因素是进出口总量和该州在全美金融领域中的员工比例的结论。

(2)外生比较优势

区位条件因素。一般情况下区位条件优越的地区金融发展水平通常也较高,在大多情况下,这种影响是通过经济基础间接产生的。区位理论本身就是解释区域经济差异的一大理论,沿海省份、沿海城市往往比内陆省、市经济发展得更好,这源于人类经济行为的空间区位选择及空间区内经济活动的优化组合。从综合排名情况来看,浙江省沿海城市比内地城市整体金融发展水平更高,而这几个城市的经济发展水平同样也更高。但是区位条件也并不全是间接作用于区域金融发展水平,可能出现的情况是某些区位条件会对区域金融发展起直接作用,比如一个地区靠近金融中心,从而依托金融中心的辐射,提高金融资源的流动性和配置效率。

制度因素。交易成本和集聚经济正相关。政府在某城市的优惠政策也能吸引跨国公司的地区总部并产生集聚。政府可以创造税收和投资激励,以产生支持项目,这些激励和便利条件促进了本地生产者及外地购买者之间的联系。这里的制度因素主要涉及税收制度与监管环境这两方面。因为税收与监管是衡量一个区域投资环境质量最重要的两个方面。通常金融机构对能够树立和保持公众的信心以及能够维护市场秩序的监管制度较为推崇,但对在业务和利率等方面的限制的监管措施怀有抵触情绪。举个例子,在20世纪70年代的美国,严格的银行监管与分业经营对欧洲美元市场的形成起到了直接作用,由此例可知监管制度的影响。它虽然能够实现对市场的有效控制,但是监管制度一旦限制性太强,就会促使市场向其他地方转移。因而制定合理的监管界限就显得非常重要,这对于金融机构发展的地理分布和资金国际流动将产生重大影响。除此之外,新金融产品的批准速度、税收也是被金融部门机构列为判断投资环境质量优劣的重要因素。一般情况下金融机构做出变更工作地点的决策时,会对不同的地区的税收负担进行测算,包括销售税、物业所用税、公用事业税以及公司所得税和个人所得税等税收。如果政府对金融业采取自由化和国际化政策,并提供税收方面的优惠和便利,那么对于金融产业集聚的促进作用是相当大的。例如,19世纪中叶,新加坡开展了离岸金融产业,推出大量优惠政策吸引外资银行到新加坡开展业务。外资银行在新加坡开始了亚洲美元业务,进而推动了亚洲的金融市场繁荣,新加坡的金融行业国际化水平也逐步提高,截至20世纪末,新加坡已经成为亚洲的重要金融中心。

基础设施因素。首先是经营成本。随着当今社会竞争的日趋激烈,各金融机构对经营成本变得越来越重视及敏感。经营成本包括的各类成本中,不动产价格、办公楼租金、建筑成本这类"空间成本"已经成为金融机构选址时考虑的重要因素。现如今,随着计算机的普及,金融机构开始对经营总成本中的能源支出费用以及能源来源的可靠性这两块越来越重视。其次是信息技术。评价一个区域是否具有潜在的吸引力时,通信服务的可获得性、价格、可靠性和质量是重要的参考因素。由于信息技术的不断发展,金融机构加强与客户的联系的方式逐渐倾向于借助现代的信息技术。而信息技术主要是指电子技术和现代通信。研究发现,金融公司的信息化费用远高于其他行业,因为金融行业的服务高度依赖信息化,信息化水平决定了金融服务的质量。例如,结算的及时性、准确性,转账的同步性,账户之间数值的匹配性,都需要高度精确。近年来,银行等金融机构普遍开展信息化服务业务,电子银行、网络证券交易等不断推陈出新,也促进了金融业对信息化的进一步依赖。信息化水平和质量是决定金融服务的关键因素。除此之外,信息化相关企业的支持,以及政府的政策配套,也是金融行业不断提高服务质量必不可少的条件。

人才因素。作为金融业的核心资源,人才资源的优势也是金融机构最为重视的竞争优势。在整个社会经济愈加进步的情况下,人才的聚集对于金融产业集聚的积极作用尤为重要。试想具有创业激情以及具备知识才能的基金经理与投资银行家等金融人才聚集在一个地方并且彼此之间相互影响,那么他们将会在拓展投资、开发产品、进行交易、寻找机会等这些方面表现得更加出色。除一流的商务和金融人才之外,金融机构还需要配备像会计、法律、信息技术以及项目管理等方面的一流人才;因为随着金融产品变得更加复杂,从事金融行业的人员需要掌握的知识也愈加丰富,包括法律、税收、会计、计算机、金融产品知识等。这就使得拥有多种类型人力资源供给的区域对各金融机构具有吸引力。在吸收高学历人才方面,金融业较其他行业有更高的需求。因而,金融机构在选址时就会考虑城市是否具有对留住高层次人才的吸引力。虽然劳动力成本,城市生活费用这些因素也会对金融机构选址产生一定的影响,但金融机构考虑更多的还是劳动力的素质与专业技能。通常金融机构关注的是工资产出比率,而不是简单地比较不同地区员工绝对工资水平的差异。

文化因素。文化因素也是衡量一个城市软环境的相当关键的指标。包容的城市能使外来的金融机构对此城市产生归属感。另外,一个城市的文化有时候能让一些金融从业人员的身心更加健康,这也是文化所带来的经济效应所在。

综上所述,金融产业集聚是经济因素和区位因素共同发生作用的结果。经济因素包含区域经济的发展进步以及区域经济结构的变化,而区位因素则是包含金融产业集聚形成发展的外生比较优势和内生比较优势。其中,外生比较优势是发展的最初吸引力,内生比较优势是内在动力。

(二)金融集聚的形成路径

从金融中心集聚的形成路径来看,金融集聚的模式分为市场主导型和政府主导型,对应的金融中心形成路径也有自然形成模式和政府驱动模式两种。前类金融集聚的动力来自经济增长的需求,即"需求引导型",它的发展路径为:经济增长→决定→金融需求和发展→决定→金融制度变化。纽约、伦敦和香港是以自然方式集聚并最后形成金融中心的典型例子,其背后的强大推动力是经济和贸易。后类金融集聚的动力来自政府的驱动,即"供给引导型",它与自然形成模式过程相反:金融制度变化→刺激→金融供给和发展→刺激→经济增长。这种模式是在政府的扶持下,通过金融体系的扩张提高社会资金配置效率,增加储蓄刺激消费,发挥金融发展对经济增长的先导作用,新加坡和东京是该集聚模式的典型代表,如图2-1所示。

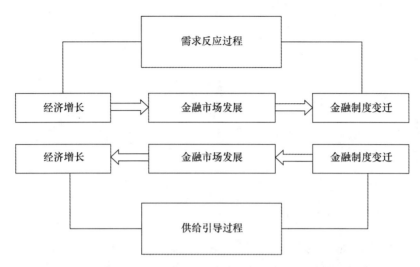

图 2-1　自发形成模式与政府推动模式机理

资料来源：上海财经大学现代金融研究中心：《2007 中国金融发展报告》，上海大学出版社，2007。

（三）金融集聚的辐射效应

当金融集聚形成后，集聚核心区将会对周边产生辐射效应。辐射效应是指区域金融中心通过风险管理、信息揭示、公司治理、储蓄集聚、便利交换等金融功能带动其腹地经济发展的现象。

根据金融资源的集聚和扩散状况，将金融集聚过程分为四个阶段，即形成阶段、加速阶段、成熟阶段和扩散阶段，其在时间上的运动轨迹呈 S 形，如图 2-2 所示。

金融资源在前三个阶段（$t_1—t_3$）或快或慢地向核心区集聚。至第四个阶段，由于资本的逐利性，各种流溢出金融中心的资源流向边缘地带，周围区域开始加速发展，集聚核心区的辐射效应也在该阶段最为明显。但是，由于极化效应和涓流效应的存在，金融中心自始至终都会对其腹地经济发展产生着不同程度的影响。极化效应是指增长极的推动性产业的迅速增长拉动周边地区的要素和经济活动进一步向增长极聚集；涓流效应是指增长极的发展会刺激周边地区的发展。在本书第八章第五节会使用实证方法对国内不同地区的金融发展状态是否表现为这两种效应进行检验。

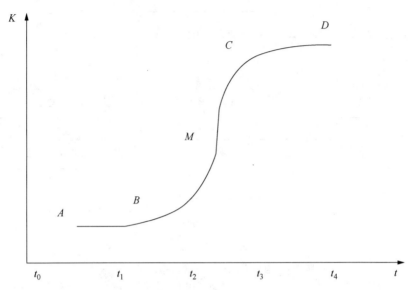

图 2-2　金融集聚在时间上的运动曲线

资料来源:殷德生、肖顺喜:《体制转轨中的区域金融研究》,学林出版社,2000。

1. 增长极理论

辐射效应最初来自经济学家费朗索瓦·佩鲁(Francois Perroux)的增长极理论。区域资源禀赋的不同及其利用能力的不同加剧了金融和经济发展的非均衡性。佩鲁指出,增长并非同时出现在所有地方,高强度的增长首先会出现在一些增长点或增长极上,然后从增长中心逐步向外扩散或辐射,最终对整个经济产生影响。根据部门增长极论,当金融集聚发生时,金融产业的发展速度会带动其他产业的增长速度,同时还会通过由规模、交易能力、经营性质差异所决定的区域创新力渠道作用于区域经济增长。布什维尔(J. R. Boudeville)将佩鲁的理论进一步发展到空间结构,将主导产业群所在城市定义为一个增长极,并通过扩散效应带动腹地发展。赫希曼(A. D. Hirschman)1985 年在《经济发展战略》中提出的不平衡发展学说也支持了该观点,认为区域增长的不均衡是增长本身不可避免的伴随物和体现,经济增长会围绕最新的经济增长点集中,并会通过"极化效应"和"涓流效应"作用于其他地区。

在金融集聚区,金融集聚效应构成了金融增长点,金融核心区对周边地区产生了两种相反方向的影响:第一,极化效应,体现在金融核心城市对腹地城市资源的吸引力而使周边地区的资金、劳动力等要素大量向核心城市集中,这会扩大区域间经济发展的差异和非均衡性;第二,涓流效应,指当金融核心城市金融集聚达到一定程度后,将会通过核心区的资源要素扩散和知识外溢等途径带动周边区域经济的发展,并缩小区域差异,如图2-3所示。

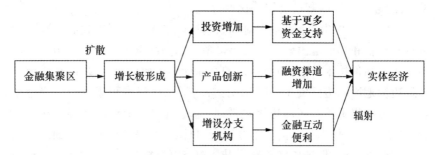

图2-3 金融集聚辐射效应作用于经济实体过程
资料来源:黄解宇、杨再斌:《金融集聚论》,中国社会科学出版社,2006。

2. AK模型框架下的涓流效应

AK模型是内生经济增长理论的典型代表,该理论认为决定长期经济增长的影响因素是内生的。通过AK模型对金融资源向周围流动从而产生的涓流效应进行分析,会发现边缘地区会从核心区的人才、知识、资本溢出中获利,从而推动边缘区经济增长,缩小与集聚核心区的差异。

假设在一个没有政府的封闭经济体系里,产出水平是资本存量的函数:

$$Y_t = AK_t$$

其中,A是资本边际生产率,K是资本存量。若该经济体系只生产一种产品并用来进行投资,当每期以δ的比率进行折旧时,每期的投资可表示为:

$$I_t = K_{t+1} - (1-\delta)K_t$$

其中,I代表投资。当经济为均衡状态时,总储蓄和总投资相等,但若考虑到现实中储蓄会有一定比例的溢出,则投资为:

$$I_t = \Phi S_t, \quad \Phi < 1$$

其中,S代表储蓄总量,Φ代表储蓄投资转化比率。由上述三个公式可推出产出的增量为:

$$\Delta Y_{t+1} = Y_{t+1} - Y_t = A(I_t - \delta K_t) = AI_t - \delta Y_t$$

则产出的增长率 g 为：

$$g_{t+1} = \frac{\Delta Y_{t+1}}{Y_t} = \frac{AI_t - \delta Y_t}{Y_t} = \frac{A\Phi S_t}{Y_t} - \delta = A\Phi S_t - \delta$$

由上式可得出，经济增长率 g 受到三个因素的影响，即边际资本生产率 A、储蓄率 S 和储蓄投资转化比率 Φ。

根据该式可得出金融集聚对周边地区经济增长的影响途径：第一，通过技术创新和知识溢出效应提升周边地区的边际资本生产率。由于金融核心区的知识技术扩散，周边地区的企业能够由此而获利，新的技术流入导致边缘地区的边际资本生产率的提高。第二，资本积累效应。当金融资源从金融集聚核心区向边缘扩散时，金融机构和金融产品都会相应增加，金融交易和信息流通的成本会降低，风险和交易费用的减少加强了投资者的储蓄意愿，促进了储蓄率提升。第三，储蓄投资转化效应。因核心区金融信息的大量集散，金融市场的信息更加有效，金融市场的有效性提升促进了金融资源的有效配置，尤其是在证券市场上；同时金融系统改善了公司治理机制，并引导资金流向更高收益率的领域，提高了整个地区的投资效率；通过金融工具的创新，使得金融机构能够合理分散降低投资风险，优化了投资环境，如图2-4所示。

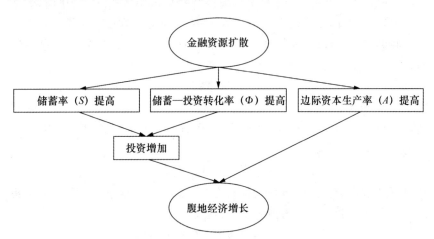

图2-4 AK模型下的涓流效应

资料来源：黄解宇、杨再斌：《金融集聚论》，中国社会科学出版社，2006。

3. LS 模型下的福利补偿效应

Baldwin 和 Martin(2001)提出的"本地溢出"模型(Local Spillovers Models),从知识溢出和福利补偿的角度分析了集聚对腹地经济增长的影响。该模型假设一国经济由南北两个区域、农业和工业两个部门、资本和劳动两种要素组成,并对集聚的本地经济增长效应和周边地区辐射效应做了研究。

(1)集聚会加速本地经济的增长

Baldwin 和 Martin 对一个地区有无集聚时的经济增长率分别进行推导。在无集聚的状态即均衡状态下,地区的经济长期增长率为:

$$g_{sym} = \frac{b(1+\lambda)}{2}L^w - (1-b)\rho - \delta \qquad (2\text{-}1)$$

存在集聚的状态即核心—外围模式下,地区的经济长期增长率为:

$$g_{cp} = bL^w - (1-b)\rho - \delta \qquad (2\text{-}2)$$

其中,$b = \frac{\mu}{\sigma}$;μ 表示商品支出份额;σ 为 0—1 的常数,代表两种商品间的替代弹性系数;δ 表示资本折旧率;ρ 表示时间偏好率;L^w 表示全部地区的劳动力禀赋;λ 表示知识的空间传播阻力。

通过比较公式(2-1)和(2-2)发现,一个地区集聚状态下的经济增长要快于无集聚状态的经济增长:

$$g_{cp} - g_{sym} = \frac{b(1-\lambda)}{2}L^w > 0$$

由此可知,集聚对于本地区经济增长的带动作用是明显的。

(2)集聚对周围地区的经济影响比较复杂

交易成本的不断降低会扩大集聚核心区和周边地区的差异。核心区的居民因节约了交易成本而拥有更高的人均收入,而边缘区域的居民则需要支付交易成本从而降低了收入。但区域间差异存在的同时,整体地区的经济在增长,这对边缘区产生了正向带动作用。因此,核心区对边缘区福利水平的影响可分为两个方向,即丢失产业引起的静态损失和整体经济增长带来的动态收益。这两种影响的直观效果可以由图 2-5 看出。

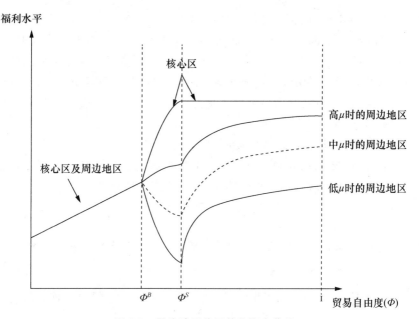

图 2-5 周边地区能否从集聚中获益

资料来源：Richard Baidwin, Rikard Forslid, Philippe Martin, Gianmarco Ottavino and Frederic Rorbert-Nicoud, *Economic Geography and Public Policy*[M], Princeton University Press, 2003, p.185.

集聚对于核心区的经济增长具有促进作用，但集聚对周边地区经济增长的影响方向却不能确定。由图 2-5 可知，在贸易自由度达到突破点 Φ^{B_1} 之前，低成本的交易会同时提高两个地区的福利水平，但当贸易自由度超过 Φ^B 后，核心区和边缘区的福利水平开始显现差异：核心区将会从集聚和高速的经济增长中获利，而边缘区只能在得益于核心区经济增长的同时还需承受由于集聚而带来的损失，这也解释了边缘区福利水平总是低于核心区的原因。

对于核心区来说，一旦集聚达到饱和状态，即超过持续点 Φ^{S_1}，它的福利水平将不再改变（表示为图 2-5 中最上方的实线）。对于边缘区来说，情况则比较复杂：若商品支出份额 (μ) 很低，则边缘地区的静态损失会超过来自整体经济增长的动态收益，此时边缘区从集聚中受损（表示为图 2-5 中最下方的实线）；相反，若商品支出份额 (μ) 很大，动态收益的主导地位将会使核心区和边缘区同时受益（表示为图 2-5 中最上方的虚线）；当商品支出份额 (μ) 为适当的中间值时，两种影响的共同作用可能会使边缘地区最初受损,但随着贸易自由度的增加,福利状态最终会超过最初的水平。

因此,从增长极理论、AK 模型和 LS 模型可知,金融集聚可以带动腹地经济发展,也可能导致周边地区的空心化,且其效应的强弱受到诸如信息、贸易、金融集聚发展阶段等多种因素的影响。

第三节 金融中心构建理论

金融中心的构建不仅需要依赖其自身经济的基础以及其历史、文化、政治条件,更要依赖于能够在其区域内形成金融集聚。换言之,金融集聚是构建金融中心的前提。因此本章在前学者所做的关于金融中心以及金融集聚相关理论研究的基础上进行归纳与分析。

一、金融中心的概念

金融是信用货币出现以后形成的一个经济范畴,是货币流通、信用活动以及与之相联系的一切经济活动的总称,而所谓金融中心就是指上述金融活动密集的地方,是金融机构集聚、金融市场发达、金融服务全面高效、金融信息传递畅通、资金往来便捷的资金集散地。目前,全球被称为金融中心的城市有 200 多个。金融中心可认为是人类历史上一项重大的制度创新,它的出现和发展是金融活动主体追求自身效益最大化的必然结果。由于金融中心不仅提高了金融业的运行效率,而且还凭借信息的改进和协同效应,对经济发展产生了积极作用,使得资源配置更富效率,近年来,构建和发展金融中心成为许多国家和地区推动经济迅速发展的重要手段之一。

Kindleberger 认为,金融中心不仅需要平衡来自各企业的投资和储蓄余额,在投资者和储蓄者之间转移金融资本,还要在区域之间转移储蓄余额,降低支付成本。银行中心和金融中心实现着中间交换和空间储存价值的功能。同一国家内两点之间的单线交易主要通过金融中心来有效实现,金融中心还可匹配季节性以及长期性的盈余或赤字。此外,国际支付及外汇借贷这类专业化功能更适合于在一个集中地点进行,这个集中地点(在大多数情况下)是国内区域间支付的专业化中心。

二、金融中心的分类

20世纪70年代开始,就有很多在此领域进行研究的机构和学者采用不同的分类标准对金融中心的类别进行了划分,尽管鲜有学者专门撰文研究,但通过长期文献积累也形成了多种主流观点。

Johnson(1967)认为国际金融中心和区域性金融中心有明确的区别。他认为,国际性金融中心的金融活动、银行业、保险业及其他辅助性金融业务很集中,这些业务必须辐射全球或一些关键区域。他指出纽约、伦敦是国际性金融中心,巴黎、汉堡、苏黎世是次一级的金融中心。Johnson对区域性金融中心并没有明确的定义,但他对区域性金融中心有如下描述:诸如香港、新加坡、巴拿马等区域性金融中心,其主要职能衍生于其地理位置接近于某些国家,这些国家的执业人员易于经营某些总部位于国际金融中心的外国的子公司、子品牌、代理机构。并不是因为这些金融中心内部执业人员通过本地的资本规模、国际影响力、本地银行的国际竞争力发展金融机构。换句话说,国际性大银行、大金融机构在这些地点建立子公司是因为发现在这些地点建立子公司非常便捷,而不是因为其本地资本雄厚、竞争力强而想打入此市场。

Giddy和Dufy(1978)按照金融中心产生和形成的阶段,将国际金融中心分为传统金融中心、金融转口中心、离岸金融中心三类。传统金融中心是指通过贷款或证券发行等方式来进行资本输出的中心;金融转口中心是指可以将本国或本地的金融市场以及金融机构的产品与服务提供给出境居民和出境非居民的中心;离岸金融中心则是一种相对自由的金融市场,交易对象通常是跨国公司和银行,业务往往是将引来的外来资金再贷给境外。McGahey(1979)根据国际金融中心的不同性质,将其划分为名义中心和功能中心,国际性金融机构在名义中心进行注册和记账,但并没有实质性的业务活动,其目的主要在于对监管和税收的合理规避。功能中心则有大量国际金融机构的聚集和丰富的市场活动,提供各类齐全的金融服务,进行实质性的金融活动,如纽约、伦敦等金融中心。韩国学者Park(1982)根据资金来源和流向将金融中心分为四类:以纽约和伦敦为代表的主要金融中心,以巴哈马为代表的记账金融中心,以新加坡为代表的集资金融中心,以巴林为代表的托收金融中心。中国学者王传辉(2000)从金融体系产生的路径角度出发,将国际金融中心分为国家建设型和自然形成型。国家建设型金融中心的金融体系产生路径为,从金融制度变化出发,金融制度变化刺激金融市场,进而带动经济发展,比如新加坡和东京。而自然形成型金融中心的金融体系产生路径为,从经济增长出发,经济增长决定了金融市场的发展,进而决定金融制度的变化,比如香港与伦敦,如表 2-1 所示。

表 2-1 国际金融中心类型的几种主要划分

作者	分类依据	划分类型
Dufy 和 Giddy	金融中心形成和发展阶段	传统金融中心、金融转口中心、离岸金融中心
McGahey	金融中心的性质	名义中心与功能中心
Park	资金来源和流向	主要金融中心、记账金融中心、集资金融中心、托收金融中心
王传辉	金融体系产生途径	自然形成型与国家建设型
何研基	金融业务辐射的地理范围	全球性金融中心、离岸金融中心、区域性金融中心、国内金融中心

三、金融中心的形成与发展条件

金融中心的形成与发展需要许多条件和因素的相互作用,其中不同范围的金融中心需要具备的条件也不尽相同,相关的理论研究也很多。国外学者就欧美国家金融中心构建的情况归纳出其金融中心构建和发展的条件,其中,Gras(1922)提出了都市发展阶段论,他通过对都市发展为一地经济服务的阶段进行考察,将都市发展阶段分为商业、工业、运输业再到最高阶段的金融业这四个阶段。Kindleberger(1974)整理了欧美国家构建金融中心的主要条件,有欧洲货币(European Currency)统一机制的形成、中央银行(Central Bank)监管的完善、行政中心(Administrative Capital)高效的办公服务、传统(Tradition)习惯的融合程度、经济规模(Economics of Scale)、中心区位(Central Location)的优势、交通运输条件(Transportation)、跨国公司总部(Headquarters of Multinational Corporations)数量、金融环境政策(Policy)等。美国学者 Walter(1973)归纳金融中心所应具备的条件:稳定的政治及经济环境,雄厚的经济实力与规模,常处于入超状态的国际收支经常账户;开放且稳定的外汇、货币与资本市场,发达的基础建设(包括通信设施、运输系统及运输工具、设备现代化的办公建筑),充分的金融辅助服务(如律师、会计师服务等);符合国际金融实务运作的法律规范,具有竞争力的税率,具备地理上的优势。Reed(1980)认为,金融中心的形成主要根植于以下四方面经济功能的发展:(1)能够快速且有效地了解竞争性金融机构相关的信息和服务;(2)支票、汇票、股票的清算和交易;(3)借方可以借入更大额、更低价的资本,贷方可以更快速地带出资本;(4)从事金融事务的人员更加专业化。Park(1984)在对于国际金融业的发展和金融中心成因的分析上运用了微观经济学的规模经济理论。Kaufman(2001)指出,国际金融中心的没落或兴盛,与该地区作为主要商业中心与贸易中心、交通枢纽、首都地位等因素有关,并且也会受到战乱等因素的影响。经济学家Park和Gras也对国际金融中心的形成和发展进行了理论性的研究。2008年3月,伦敦城市公司对金融中心构建条件的研究报告——《全球国际金融中心指数》所罗列的条件更全面、更具代表性,它包括:一流的金融人才;金融业务顺利展开所需要的宽松的制度环境;能够成为各个洲际或国家及地区金融服务的中枢;具有良好的外部网络效应——随时能够汇集需要服务的广大客户;完全同等的国民待遇;改善经营环境所需要的政府的迅速和及时的回应;合理的企业税制度;开展金融中心业务所需要付出的成本;能够及时提供最好的专业化后勤服务;良好的生活居住环境;具有易融入的文化。

中国学者对中国金融中心建设的研究集中在目标城市的选择、金融中心的功能定位和层次布局等。国内学者潘英丽(2003)把国际上有关金融中心形成的理论总结为两点:区位理论和集聚经济理论。她主要探讨了国际金融中心的聚集效应和外部规模效益,运用企业区位选择理论分析了影响金融机构选址的主要因素。黄解宇、杨再斌(2006)对金融集聚论在国际金融中心形成理论中的应用进行了系统性的研究,认为金融集聚的规模经济效应(主要包括外部规模经济与内部规模经济效应)是金融机构集聚的直接原因,并且将空间经济学和金融地理学的理论和研究方法与金融集聚理论进行了结合,融入到金融中心形成的研究。饶余庆(1997)提出,金融中心不但必须是一个都市,而且必须是有种种实际有利条件的都市,例如优越的地理位置、现代化的交通运输以及能与其他中心保持最大接触的时区、自由的经营环境、完善的金融监管制度、高端的通信技术、优惠的税收政策、独立公正的司法与健全的法律制度、专业的人力资源等。

结合国内外对金融中心构建条件的相关分析,本研究将金融中心构建的条件分为宏观适用条件、微观适用条件两大类。其中,宏观适用条件包括优越的区位优势、发达的基础设施(通信、运输等)、雄厚的经济实力、完备的金融政策法规体系、宽松的制度环境、优惠的税收政策。微观环境包括充足的金融人才储备、跨国公司总部数量、专业金融机构数量、完备的金融中介机构、完善的金融市场(包括证券交易市场、期货交易市场、黄金交易市场、外汇交易市场等)。不同影响范围的金融中心所需要的构建条件不同,国内金融中心需要满足金融中心构建的部分宏观适用条件:发达的基础设施、国内相对雄厚的经济实力、国内相对完备的金融政策法规体系、相对倾斜的制度环境、优惠的税收政策;同时需要满足部分微观适用条件:国内数量相对较多的跨国公司总部、金融人才储备相对丰富、专业金融机构数量达到一定规模、比较完善的金融市场。构建区域金融中心则必须具备基本满足金融中心构建的宏观适用条件及微观适用条件。总的来说,构建区域金融中心的条件要满足区域特色,其条件略高于国内金融中心构建的条件,同时又低于构建全球金融中心的条件。全球金融中心的构建条件要求则更高、更加完备,必须完全满足金融中心构建的宏观适用条件及微观适用条件。其中,就宏观适用条件而言,需要具备独特的区位优势,即和其他重要金融中心具备时区上的互补,经济实力在全球名列前茅、具有一流的基础设施、国际化的金融制度环境、适应全球金融经济发展的法律法规体系。另一方面,在微观适用条件中,全球金融中心还要求具备一流的金融人才、跨国公司总部的主要集聚地、完善的金融中介服务机构、高质量的金融市场。

四、金融中心形成的模式

国际金融中心的形成模式主要包括两种:一种是基于需求反应的自然形成模式,称之为市场主导型;另一种则是在政府部门支持下形成的模式,称之为政府主导型。

市场主导型的金融中心,是经济发展到一定程度后,由经济的增长自发而产生的对金融服务的各种新需求,各个金融机构或者金融活动参与者为了适应这种需求而不断向某一区域进行聚集;与此同时,为适应新的金融需求,区域内的金融制度、法规、政策等基础设施也不断趋于完善,由此又吸引更多的金融活动参与者向该区域聚集,最终形成良性循环,金融中心的位置得到确立和巩固。一般地,由市场自发主导而形成的金融中心,其主要遵循以下发展路径:经济持续增长→金融体系扩张→地区性金融中心→全国性金融中心→国际金融中心。

政府主导型的金融中心,是在区域经济发展没有到足够发达的情况下,通过抓住金融市场进行关键性调整的机会,充分发挥本区域在地理位置、文化、环境等方面的优势,经政府部门大力支持、人为设计,使区域金融在短期内实现超常规发展,以及区域金融体系快速扩张,并逐步形成具备某些特定功能的金融中心。一般地,由政府主导而形成的金融中心,主要遵循以下发展路径:政府主导→金融业国际化→区域金融体系扩张→区域经济发展→金融中心继续扩张。

经过上述分析可知,市场主导型的国际金融中心与政府主导型的国际金融中心,它们在发展动力来源、发展目标等方面均存在差别,具体如表2-2所示。

表2-2　市场主导型与政府主导型金融中心的区别

比较内容	形成类型	
	市场主导型	政府主导型
产生动力	市场经济发展自然形成	政府部门人为推动形成
发展目标	与经济协调发展	带动经济发展
作用发挥	被动发挥	主动发挥
政策特点	自由、开放程度高	政府干预程度高
代表性金融中心	纽约、香港	东京、新加坡

资料来源:根据公开资料整理所得。

第四节　金融中心的评价体系

金融中心的评价指标主要有两类:第一类为各经济学家构造的评价体系,主要方法有回归分析、因子分析、聚类分析;第二类为各机构颁布的金融中心指数,包括GCFI、伦敦金融城指数、新华—道·琼斯指数等。

一、经济学家的评估方法

(一) Howard Curtis Reed 指标体系与聚类分析法

Howard Curtis Reed(1980)首先采用聚类分析法对亚洲17个金融中心的发展历程进行研究,展示了1900—1975年亚洲金融中心的转移。论文通过聚类分析方法划分了不同阶段的国际金融中心的分类,用逐步多元区别分析法(Stepwise Multiple Discriminant Analysis)验证聚类分析的分类,归纳金融中心排名的决定性因素,确定亚洲17个金融中心的排序。

文章采取了76年的数据,以5年为一时间间隔(1940—1955年为一例外情况,时间间隔分别选取为1940年、1947年、1955年)。变量的选取分为1900—1955年及1955—1975年两个阶段。第一阶段采取5个基础银行活动变量,第二个阶段增加4个可获取的金融/银行活动变量。

对国际金融中心的量化指标有传统标准和当代标准两种。传统标准主要针对20世纪80年代以前的金融中心评估,9个指标如表2-3所示。

表2-3 Howard Curtis Reed 选取的指标变量

第一阶段:银行业变量(1900—1955)			
1	LBHDQ	当地银行总部	在国际金融中心设立的,从事大量国际业务的商业银行总部
2	LBDIL	当地银行直接联系	境外国际金融中心通过总部设在国际金融中心且从事国际业务的当地大型银行建立与国际金融中心的直接联系
3	PB	私人银行数	在国际金融中心设立办事处的私人银行(商业银行或投资银行)
4	FBO	外国银行办事处	在国际金融中心设立办事处且从事大量国际业务的外资商业银行
5	FBDIL	外国银行直接联系	境外国际金融中心通过在国际金融中心设立办事处且从事国际业务的大型外国银行建立与国际金融中心的直接联系
第二阶段:金融/银行变量(1955—1975)			
6	FFA	涉外的金融资产	国际金融中心所有境外金融资产的总额(分布在金融中心的所有银行总部的总资产中)
7	FFL	涉外的金融负债	国际金融中心的境外金融负债的总额(分布在金融中心的所有银行总部的总负债中)
8	LBR/DIL	当地银行的分行/代表处直接联系	境外国际金融中心通过总部设在国际金融中心的当地银行建立与国际金融中心的直接联系(即分行和代表处)
9	FB/RO	外国银行代表处	国际金融中心的从事国际业务的大型外国银行的支行,或者是代表处

选这9个银行业与金融变量来衡量国际金融中心的活跃程度,是因为金融中心运作的每个层面都有商业银行的紧密参与。在外汇市场,商业银行持有双方的保证金,担任国内外收付的代理人,提供资金贷款,决定货币与资本市场利率,汇集大批金融业尖端人才。分析显示,不同时间段对金融中心排名起作用的指标不同,如表2-4所示。

表2-4 不同时间段金融中心排名的影响因素

时间	最重要的影响因素
1900	FBO/LBDIL/FBDIL
1920—1925	LBDIL/FBDIL
1940	LBHDQ/LBDIL
1947	PB/LBDIL/FBDIL
1960	LBDIL/LBHDQ
1955	LBDIL/LBHDQ/FFA/FBDIL
1965	LBDIL/FBDIL
1975	LBHDQ/FFL

Reed认为对于20世纪80年代的国际金融中心来说,总部所在地的活跃于国际市场上的大型商业银行数目、该中心所涉及的对外金融负债总额和该中心拥有的对外金融资产总额主要决定了国际金融中心的组织构架和国际地位。

对于20世纪80年代之后的国际金融中心评价,指标为16个变量,如表2-5所示。

表2-5 国际金融中心评价指标

	现代标准
1	以该中心为总部的活跃于国际市场的大型银行的资本/存款比例
2	以该中心为总部的活跃于国际市场的大型银行的资本/资产比例
3	以该中心为总部的活跃于国际市场的大型银行的税前利润/资本比例
4	以该中心为总部的活跃于国际市场的大型银行的税前利润/资产比例
5	以该中心为总部的活跃于国际市场的大型银行的收入/资产比例
6	该中心(日均)跨国货币结算总额
7	该中心的欧洲货币市场的规模(负债额)
8	一年中在该中心发行的国际债券的总量
9	该中心持有的外国金融资产额

（续表）

	现代标准
10	属于该中心的对外金融负债额
11	该中心股票交易活动的日均成交额
12	以该中心为总部的活跃于国际市场的大型本地商业银行的数量
13	该中心设立代表处、分支机构或子公司的活跃于国际市场的大型外国银行的数量
14	通过活跃于国际市场的外国银行，与本中心建立直接联系的外国金融中心的数量
15	该中心（每年）的航空客运量
16	该中心（每年）的航空邮件及航空货运量

Reed 在不同时期使用两个模型对国际金融中心进行评价都产生了很好的效果。通过对比不同时期的两个模型可得出，在新时代国际金融中心的评估更少地考虑了金融机构的数量，更多地考虑了银行的运营指标，以及每日跨国货币结算、欧洲货币市场规模指标，以反映现代金融中心的特点。

（二）国内学者的评价方法

国内学者对金融中心排名的研究起步较晚，在研究初期主要重点是从定性角度建立指标体系，研究金融中心的成因、发展路径。后期逐步采用定量与定性相结合的方法，采用模糊综合评价法、层次分析等方法。

饶余庆(1997)提出了五类指标衡量金融中心的发展水平，第一类是金融机构的数量，包括银行、保险公司、基金管理公司的数量等；第二类指标是本地银行的外国资产、外国负债、跨境债权、跨境负债、跨境信贷等；第三类指标涉及外汇市场，包括市场净交易额、交易的币种结构和外汇交易商的机构类型；第四类指标是关于外汇衍生品和利率衍生品的场外市场交易量的国家排名；第五类指标是各国股票市场1995年的总市值。饶余庆(2003)提出了新的六个量化指标来衡量一个城市是否是真正意义上的国际金融中心，包括外汇日交易额至少有100亿美元、外资银行（包括代表处）至少有100家、外资非银行金融机构（包括代表处）至少有200家、跨国界银行间资产和负债至少各有1 000亿美元、总的银行海外贷款至少有200亿美元和被至少200家外资公司（包括银行和金融机构）选在地区总部的所在地。研究对有代表性的国际金融中心进行量化指标的排名,涉及 1994 年和 1995 年两年。这是国内进行国际金融中心量化研究的雏形。

李虹、陈文怡(2002)构建了包含金融规模效率、安全性指标和金融国际化指标的评价体系,主要强调国际化因素对金融中心发展的重要影响。

干杏娣(2002)采用了因子打分法,从金融市场的角度选取了银行业、外汇交易、货币市场、股票市场、债券市场、证券投资基金、保险市场、金融衍生品市场八个子市场,对其赋予不同的权重,进行了市场运行与结构评价、直接基础因素评价、宏观与环境因素评价。干杏娣将三类评价下的城市得分分为 AAA、AA、A、BBB、BB、B、CCC、CC、C 九类,并对每个城市的三类结果进行综合打分。

胡坚、杨素兰(2003)提出的金融中心指标评价系统中包含了经济类指标、政治类指标和金融类指标,三类指标包含 22 个子指标,并且利用这一指标评价体系,采取 1998—2000 年 8 座城市的数据进行实证研究,对这一指标评价体系的适用性进行了验证。

杨斌、匡霞(2004)分为城市围观条件、国家宏观发展条件、周边环境三类共 30 个指标建立了金融中心解释结构体系,采用了层次分析和模糊判断法。

杨再斌、黄解宇(2004)利用演化经济学的基本方法,将国际金融中心阶段性目标的量化指标体系区分为三个层次:必要性指标、依赖性指标和核心一致性指标。必要性指标是建设国际金融中心或者评价国际金融中心的基础性指标;依赖性指标叫环境与体制指标,是建设国际金融中心的依赖性条件,包括金融体制指标、金融自由化指标、金融中介机构及市场主体发育指标和基础设施完善程度指标;核心一致性指标反映国际金融中心的建设情况,包括金融发展水平指标、市场交易指标、金融效率指标以及金融国际化指标。指标共包括 13 类子指标和 82 个次指标。文章采用了层次分析法通过两两判断得出各三级指标相对于二级指标的权重,其次,运用模糊判断法对上海和新加坡建设金融中心的条件进行量化。

张泽慧(2005)将金融中心指标体系分成国内霸主地位、金融中心流动性、金融集中度、资本安全性四类。

姚洋、高印朝(2007)建立了比较全面的指标。文章首先分析了影响金融中心形成和运行的因素,对未来金融中心排名进行了预测,指出了我国假设金融中心的不足指出。文章选用指标依据国际金融中心的形成和运行具有较高相关度的原则,将所有指标分成了经济环境、金融市场、金融机构和金融制度四类。每一类下含多个具体指标,每一个指标都进行了量化。文章数据仅采用了2004年一年。

陆红军(2007)也对国际金融中心的指标评价体系进行了研究,他运用了10个一级指标和56个二级指标,并采用这一指标体系对6座国际性大都市做了实证研究,研究发现这些城市的金融竞争力排名从高到低依次为纽约、伦敦、东京、香港、新加坡和上海。

潘英丽等(2010)认为,一个完善和庞大的指标体系才能客观地评价金融中心。文章将指标分为发展水平指标和影响因素指标两类。发展水平指标分为金融业概况、金融活动规模指标、收益性指标、稳健性指标和国际化指标。影响因素指标主要包括四大类:第一类是宏观经济活动水平,包括经济增长和稳定性、贸易进出口、国际资本流动等;第二类是城市设施和基础条件,如交通通信设施、人力资源供给和相关辅助产业发展设施;第三类涉及金融中心发展的成本因素,如城市商务成本、企业信贷成本、工资成本等;第四类是政策和制度条件,如政治稳定性、法律和税收体制、政策和管制环境等。每一类下涉不同的具体指标,根据金融中心的不同,依据可获得的数据,主要采用了协整分析的方法,分析各个金融中心的地位。

二、各机构颁布的金融中心指数

金融中心的比较研究以及金融中心的排名一直是大家比较关注的问题。对于金融中心的排序方法不同机构有不同的方法,但总体上核心指标比较一致。目前业界较为流行、认可度较高的金融机构排名有伦敦金融城 Z/Yen 研究咨询公司的"全球金融中心竞争力排名"和"全球金融中心指数"(GFCI);纽约企业家联合会和普华永道公司联合发布的"21世纪商业竞争指标";瑞士洛桑国际管理学院(IMD)的金融竞争力指标体系;麦克西顾问公司出具的相关专题报告;新华社联合芝加哥商业交易所集团指数服务公司共同发布的"新华—道·琼斯国际金融中心发展指数"(IFCD)。

(一) 全球金融中心竞争力排名

2003年,伦敦金融城Z/Yen研究咨询公司出具了一份名为《打量金融城——伦敦作为金融中心的排名》。该报告由金融创新研究中心撰写,以金融城作为国际金融中心竞争地位的调查意见为基础,调研了全球4个金融中心城市的竞争力排名,该报告被公认为是较为完善的研究金融中心的指标体系的文件。该报告在2005年做出了相应的调整,增加了比较因子,将考察的城市由4个增加到54个。指标体系如表2-6所示。

表2-6 Z/Yen金融中心指标体系

	排名	
2003年指标	1	训练有素的员工队伍
	2	有能力的监管者
	3	良好的税制
	4	政府回应
	5	轻松的监管协调
	6	有吸引力的生活环境
2005年指标	1(原1)	训练有素的专业技术人员的可得性
	2(原2&5)	监管环境
	3	进入国际金融中心市场的容易度
	4	商业基础设施
	5	客户的可获得性
	6	公平公正的商业环境
	7(原4)	政府回应
	8(原3)	企业税制
	9	运营成本
	10	专业服务供应商的获取
	11	生活质量
	12	文化好语言
	13	商业楼宇的质量及供应
	14	个人税制

所有指标按照重要程度进行排列。数据获取主要通过对金融中心城市所在居民以及金融业工作者的采访,通过受访人员的评价对金融机构进行打分。

(二) 全球金融中心指数(GFCI)

1. GFCI 概述

GFCI 指数(Global Financial Center Index)是在原先伦敦金融城的报告基础上发展而来的,在其基础上进行了进一步的完善。原先的指标均被保留。GFCI 第一期发布于 2007 年 3 月,保持每半年发行一期的频率,通过因素评价模型(Factor Assessment Model)实现对全球不同金融中心的排名。评价体系主要有两个方面,一方面是媒介指标因素(Instrumental Factors),这一数据来源于外部的客观数据;另一部分为金融中心评价(Financial Center Assessments),数据来源于网上调查。网上调查的人员主要来自全球金融中心十强,金融中心十强的数据占所有数据的 50%。因素评价模型使用支持向量机理论(Support Vector Machine)方法建立全球金融中心竞争力预期模型(Predictive Model of Center Competitiveness)。报告发布初期施行回复反馈及参与问卷调查后才可以获取报告的机制,随着报告的不断被下载,参与反馈的人越来越多,关于软实力的调研就愈发准确。

2. 指数体系

GFCI 指数体系如表 2-7 所示。

表 2-7 GFCI 指数指标体系

类别	指标	来源
人力 People	全球 EMBA 排名	Executive MBA Global Rankings, Financial Times
	欧洲人力资本指数	European Human Capital Index, Lisbon Council
	人力发展指数	Human Development Index, UNDP
	劳动生产力	Labor Productivity, OECD
	教育支出	Education Expenditure, OECD
	生活质量状况	Quality of Living Survey, Mercer HR
	幸福指数	Happiness Score, Nation Master
	世界旅游目的地	World's Top Tourism Destination, World Tourism Organization

（续表）

类别	指标	来源
商业环境 Business Environment	行政管理和经济规制	Administrative and Economic Regulation, OECD
	商业环境	Business Environment, Economist Intelligence Unit
	总税率	Total Tax Rates, World Bank/PWC
	公司税率	Corporate Tax Rates, OECD
	雇员有效税率	Employee Effective Tax Rates, PWC
	工资比较指数	Wage Comparison Index, UBS
	个税	Personal Tax Rates, OECD
	总税款（指税收占GDP的比率）	Total Tax Receipts (As a Percentage of GDP), OECD
	易于从事商业活动指数	Ease of Doing Business Index, World Bank
	透明指数	Opacity Index, Kurtzman Group
	经济自由度指数	Corruption Perceptions Index, Transparency International
	世界经济自由度指数	Index of Economic Freedom, Heritage Foundation
	金融市场指数	Economic Freedom of the World Index, Fraser Institute
	政治风险评价	Financial Markets Index, Maplecroft
市场准入 Market Access	资本准入指标	Political Risk Score, Exclusive Analysis
	证券化	Securitisation, IFSL
	股票、债务价量统计和投资基金交易量（5个分别因素）	Share and Bond Trading-Value and Volume Statistics and Investment Fund Trading Volumes (5 separate factors), World Federation of Exchanges
	全球银行服务中心	Global Accountancy Service Centers, GaWc Research
	全球会计服务中心	Global Service Centers, GaWc Research
	全球法律服务中心	Global Legal Service Centers, GaWc Research

(续表)

类别	指标	来源
基础设施 Infrastructure	全球办公占有面积	Global Office Occupancy Costs, DTZ
	遍及世界的办公场所	Office Space Across the World, Cushman & Wakefield, Healey & Baker
	竞争替换状况	Competitive Alternatives Survey, KMG
	办公场所的空调设施	Offices With Air Conditioning, Gardiner & Theobald
	欧洲城市监察	European Cities Monitor, Cushman & Wakefield, Healey & Baker
	全球财产指数	Global Property Index, IPI
总体竞争力 General Competitiveness	经济观点指示	Economic Sentiment Indicator, European Commission
	超成长公司	Super Growth Companies, Grant Thornton
	世界竞争力排名	World Competitiveness Scoreboard, IMD
	零售物价指数	Retail Price Index, The Economist
	价格比较指数	Price Comparison Index, UBS
	国家声誉指数	Nation Brands Index, Anholt
	城市声誉指数	City Brands Index, Anholt
	全球竞争力指数	Global Competitiveness Index, World Economic Forum

3. 支持向量机基本方法

支持向量机较为完整的理论由 Vapnik(1995)提出,是一种在统计学理论基础上发展起来的算法。SVM 专门研究有限样本预测。与传统统计学相比,SVM 算法没有以传统的经验风险最小化原则为基础,而是建立在结构风险最小化(Structural Risk Minimization,SRM)原理基础上,发展成为一种新型的结构化学习方法。它能很好地解决有限数量样本的高维模型的构造问题,而且所构造的模型具有很好的预测性能。SVM 算法有很多成功的应用都说明了这种结构化学习方法的潜在优势。支持向量机基本方法如下:

假定大小为 l 的训练集 $\{(x_i, y_j), i=1,2,\cdots l\}$,由二类别组成,如果 $x_i \in R^{(N)}$ 属于第 1 类,则标记为正($y_i = 1$),如果属于第 2 类,则标记为负($y_i = -1$)。学习的目标是构造一个决策函数,将测试数据尽可能正确地分类。针对训练样本集分为线性或非线性两种情况进行讨论。

首先是线性情况。

如果存在分类超平面

$$\omega \cdot x + b = 0 \quad (3\text{-}1)$$

使得

$$\omega \cdot x + b \geq 1, \quad y_i = 1 \quad (3\text{-}2)$$
$$\omega \cdot x_i + b \leq 1, \quad y_i = 1, \quad i = 1, 2, \cdots, l$$

则称训练集是线性可分的,其中 $\omega \cdot x$ 表示向量 $\omega \in R^{(N)}$ 与 $x \in R^{(N)}$ 的内积。式(3-1)和式(3-2)中的 $\omega \in R^{(N)}, b \in R^{(l)}$ 都进行了规范化,使每类样本集中于分类超平面距离最近的数据点满足式(3-2)的等式要求。对于式(3-2),可写成如下形式:

$$y(\omega \cdot x_i + b) \geq 1, \quad i = 1, 2, \cdots, l \quad (3\text{-}3)$$

由统计学理论知,如果训练样本集没有被超平面错误分开,并且距超平面最近的样本数据与超平面之间距离最大,则该超平面为最优超平面。由此可得决策函数:

$$\tilde{f}(x) = \text{sign}(\omega \cdot x + b) \quad (3\text{-}4)$$

其推广能力最优,其中 sign(·)为符号函数。最优超平面的求解需要最大化 $\dfrac{2}{\|\omega\|}$,即最小化 $\dfrac{\|\omega\|^2}{2}$ 为如下的二次规划问题:

$$\min_{\omega, b} \frac{\|\omega\|^2}{2} \quad (3\text{-}5)$$

s. t. $\quad y_i(\omega \cdot x_i + b) \geq 1(x), \quad i = 1, 2, \cdots, l$

训练样本集为线性不可分时,需引入非负松弛变量 $\xi_i (i=1,2,\cdots,l)$,分类超平面的最优化问题为:

$$\min_{\omega, b, \xi_i} \frac{1}{2} \omega^T \cdot \omega + C \sum_{i=1}^{l} \xi_i \quad (3\text{-}6)$$

s. t. $\quad y_i(\omega^T \cdot x_i + b) \geq 1 - \xi_i$
$\quad\quad \xi_i \geq 0, \quad i = 1, 2, \cdots l$

其中,C 为惩罚参数,C 越大代表对错误分类的惩罚越大。采用拉格朗日乘子法求解这个具有线性约束的二次规划问题,即:

$$L_P = \frac{\|\omega\|^2}{2} + C \sum_{i=1}^{l} \xi_i - \sum_{i=1}^{l} \alpha_i [y_i(\omega \cdot x_i + b) - 1 + \xi_i] - \sum_{i=1}^{l} \beta_i \xi_i \quad (3\text{-}7)$$

其中,α_i、β_i 为拉格朗日乘子,$\alpha_i \geq 0, \beta_i \geq 0$,由此得到:

$$\frac{\partial L}{\partial \omega} = \omega - \sum_{i=1}^{l} \alpha_i y_i x_i = 0 \quad (3-8)$$

$$\frac{\partial L}{\partial b} = -\sum_{i=1}^{l} \alpha_i y_i = 0 \quad (3-9)$$

$$\frac{\partial L}{\partial \xi_i} = C - \alpha_i - \beta_i = 0 \quad (3-10)$$

将式(3-8)—(3-10)代入式(3-7),得到对偶最优化问题:

$$\min_{\alpha} \frac{1}{2} \alpha^T Q \alpha - e^T \alpha \quad (3-11)$$

s.t. $\quad 0 \leq \alpha_i \leq C, \quad i = 1, 2, \cdots, l$

$$y^T \alpha = 0 \quad (3-12)$$

最优化求解得到的 α_i 中,α_i 可能是① $\alpha_i = 0$;② $0 < \alpha_i < C$;③ $\alpha_i = C$。后两者所对应的 x_i 为支持向量(Support Vector,SV)。由式(3-8)可知,只有支持向量对 ω 有贡献,也就是最优超平面、决策函数有贡献,支持向量由此得名,对应的学习方法称之为支持向量机。在支持向量中,③所对应的 x_i 成为边界支持向量(Boundary Support Vector,BSV),实际上是错分的训练样本点,②所对应的 x_i 成为标准支持向量(Normal Support Vector,NSV)。根据 Karush-Kuhn-Tucher 条件,在最优点,拉格朗日乘子与约束的积为0,即:

$$\alpha_i [y_i (\omega \cdot x_i + b) - 1 + \xi_i] = 0$$

$$\beta_i \xi_i = 0 \quad (3-13)$$

对于标准支持向量($0 < \alpha_i < C$),由式(3-13)得到 $\xi_i = 0$,因此,对于任意标准支持向量,满足:

$$y_i (\omega \cdot x_i + b) = 1 \quad (3-14)$$

从而计算参数 b 为:

$$b = y_i - \omega \cdot x_i = y_i - \sum_{x_j \in J} \alpha_j y_j (x_j, x_i), \quad x_i \in \text{JN} \quad (3-15)$$

为计算可靠,对所有标准支持向量分别计算 b 的值,然后求平均值,即:

$$b = \frac{1}{N_{NSV}} \left(y_i - \sum_{x_j \in J} \alpha_j y_j (x_j, x_i) \right) \quad (3-15)$$

其中,N_{NSV} 为标准支持向量数,JN 为标准支持向量的集合,J 为支持向量的集合。

由式(3-14)可知,支持向量机就是满足式(3-11)要求的样本数据。式(3-12)中的也U树条件约束了ω,b使得经验误差为0,同时最小化$\|\omega\|^2$使VC最小,因此,式(3-12)的最优化体现了结构风险最小化准则,具有较好的推广能力。

其次是非线性情况。

训练集为非线性时,通过一个非线性函数$\phi(\cdot)$将训练集数据x映射到一个高维线性特征空间,在这个维数可能为无穷大的线性空间中构造最优分类超平面,并得到分类器的决策函数。因此,在非线性情况下,分类超平面为:

$$\omega \cdot \phi(\cdot) + b = 0 \qquad (3-17)$$

决策函数为:

$$\tilde{f}(x) = \text{sign}(\omega \cdot \phi(\cdot) + b) \qquad (3-18)$$

最优分类超平面问题描述为:

$$\min_{\omega,b,\xi_i} \frac{1}{2}\omega^T \cdot \omega + C\sum_{i=1}^{l}\xi_i \qquad (3-19)$$

s.t. $y_i(\omega^T \cdot \phi(\cdot) + b) \geq 1 - \xi_i$

$\xi_i \geq 0, \quad i = 1,2,\cdots l$

类似于上节,得到最优化对偶问题:

$$\max_{\alpha}\left\{L_D = \sum_{i=1}^{l}\alpha - \frac{1}{2}\sum_{i=1}^{l}\sum_{j=1}^{l}\alpha_i\alpha_j y_i y_j \phi(x_i) \cdot \phi(x_j)\right.$$

$$\left. = \sum_{i=1}^{l}\alpha - \frac{1}{2}\sum_{i=1}^{l}\sum_{j=1}^{l}\alpha_i\alpha_j y_i y_j K(x_i,x_j)\right\}$$

s.t. $0 < \alpha_i < C$

$$\sum_{i=1}^{l}\alpha_i y_i = 0$$

其中,$K(x_i,x_j) = \phi(x_i) \cdot \phi(x_j)$称为核函数。决策函数和参数$b$分别为:

$$\tilde{f}(x) = \text{sign}\left(\sum_{i=1}^{l}y_i a_i K(x_i,x_j) + b\right) \qquad (3-20)$$

$$b = \frac{1}{N_{NSV}}\sum_{x_i \in JN}\left(y_i - \sum_{x_j \in J}\alpha_j y_j K(x_j,x_i)\right) \qquad (3-21)$$

其中,N_{NSV}为标准支持向量数,JN为标准支持向量集合,J为支持向量的集合。

由式(3-19)—(3-21)知,尽管通过非线性函数将样本数据映射到具有高维甚至无穷维的特征空间,并在特征空间中构建最优分类超平面,但在求解最优化问题和计算决策函数时并不需要计算该非线性函数,而只需要计算核函数,从而避免特种空间维数灾难问题。对于(3-13)的 KKT 条件,也可写为(非线性情况)

$$y_i(\omega \cdot \phi(\cdot) + b) \geq 1, \quad \alpha_i = 0$$
$$y_i(\omega \cdot \phi(\cdot) + b) = 1, \quad 0 < \alpha_i < C$$
$$y_i(\omega \cdot \phi(\cdot) + b) \leq 1, \quad \alpha_i = C \quad (3\text{-}22)$$

由于 KKT 条件是充分条件,利用上市可以判别 α 是否为最优。

(三)新华—道·琼斯国际金融中心发展指数(IFCD)

1. IFCD 概述

IFCD 由新华社联合芝加哥商业交易所集团指数服务公司于 2010 年 7 月共同发布,其指标与 GFCI 指标分类方法不完全相同,但核心内容比较一致,都是由主观指标和客观指标共同构成。IFCD 指数较 GFCI 指数更多地考虑了金融中心的成长性,不会致使新兴金融中心因为某些指标数据突出而排名过于靠前的情况。IFCD 对数据采用了对称设计模型算法,模型设计采用客观指标与主观指标一致对称系统设计。分析过程采用了层层深入的分析框架,四个层次分别为全面分析、因素分析、地区分析及潜力分析。最终的指标结果与 GFCI 指标结果比较一致。

2. 指标体系

IFCD 指标体系共有 5 个一级指标,17 个二级指标,66 个三级指标。指标总体与 GFCI 指标比较一致,此处只列出成长发展的三级指标,其他层次只到二级指标,如表 2-8 所示。

表 2-8 IFCD 指数指标体系

一级指标	二级指标	三级指标
金融市场	资本市场 外汇市场 银行市场 保险市场	

(续表)

一级指标	二级指标	三级指标
成长发展	资本市场成长性	新上市债券增长率 上市公司数量增长率 股票交易额增长率
	经济成长性	GDP 五年平均增长率 居民收入近三年增长率 综合物价指数近三年增长率 税收和社会保障金额增长率
	城市创新产出	国内购买力近三年增速 高科技产品增加值占制造业增加值的比重 近五年政府研发人员的年均增长率
	创新潜能储备	科技与创新 高科技产业人员占比 政府研发投入指标
产业支撑	商业环境 城市基础条件 基础设施建设	
服务水平	政府服务 智力资本 城市环境	
综合环境	经济环境 政治环境 开放程度	

三、关于中国构建金融中心的相关研究

中国学者对中国建设国际金融中心的层级布局以及目标城市选择的研究可追溯到十年之前，潘英丽（2003）研究了在中国打造全球性金融中心的可行性，并对上海与香港金融中心的职能分工与功能定位问题进行了讨论。随着北京和深圳两地金融领域的迅速发展，黄解宇、杨再斌（2006）探讨了中国建设金融中心在功能定位方面的层次，并对比了北京、上海和深圳三城市建设国际金融中心的基础性条件。更进一步，王力、黄育华（2004）通过研究认为金融立市是北京经济发展的现实选择。北京具有优越的地理位置、良好的政治经济环境和社会环境、日益完善的金融体系、规模巨大的资金供给和需求以及逐渐成熟的金融基础设施建设,具有成为国际金融中心的可行性。从全国布局来看,谢太峰(2006)则提出中国其实能够建设多个国际金融中心,金融中心城市之间并非完全的竞争关系,并着重探讨了北京建设国际金融中心的可能与应采取的举措。

第二部分

金融中心构建：
北京视角

本部分对北京市的产业结构和金融发展进行了实证分析。国内外关于产业结构、金融发展的研究已有很多成熟的理论，为使这些理论成果正确地指导地区的建设和发展，应运用科学的方法对地区进行有针对性的研究。本部分的前三章主要研究了北京市的产业优化情况，其意义在于对北京市产业结构优化水平进行判断，同时对金融产业是否已经代替原有的"大工业"成为带动北京市经济发展的主导产业这个问题进行讨论；本部分的最后一章主要研究北京市金融发展对产业结构升级和对其他产业的带动作用，这也是判断主导产业的一个重要标准。

　　本部分共有五章：第三章使用了翔实的数据对北京市产业结构和金融业的发展进行了介绍和简单分析；第四章主要使用偏离—份额法对北京市的产业结构进行分析；第五章测算了北京市第二产业与金融业对经济增长的贡献率；第六章使用回归的方法对金融发展与产业结构升级的关系以及金融发展对其他产业的相互作用做出分析；第七章使用投入产出表对金融业的关联产业进行分析，明确金融业的拉动产业。

第三章 北京市产业结构演进与金融业发展

第一节 北京市产业结构演进

一、北京市生产总值变化趋势

图 3-1 显示了 1952—2013 年北京市地区生产总值及占全国比重的变化,从图中可以看出,1952 年起北京市地区生产总值总体基本呈稳定上升的趋势,但在 1990 年以前绝对值较低,在 39 年的时间内从 7.88 亿元增长到 500.82 亿元,人均 GDP 从 165 元增长到 4 635 元;从 1990 年开始就有了比较明显的增长,在 24 年的时间内从 500.82 亿元增长到 2013 年的 19 500.60 亿元,人均 GDP 从 4 635 元增长到 2013 年的 93 213 元。北京市地区生产总值占全国的比重在新中国成立初期波动较大,在 1960 年达到历史最高值 3.94%,这主要是因为中国社会主义经济刚刚开始建立,还不够完善和稳定,发展开始起步的城市较少;20 世纪 60 年代中期到 20 世纪 90 年代中期之间,北京市地区生产总值占全国的比重波动相对变小,一度有总体下降的趋势;在 90 年代中期到 2005 年左右,占比呈现出明显的增长趋势,在近年来保持了相对稳定的水平。

图 3-2 显示了 1952—2013 年北京市第二、第三产业 GDP 及占全国比重的变化。相对第二、第三产业的 GDP 的变化绝对量来说,第一产业从 1952 年的 1.75 亿元增长到 2013 年的 161.80 亿元,增加幅度在图 3-2 中不明显,因此略去不显示。由图可知,1952 年以来北京市第二产业和第三产业的 GDP 总体上也基本呈稳定上升的趋势,第二产业的 GDP 增长相对平稳,从 1952 年的 3.05 亿元增加到 2013 年的 4 352.30 亿元,增长了 1 427 倍;第三产业 GDP 的增长态势较为迅猛,从 1952 年的 3.08 亿元增长到 2013 年的 14 986.40 亿元,增长了 4 866 倍,尤其是 90 年代后得到

了极大的发展。在20世纪90年代中期以前,北京市二、三产业占全国的比重波动较大,差距较小,在新中国成立初期和20世纪80年代较为接近;北京市第三产业产值占全国的比重自20世纪90年代后迅速增加,远远超过第二产业产值占全国的比重,而北京市第二产业产值占全国的比重自改革开放以来明显下降,近年来达到相对稳定。

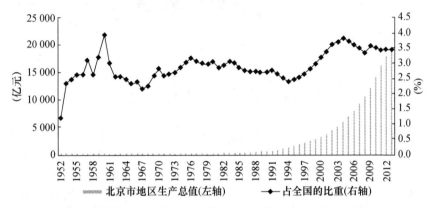

图 3-1　1952—2013 年北京市地区生产总值及占全国比重的变化
资料来源:《北京统计年鉴》。

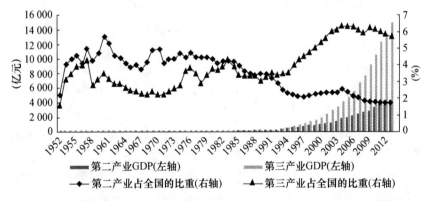

图 3-2　1952—2013 年北京市第二、第三产业 GDP 及占全国比重的变化
资料来源:《北京统计年鉴》。

图 3-3 显示了 1978—2013 年北京市 GDP 和第二、第三产业 GDP 增速的变化。由图可知,新中国成立后北京市地区生产总值和三次产业 GDP 都保持了高速的增长,1981 年地区生产总值的增速因第二产业增速的下滑而出现了一个历史低值,说明当时第二产业对总 GDP 的影响很

大;第二产业 GDP 的增速波动较大,最近十年的高峰值出现在 2004 年,但近年来随着北京大量重化工企业外迁,其增速保持了较低水平。而第三产业表现出非常突出的高速增长,20 世纪末之前波动比第二产业大,20 世纪末之后波动比第二产业小,最近十年的高峰值出现在 2007 年,主要是受北京奥运会的带动作用。对比地区生产总值和第二、第三产业 GDP 的增速波动可知,20 世纪末之前北京市 GDP 增速的波动情况与第二产业保持了基本一致,第三产业增速的大幅波动影响不是非常大;20 世纪末之后,北京市 GDP 增速的波动情况与第三产业保持了基本一致,第二产业增速的较大幅波动影响不是非常大。

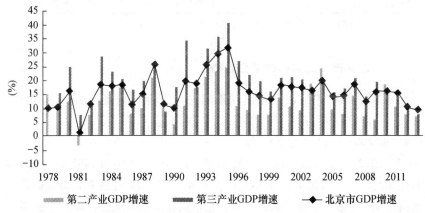

图 3-3　1978—2013 年北京市 GDP 和第二、第三产业 GDP 增速的变化
资料来源:《北京统计年鉴》。

表 3-1 显示了 1949 年以来不同时期北京市 GDP 的年均复合增长率,其中第一产业 GDP 年均复合增长率相对较慢,第三产业 GDP 年均复合增长率最高;1949—2013 年的地区生产总值的年均复合增长率为 14.85%,第一产业 GDP 的年均复合增长率为 9.03%,第二产业 GDP 的年均复合增长率为 13.95%,第三产业 GDP 的年均复合增长率为 16.02%。对比 1949—2013 年和 1978—2013 年两个时间跨度的年均复合增长率可知,改革开放以来增长更为迅猛,在 20 世纪 90 年代增速尤为明显,但第一产业 GDP 增速较过去有所回落;地区生产总值的年均复合增长率达到 20.23%,第一产业 GDP 的年均复合增长率为 6.00%,第二产业 GDP 的年均复合增长率达到 14.69%,第三产业 GDP 的年均复合增长率达到 26.55%。对比 1949—1978 年和 1978—2013 年两个时间跨度

的年均复合增长率可知,改革开放以前第二产业的年均复合增长率高于第三产业4.64个百分点,改革开放后至今第三产业的年均复合增长率高出第二产业7.75个百分点。

表3-1 1949以来不同时期北京市GDP的年均复合增长率　　单位:%

年份	地区生产总值	第一产业	第二产业	第三产业
1949—1978	13.49	7.79	16.10	11.46
1949—2013	14.85	9.03	13.95	16.02
1978—2013	15.98	10.07	12.20	19.95
1990—2013	17.26	5.84	12.99	20.79
1990—2000	20.23	6.00	14.69	26.55

资料来源:根据《北京统计年鉴》计算得出。

二、北京市产业结构的变化趋势

通过对GDP增速波动情况和不同时间跨度年均复合增长率的分析可知,21世纪以来,第三产业对北京的经济越来越重要,此结论可从图3-4中的2001年以来北京市第二、第三产业对GDP贡献率和图3-5中的2001—2012年北京市三次产业对GDP增长的拉动中得到验证。图3-4和图3-5非常明显地表现出第三产业对北京市GDP贡献率和增长的拉动远高于第一、第二产业;2008年由于北京奥运会,部分工厂暂停作业了一段时间,所以第二产业的贡献率和拉动力骤降;第三产业受北京奥运会的带动有了一定的发展,但又受2008年金融危机后世界经济不景气和中国国民经济增速放缓的影响,对GDP增长的拉动在最近几年有所下降。

图3-6显示了1949—2013年北京市三次产业占GDP比重的变化,图3-7显示了1952—2013年全国三次产业占GDP比重的变化。与全国的三次产业结构相比较可以看出,北京市产业结构优化进程远远高出全国水平。由图3-6可知,新中国成立以来,北京市第一产业占GDP的比重只有在1960—1968年和1981—1990年两个时间段有小幅度的上升,整体呈下降的趋势,从1949年的23.10%下降到2013年的0.83%。第二产业占GDP的比重变化是一个先上升后下降的过程;新中国成立初期,北京市第二、第三产业的比重基本持平,1949年第二产业比重为36.82%;从1957年开始第二产业的比重迅速提高,并超过了第三产业的比重,在1978年达到历史最高值71.14%,为北京市的发展提供了坚实的

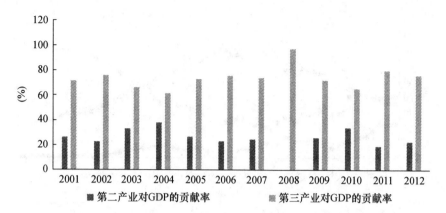

图 3-4　2001—2012 年北京市第二、第三产业对 GDP 贡献率的变化
资料来源:《北京统计年鉴》。

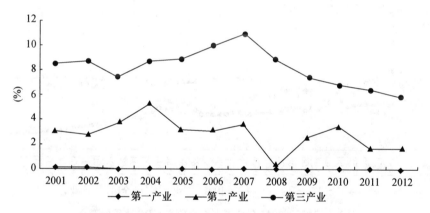

图 3-5　2001—2012 年北京市三次产业对 GDP 增长的拉动
资料来源:《北京统计年鉴》。

工业保障,然后总体开始呈现持续下降的趋势,到 2013 年已经下滑到 22.32%。北京市第三产业占 GDP 的比重经历了先下降后上升的过程,从 1949 年的 40.07% 总体下降到 1970 年的历史最低值 18.67%,然后开始基本呈现持续增长的态势;在 1994 年左右,第三产业比重 48.92% 超过了第二产业比重 45.19%,开始成为北京市的主导产业,到 2013 年已达到 76.85%。

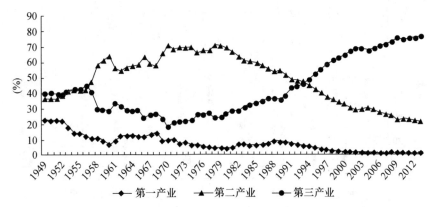

图 3-6 1949—2013 年北京市三次产业占 GDP 比重的变化
资料来源:《北京统计年鉴》、《新中国六十年统计资料汇编》。

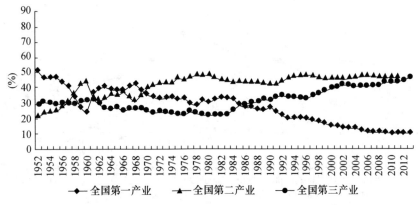

图 3-7 1952—2013 年全国三次产业占 GDP 比重的变化
资料来源:《中国统计年鉴》。

根据三次产业占 GDP 比重的变化趋势可以将北京市 1949—2013 年的产业结构变化分为五个阶段:

第一阶段:1949—1957 年,北京市产业结构奠基时期。在这一时期,第一产业占 GDP 的比重明显下降,从 1949 年的 23.10% 下降到 1957 年的 10.64%,下降了 12.46 个百分点;第二、第三产业占 GDP 的比重有小范围的上升,第二产业比重上升较为明显但与第三产业比重仍非常接近;第二、第三产业比重分别从 1949 年的 36.82% 和 40.07% 变为 1957 年的 47.79% 和 41.57%,分别上升了 10.97 个百分点和 1.5 个百分点。这也是新中国成立后由新民主主义向社会主义过渡的时期,1950年实施了土地改革政策,于1950年6月颁布了《中华人民共和国土地改革法》;1953年开始进行"三大改造",到1956年基本实现国家对农业、手工业、资本主义工商业的社会主义改造;1953—1957年是新中国第一个五年计划,基本建立了社会主义工业化的初步基础。"一五"计划时期在某种程度上对农业发展的忽视也可以说明第一产业迅速下降的原因。

第二阶段:1957—1978年,北京市产业结构重工业导向时期。在这一时期,第一产业比重总体呈缓慢下降的趋势,从1957年的10.64%下降到1978年的5.17%,下降了5.47个百分点,最高值为1968年的14.49%;1960—1968年的小幅度上升主要是因为此时为中国三年困难及恢复时期,解决人民温饱问题是当务之急;第二、第三产业比重自1957年起差距迅速扩大,分别从1957年的47.79%和41.57%变为1978年的71.14%和23.69%,第二产业比重上升了23.25个百分点,第三产业比重下降了17.88个百分点;第三产业在1970—1978年有小幅度的上升,上升了5.02个百分点。新中国成立后,北京市学习苏联模式优先发展重工业,确定了"大工业、大城市"的发展方针;1957年颁布《北京城市建设总体规划初步方案》,在工业发展上提出"控制市区、发展远郊",规划在密云、延庆、平谷、石景山等地发展大型冶金工业基地,在怀柔、房山、长辛店、衙门口和南口等地建立大型机械、电机制造工业,在大灰厂、周口店、昌平等地建立规模较大的建筑材料工业基地,在通县、大兴等地布置规模较大的轻工业。改革开放前,北京的产业结构发展方向就是建设"以钢为纲、重化工业为基础的封闭式庞大工业体系",即以重工业为主的工业导向型。

第三阶段:1978—1989年,北京市产业结构初步调整时期。在这一时期,第一产业总体呈小幅上升趋势,上升了3.28个百分点,主要因为在产业结构初步调整时期第二、第三产业增长还没有协调完善;第二产业比重开始明显下降,从1978年的71.14%下降到1989年的55.32%;第三产业比重开始明显上升,从1978年的23.69%上升到1989年的36.23%。改革开放前大力集中发展重工业虽然给北京市带来了经济的高速增长,但也带来了经济结构失调、生活物资匮乏、环境污染严重等恶果,反而开始拖累北京经济的进一步发展。因此,1980年中共中央书记处做出四项指示,强调北京"不一定要成为经济中心",要着重发展第三产业,不发展重工业。1982年,《北京城市建设总体规划方案》出炉,明确了北京的城市性质是"全国的政治中心和文化中心",去掉了经济中心的定位。1983年,中共中央、国务院原则批准了《北京城市建设总体规划方案》并作了重要批复,进一步强调北京工业发展要严控规模、向技术密集型工业转型等。在这样的背景下,北京开始了产业结构的初步调整。

第四阶段:1989—2001年,北京市产业结构开始第三产业主导时期。在这一时期,第一产业比重基本开始持续下降,且下降明显,从1989年的8.45%下降到2001年的2.18%,下降了6.27个百分点;第二产业比重继续下降,从1989年的55.32%下降到2001年的30.79%,下降了24.44个百分点;第三产业比重继续上升,从1989年的36.23%上升到2001年的67.04%,上升了30.81个百分点。1992年,邓小平"南方谈话"后,社会主义市场经济体制开始建设和确定,激发了国民经济的新活力。北京经济的所有制结构变化中国有、集体经济的份额开始大幅减少,其他所有制成分大幅上升,第三产业得到迅速发展。从1994年左右开始,第三产业比重超过了第二产业比重,开始成为北京市的主导产业。

第五阶段:2001年至今,北京产业结构继续优化期。第一、第二产业比重继续平稳下降,第一产业比重已低于1%的水平,第二产业比重从2001年的30.79%下降到2013年的22.32%,下降了8.47个百分点;第三产业比重继续上升,从2001年的67.04%上升到2013年的76.85%,上升了9.81个百分点。以申办奥运会为契机,北京开始了"去工业化"进程,大量外迁重污染企业,标志事件是首钢的搬迁。2004年,北京市出台了《北京城市总体规划(2004—2020年)》,明确了建设"国家首都、国际城市、文化名城、宜居城市"的发展目标。

三、北京市三次产业从业人员变化趋势

图3-8显示了1952—2012年北京市三次产业从业人员人数的变化,图3-9显示了1974—2012年北京市三次产业从业人员比重的变化。与全国三次产业从业人员比重情况相比较可以发现,2012年全国三次产业从业人员比重为5.2∶19.2∶75.6,而1974年北京三次产业从业人员比重为35.5∶33.3∶31.2,北京经济的相对发达程度非常突出。1974年以来,北京市第一产业从业人员比重总体呈现下降趋势,下降了30.3个百分点;第二产业从业人员比重先小幅上升再逐步下降,总体下降了14.1个

百分点;第三产业从业人员比重总体呈现上升趋势,上升了44.4个百分点,在1992年超过第二产业从业人员比重。与北京市产业结构变化趋势比较可以看出,它们是正相关的关系;但三次产业从业人员的结构变化要滞后于产业的结构变化,比如第二产业从业人员比重最高值在1996年的46.0%,第二产业从业人数最高值在1992年的281.6万人,而第二产业占GDP比重的最高值在1978年。

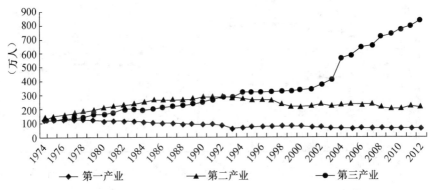

图 3-8 1952—2012 年北京市三次产业从业人员人数的变化
资料来源:《北京统计年鉴》、《新中国六十年统计资料汇编》。

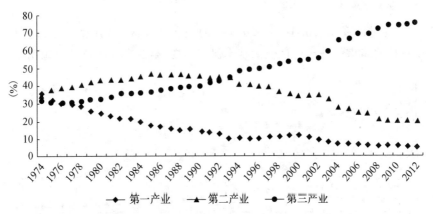

图 3-9 1974—2012 年北京市三次产业从业人员比重的变化
资料来源:《北京统计年鉴》、《新中国六十年统计资料汇编》。

四、北京市的产业集聚情况

通过计算北京市1978—2012年的赫芬达尔指数和区域熵指数(见图

3-10)可以看出,尽管在1992年之前北京市的专业化指数较为波动,但1992年以后,北京基本上呈现出生产专业化的发展。也就是产业更加集中到一个行业中发展,形成该行业的专业化优势,对外输出该行业的产出。联系前述两个指标,北京市第三产业在1992年以后专业化水平不断提升,而第一产业和第二产业则相对削弱。由此,北京在1992年以后强调了以第三产业发展为重心,多样化水平下降,而专业化水平提升。

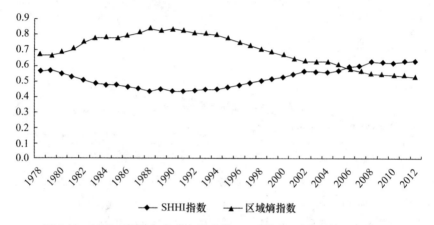

图 3-10　1978—2012 年北京市产业的 SHHI 指数和区域熵指数的变化
资料来源:《北京统计年鉴》。

通过计算北京市1978—2013年的三次产业区位熵(见图3-11),可以看出北京市第一产业区位熵基本保持不变;第二产业区位熵降幅明显,

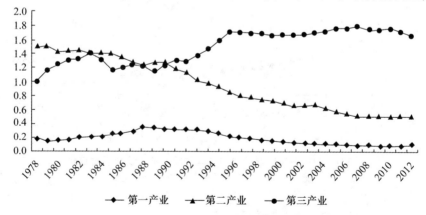

图 3-11　1978—2013 年北京市三次产业区位熵
资料来源:《北京统计年鉴》。

从 1978 年的 1.48 下降到 2013 年的 0.51；第三产业区位熵增幅明显，从 1978 年的 0.99 上升到 2013 年的 1.67。这表明北京市的发展以第三产业集聚为推动力，而第二产业则逐渐向外扩散。

五、北京市三次产业的现状

目前，北京已经形成"三、二、一"的产业结构，第三产业占 GDP 的比重还会继续上升。在产业结构继续优化的新阶段，北京市的三次产业目前都有各自的侧重发展方向。

北京的传统种植业正在衰落，2013 年粮食播种面积 15.9 万公顷，比上年减少 3.5 万公顷；粮食产量 96.1 万吨，下降 15.5%；种业收入 14 亿元，下降 13.1%。农业已经从单一的传统功能向生态功能和生活功能拓展。19 世纪五六十年代美国的一些经济学家提出"都市农业"这个概念。"都市农业"是地处都市及其延伸地带，紧密依托并服务于都市的农业；是以适应现代化都市生存与发展需要为目的而形成的现代农业；是以生态绿色农业、观光休闲农业、市场创汇农业、高科技现代农业为标志，以农业高科技武装的园艺化、设施化、工厂化生产为主要手段，以大都市市场需求为导向，融生产性、生活性和生态性于一体，高质高效和可持续发展相结合的现代农业。北京目前正在积极大力发展都市农业，推动农业观光园、民俗旅游和创意农业的发展。2013 年全市农业观光园为 1 299 个，比上年增加 16 个；观光园总收入为 27.4 亿元，增长 1.8%；民俗旅游实际经营户为 8 530 户，比上年增加 163 户；民俗旅游总收入为 10.2 亿元，增长 12.6%。北京还在大力推进农业高新技术产业化和经济社会信息化，以信息化带动产业化，加快农业新技术、新成果、新品种的开发和应用。2013 年全市设施农业①实现收入 57.3 亿元，增长 10.3%。

从以重工业为主到去工业化，北京近年来对资源型工业发展的控制效果显著，关停了北京化工厂、焦化厂等污染较为严重的企业，淘汰了落后的工艺设备。具有标志意义的首钢搬迁更为北京市环境的改善提供了

---

① 设施农业是指在环境相对可控条件下，采用工程技术手段进行动植物高效生产的一种现代农业方式。

契机。北京市第二产业的发展重心正在从重工业向以汽车、电子为主导的高新技术产业和现代化制造业转移,第二产业结构得到优化。北京在自主知识产权操作系统、信息安全、重点行业应用软件等市场的占有率居全国第一。2013年北京高技术产业实现增加值1 327亿元,增长7%;占地区生产总值的比重为6.8%,比上年下降0.1个百分点。2013年年末中关村国家自主创新示范区投产开业企业共17 982个,比上年年末增加3 053个;实现总收入30 353.5亿元,比上年增长21.3%,其中实现技术收入3 865.6亿元,增长13.6%;实现新产品销售收入3 893.2亿元,增长16.1%;出口总额292.5亿美元,增长11.7%;实现利润总额2 227.1亿元,增长24.5%。2013年年末北京经济技术开发区投产开业企业4 175个,比上年年末增加1 189个;实现总收入4 604.5亿元,比上年增长4%;实现利润总额243.6亿元,增长11.6%。

改革开放以来,尤其自20世纪90年代以后,北京第三产业发展迅猛,2013年第三产业GDP是1978年的581倍,第三产业比重在1978—2013年增加了53.16个百分点,增幅巨大。同时,北京第三产业的产业结构也在不断优化,第三产业正在由传统服务业向现代服务业转型,知识密集型和科技密集型特征凸显。如图3-12所示,2013年第三产业GDP构成中,金融业,批发与零售业,信息传输、计算机服务和软件业,租赁和服务业,科学研究、技术服务与地质勘查业,房地产业占了较大比重。2013年年末全市金融机构(含外资)本外币存款余额91 660.5亿元,比年初增加6 588.8亿元;全市金融机构(含外资)本外币贷款余额47 880.9亿元,比年初增加4 578.7亿元;证券市场各类证券成交额145 932.7亿元,比上年增长70.9%;其中股票成交额61 596.3亿元,增长36.9%;债券成交额69 625.4亿元,增长86.2%;年末证券市场累计开户数563.6万户,比上年年末增加12.1万户;实现原保险保费收入994.4亿元,比上年增长7.7%。2013年接待国内旅游者2.5亿人次,增长9.3%;国内旅游收入3 666.3亿元,增长11.1%。

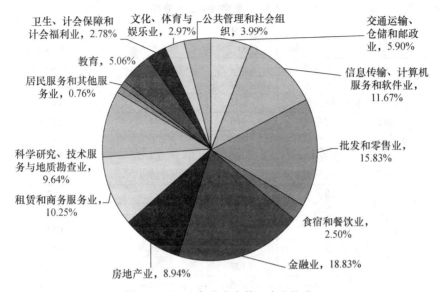

图 3-12　2013 年北京市第三产业构成
资料来源：《北京市 2013 年国民经济和社会发展统计公报》。

目前，生产性服务业仍是北京第三产业的主要组成部分，文化创意产业正成为第三产业新的增长点。2013 年生产性服务业实现增加值 9 811.8 亿元，增长 10.4%；占地区生产总值的比重为 50.3%，比上年提高 0.6 个百分点；文化创意产业实现增加值 2 406.7 亿元，比上年增长 9.1%；占地区生产总值的比重为 12.3%，与上年持平。

六、北京市各区县产业结构现状

2009 年，北京市崇文区、宣武区分别与东城区、西城区合并，北京从十八个区县变为十六个区县，并将这十六个区县分为四大功能区：首都功能核心区、城市功能拓展区、城市发展新区、生态涵养发展区。表 3-2 显示了北京市各区县的概况，从常住人口数可以看出北京市的常住人口主要集中在朝阳区、海淀区、丰台区、昌平区、大兴区，即城市功能拓展区和城市发展新区；从人口密度可以看出，北京市人口密度为 1 194 人/平方公里；东城区和西城区的人口密度分别为 21 643 人/平方公里和 25 549 人/平方公里，远高于其他区县和全市水平，四大功能区的人口密度从大到小的排序为：首都功能核心区 > 城市功能拓展区 > 城市发展新区 > 生态涵养发展区。

表 3-2　北京市各区县概况

功能分区	行政区划	面积（km²）	2013年常住人口（万人）	人口密度（人/km²）
首都功能核心区	东城区	42	90.9	21 643
	西城区	51	130.3	25 549
城市功能拓展区	海淀区	431	235.3	5 459
	朝阳区	465	384.1	8 260
	丰台区	306	226.1	7 389
	石景山区	86	64.4	7 488
城市发展新区	通州区	912	129.1*	1 416*
	顺义区	1 021	95.3*	933*
	房山区	1 994	98.6*	494*
	大兴区	1 036	147*	1 419*
	昌平区	1 352	188.9	1 397
生态涵养发展区	怀柔区	2 128	38.2	180
	平谷区	1 075	42.2	393
	门头沟区	1 455	29.8*	205*
	密云县	2 227	47.4*	213*
	延庆县	1 993	31.7*	159*

注:带星号的人口数据为 2012 年数据。
资料来源:各区县的《国民经济和社会发展统计公报》和统计年鉴。

因为地理位置、自然资源、历史发展、功能定位的不同,各区县的经济发展水平与产业结构也有明显的差异。从图 3-13 至图 3-16 可以看出,城市功能拓展区贡献了近一半的 GDP,城市功能拓展区和首都功能核心区一共占了 69.65% 的 GDP,生态涵养发展区的比重很低;第一产业的 GDP 主要集中在城市发展新区,比重 59.99%,城市发展新区和生态涵养发展区一共占了 96.61%,首都功能新区已经不再发展第一产业,第一产业产值为 0;第二产业主要集中在城市发展新区和城市功能拓展区,一共占 76.37%;第三产业主要集中在城市功能拓展区和首都功能核心区,一共占 80.00%。2013 年四大功能区的产业结构为:首都功能核心区为 0.00:8.03:91.97;城市功能拓展区为 0.06:14.13:85.81;城市发展新区为 2.42:51.18:46.41;生态涵养发展区为 7.70:47.68:44.63。这可以看出首都功能核心区和城市功能拓展区是以第三产业为绝对主导,城市发展新区以第二产业为主导,生态涵养发展区主导产业不够显著。四个功能区中,首都功能核心区和城市功能拓展区整体发展最好,第三产业非常发达;城市发展新区在第一、第二产业上表现突出,第三产业发展相对滞后;生态涵养发展区整体发展水平较低。

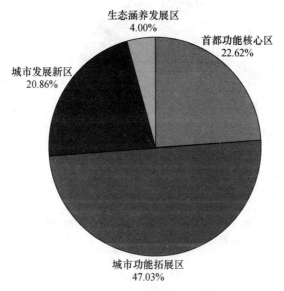

图 3-13　2012 年北京市地区生产总值组成

资料来源:《北京统计年鉴》。

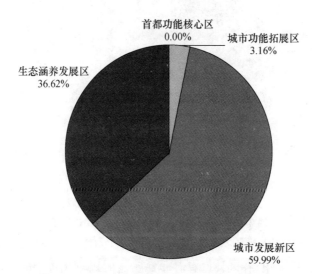

图 3-14　2012 年北京市第一产业 GDP 组成

资料来源:《北京统计年鉴》。

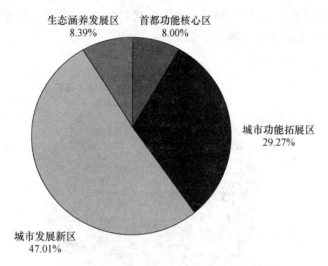

图 3-15　2012 年北京市第二产业 GDP 组成

资料来源：《北京统计年鉴》。

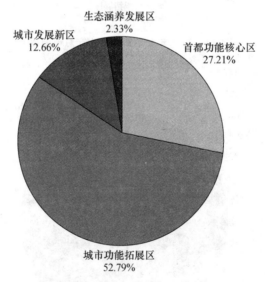

图 3-16　2012 年北京市第三产业 GDP 组成

资料来源：《北京统计年鉴》。

在第三产业中，各区县也有着非常明显的比较优势。顺义区在交通运输、仓储和邮政业表现突出。作为北京东北部发展带的重要节点、重点发展新城之一，顺义是首都国际航空中心核心区，是服务全国、面向世界的临空产业中心和现代制造业基地。

西城区在金融业表现突出,西城区有北京六大高端产业功能区之一的金融街。金融街已成为集决策监管、资产管理、支付结算、信息交流、标准制定为一体的国家金融管理中心,聚集了中国人民银行、中国银监会、中国证监会、中国保监会等国家金融决策和监管机构,中国工商银行、中国建设银行等全国性商业银行总部,中国进出口银行、中国农业发展银行等国家政策性银行总部,中国民生银行、中国光大银行等股份制银行,以及上海银行、天津银行等城市商业银行分支机构,中国人寿保险公司总部和太平洋保险北京分公司等地区性保险企业总部,中国移动等电信集团总部,以及电力、石油、天然气、建筑等行业的大型企业的总部。金融街已经成为北京市资金、技术、知识密集度最高的地区,也是近年来北京市经济发展最快的地区之一(见图3-17)。

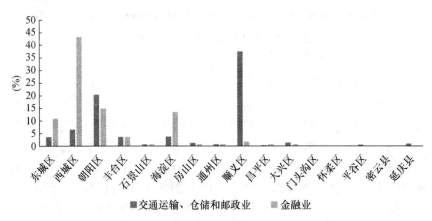

图3-17 2012年北京市第三产业构成

资料来源:《北京统计年鉴》。

海淀区在信息传输、计算机服务和软件业、科学研究、技术服务和地质勘查业,教育上表现突出(见图3-18)。海淀区有中关村科技园区和力量雄厚的科教机构,"中关村"已经成为中国高新技术产业的代名词,聚集着全国重要科技战略资源,蕴涵着技术创新的强大动力,是我国规模最大、自主创新能力最强的高新技术及企业的聚集地;海淀区高校在校大学生人数占全市的一半以上,是全国最大的高校群体;区内国有科研单位147个,其中中科院院所26所,占北京地区中科院院所数的60%,生活和工作在海淀区的两院院士约占北京市的60%,占全国院士总数的36%;

海淀区依托区内丰厚的科技、教育、文化、人力资源,借助高新技术产业聚集优势,积极推动产学研用创新体系建设,逐步形成了我国规模最大、自主创新能力最强的高新技术聚集区。

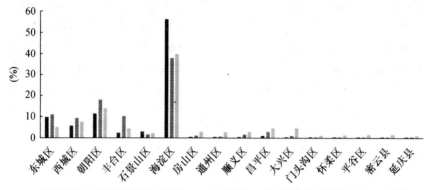

图 3-18　2012 年北京市第三产业构成

资料来源:《北京统计年鉴》。

朝阳区在批发与零售业、住宿和餐饮业、房地产业、租赁和商务服务业上表现突出(见图 3-19)。2012 年实现社会消费品零售额 1 829.5 亿元,比上年增长 10.8%,其中,限额以上汽车及配件销售企业实现零售额 568.0 亿元,比上年增长 10.4%;石油及制品销售企业实现零售额 162.3 亿元,比上年增长 12.6%;百货、超市、便利店等综合零售企业实现零售额 393.4 亿元,比上年增长 5.5%。朝阳区分为 CBD 功能区、电子城功能区和奥运功能区。CBD 功能区步入加速发展轨道,现代商务服务功能突出,产业聚集能力增强;规模以上现代服务业单位实现收入 6 180.5 亿元,比上年增长 19.7%,占全区现代服务业收入的 73.0%;其中商务服务业实现收入 2 983.2 亿元,比上年增长 17.5%,占全区商务服务业收入的 87.5%。奥运功能区规模以上现代服务业单位收入合计 1 260.0 亿元,同比增长 14.4%,占全区现代服务业收入的 14.9%;限额以上批发零售业实现主营业务收入 3 349.0 亿元,同比增长 4.5%。

在对比北京市十六个区县的居民服务和其他服务业,卫生、社会保障和社会福利业。公共管理和社会组织时,可以明显看出东城区、西城区、朝阳区、丰台区和海淀区表现较好,反映出这五个行政区的整体经济发展状况较好,也反映出北京市十六个区县的经济发展不平衡(见图 3-20)。

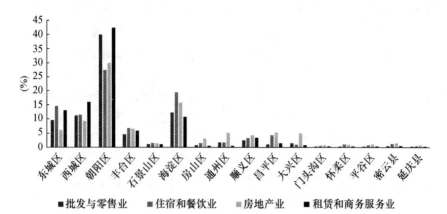

图 3-19　2012 年北京市第三产业构成

资料来源：《北京统计年鉴》。

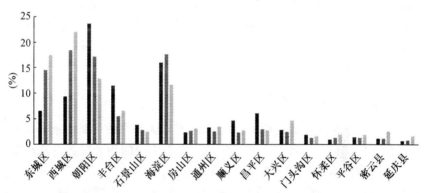

图 3-20　2012 年北京市第三产业构成

资料来源：《北京统计年鉴》。

第二节　北京市金融业发展

北京作为中国的首都，一直被认为是全国的政治、经济、文化中心，但是随着以制造业为代表的经济中心职能的淡出，特别是在 2008 年举办北京奥运会之前，大批产能落后和高污染、高能耗的工业企业被关停或转移，"去工业化"的结果是北京的经济中心定位不明朗，实质上只是全国的政治和文化中心。而上海则自 20 世纪 90 年代初开始，一直被定位为中国的经济中心,同时也是国际金融中心。在这种城市发展定位的引导下,国家把发展金融业的优先权和优惠政策都给了上海、深圳等地,而北京则处在严格控制之下,因而很长一段时间内一直没有明确提出发展金融业的口号,也没有确定构建金融中心的目标。虽然早在 1993 年,《北京市城市总体规划》就提出在西城区构建国家金融管理中心,在朝阳区建设国际中央商务区,但直到 20 世纪末,北京仍然没有一个与其金融业发展要求相匹配的城市经济功能定位。

进入 21 世纪后,随着科学发展观的提出,北京也要走政治、经济、文化三方面全面协调可持续发展的道路,而经济发展的核心即是金融业的发展。从 2002 年年初开始,北京市明确提出了大力发展首都金融业的目标,发布了《关于进一步加快发展第三产业的指导意见》。2003 年年初,北京市政府金融服务办公室成立,与市金融工委联合办公室一起负责制定北京金融业的发展规划,进一步整合北京的金融资源,营造良好的金融发展环境。此后,北京的金融业发展迎来了高速上升期,各金融业市场发展趋势迅猛。本节将从多个角度全面分析北京市金融发展的现状,和各金融市场的发展情况。

一、北京市金融业概况

北京处于东北亚和东南亚的结合部,是环太平洋经济圈的重要核心,而且位于中国最具发展潜力的三大经济中心之一的环渤海经济圈中心,并与京津唐城市群一起构成了世界上最大的城市群之一,地理位置优越。北京市下辖 16 个区县,大部分金融服务业都集中在西城区、朝阳区和海淀区。虽然北京市金融业的发展起步较晚,但由于政府的大力支持和一些优惠政策的实施,加上自身优越的发展条件,北京金融业的发展速度非常快,成为中国最重要的金融中心之一。

北京是中国银行业的中心,是中国人民银行和全国各大金融及保险机构的总部所在地。北京银行业优势突出,中国工商银行、中国农业银行、中国建设银行、中国银行四大国有商业银行的总行和中信银行、光大银行、中国民生银行、华夏银行四家股份制商业银行的总行都集中在北京;摩根大通银行、友利银行、韩亚银行、法国兴业银行、瑞士银行、德意志银行等世界著名金融机构都在北京设立了分支机构。2012 年,北京全市的银行系统机构数达到 3 437 个,资产规模持续扩大,存贷款余额持续上升,不良贷款率仅为 0.59%,外资银行存款比例有所上升,但该比例仍然较小。

在证券业方面,北京市拥有的上市公司数逐年增加,2012年为214家,位居全国第二;上市公司总资产规模持续扩大,同时以净资产收益率表示的收益能力则稳中有升。证券市场股票交易业务发展迅猛,但受制于近两年股票市场的不景气,2011年开始交易活跃度下降;债券交易业务的波动则较大,但近两年债券市场的回温带来了较高的增速,债券市场成为主要融资渠道,直接融资占比超过五成。

在保险业方面,北京市保险业务稳步发展,保险公司总资产和保费收入逐年增加,2012年全年实现保费收入占全国第五位;此外,2012年北京市保险密度较上年增加144元/人,保险深度提升了0.1个百分点,保险业务的社会保障功能也在逐步增强。

二、北京市金融业产值

由图3-21可知,从1978年到2012年,北京市金融业产值大幅增加,1978年为1.9亿元,至2012年已达到2 536.91亿元,增长了1 300多倍。但在三十多年的发展过程中,北京金融业产值占全国的比重波动较大,改革开放之后首先经历了快速增长,至1983年超过10%后开始下降,到90年代初期浦东新区开放之后降至最低点5%,之后开始稳步提升,2000年重新超过10%,并在2005年达到最高点,其后几年又有小幅下降。虽然金融业产值占比波动较大,但基本维持在10%的水平,表明金融业在北京有较强的集聚效应,发展稳健。

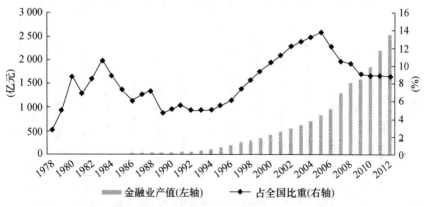

图3-21 北京金融业产值及占全国比重
资料来源:《北京统计年鉴》、《中国统计年鉴》。

1978年以来,北京市金融业产值在北京总产值中的比重则呈总体上升趋势,虽然在1980年、1983年、1990年各有小幅下降,但总体趋势仍然稳步上升,并从1997年开始稳定在13%左右(见图3-22)。此外,根据《北京统计年鉴》对各行业产值的细分数据,进入21世纪以来,北京市金融业产值在总产值中的比重就远高于其他第三产业和建筑业,仅仅低于所有工业产值之和,是北京的第一大产业。

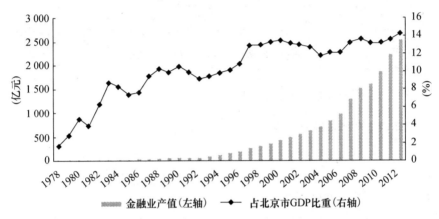

图3-22　北京金融业产值及占总产值比重

资料来源:《北京统计年鉴》。

从劳动生产率来看,用北京市金融业产值与金融业从业人数之比作为金融业劳动生产率,北京市总产值与就业人员总数之比作为平均劳动生产率,结果如图3-23所示。可以看出,北京金融业的劳动生产率明显

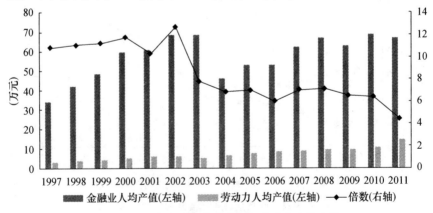

图3-23　北京金融业人均产值与劳动力人均产值

资料来源:《北京统计年鉴》、《中国统计年鉴》。

高于平均劳动生产率,倍数在2002年达到峰值12倍左右,但其后开始下降,2011年仅为平均劳动生产率的4倍。这可能是由于近十年来金融业从业人数的大幅增加和其他行业劳动生产率的提高所致。

三、北京市金融业从业人员

由图3-24可知,北京金融从业人员数逐年增加,但增幅并不大,2011年为32.87万人,与世界一流金融中心纽约的金融业从业人数相去甚远,根据美国商务部经济分析调查局资料显示,后者在90年代就超过70万人。从金融业从业人员占比来看,比例虽然逐年增加,但2011年刚超过3%,与美国商务部经济分析调查局资料披露的纽约6%—8%的水平也有一定差距。可见,北京市金融业从业人数还有待进一步增加。

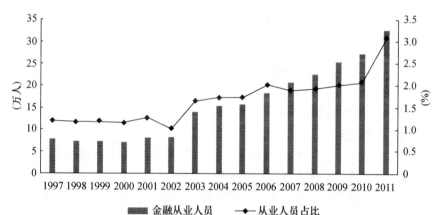

图3-24 北京金融从业人员数及占比

资料来源:《中国统计年鉴》。

图3-25为2011年北京银行业、证券业和保险业从业人员数,其中银行业从业人员占比为47.08%,与2010年基本持平,保险业从业人员占比为39.54%,比2010年下降了3个百分点,证券业从业人员占比较低,只有13.37%,但增幅较大。根据美国商务部经济分析调查局资料显示,纽约市证券业从业人员比例从1994年起就高于40%,而银行业和保险业的比例均在30%以下。由此可见,北京市证券业仍有较大的发展空间。

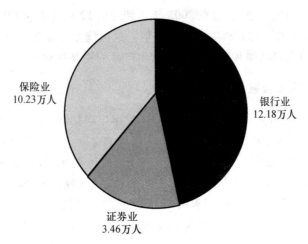

图 3-25　2011 年北京金融业各行业从业人员
资料来源:《中国劳动统计年鉴》。

四、金融业各市场发展状况

（一）银行业市场

1. 市场规模

由图 3-26 可知,北京金融机构存款余额上升幅度明显,2011 年为 69 883.87 亿元,比 1978 年增加了 600 多倍。但从占全国的比重来看,自 1983 年达到最高点 11% 之后,开始有明显下降趋势,到 1993 年仅为全国的 3%,之后开始逐步回升,并稳定在 9% 左右。美国联邦金融机构稽核理事会(FFIEC)资料显示,相比纽约银行业存款余额占比的数据,后者长期保持在 20% 左右的水平,近年才开始有所下降,而北京仅为 9%,银行业的集聚程度没有达到世界一流金融中心的水平。

在北京银行业金融机构的存款结构之中,企事业单位存款和城乡储蓄存款占绝大部分,且上升趋势明显,企事业单位存款余额为城乡储蓄存款的两倍左右。而财政存款比例很低,此处略去不表。自 1990 年以来的银行业金融机构存款余额结构如图 3-27 所示。

从贷款结构来看,短期贷款和中长期贷款都处于上升趋势,90 年代短期贷款高于中长期贷款,自 2001 年之后,中长期贷款迅速增加,而短期贷款增速明显放缓,2012 年中长期贷款余额达到短期贷款的 2.06 倍,如图 3-28 所示。

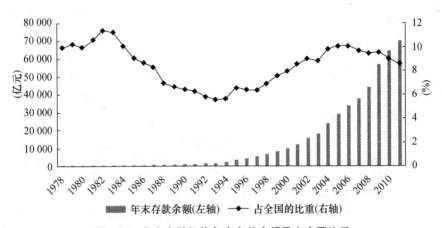

图 3-26　北京金融机构年末存款余额及占全国比重
资料来源：《北京统计年鉴》、《中国统计年鉴》、《中国区域经济统计年鉴》。

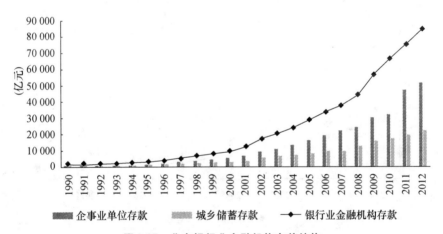

图 3-27　北京银行业金融机构存款结构
资料来源：《中国金融年鉴》。

2．稳定性

由图 3-29 可知，北京和全国的商业银行平均不良贷款率均逐年下降，且北京的各年数据均低于全国数据，从 2010 年起开始低于 1% 水平。可见，从不良贷款率角度来看，北京银行业的风险控制水平一直领先于全国。

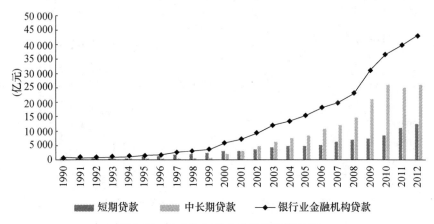

图 3-28 北京银行业金融机构贷款结构
资料来源:《中国金融年鉴》。

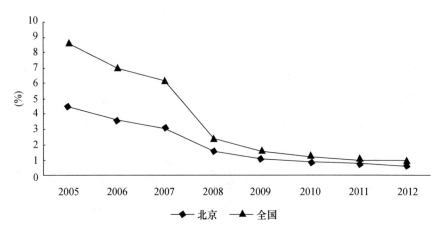

图 3-29 北京及全国商业银行平均不良贷款率
资料来源:中国银行业监督管理委员会。

3. 国际化程度

图 3-30 显示了北京外资银行存款余额及占金融机构存款的比重,外资银行存款余额逐年增加,占金融机构存款比重也呈上升趋势,但整体比例较低,2012 年仅为 2.62%。美国联邦金融机构稽核理事会(FFIEC)资料显示,纽约外资银行存款占比从 1987 年起就超过 50%,至 2006 年更达到 80% 的水平。可见,在北京的银行业构成中,外资银行业务占比非常低,中资金融机构仍然占有绝大部分份额,外资银行进入整个银行业机构

带来的影响不大,银行业务国际化程度有待提高。

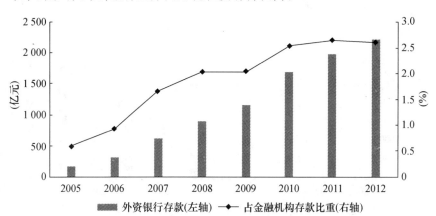

图 3-30　北京外资银行存款余额及占金融机构存款比重
资料来源:《北京统计年鉴》。

(二) 证券业市场

图 3-31 展现了北京上市公司的数目及其占全国比重,上市公司数逐年增加,2012 年为 214 家;上市公司数占全国比重也有显著增加,2012 年为 8.58%,可见北京市的上市公司比较集中。

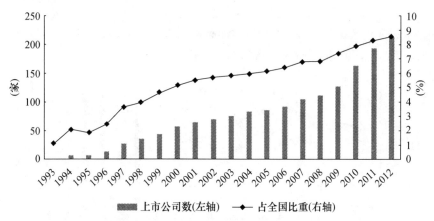

图 3-31　北京上市公司数及占全国比重
资料来源:《中国证券期货统计年鉴》。

此外,在资产规模上,北京上市公司总资产上升趋势非常明显,2005 年及以前不到 2 万亿元,2006 年猛增至 15.20 万亿元,其后每年增长率均保持在15%以上,总资产规模非常大。

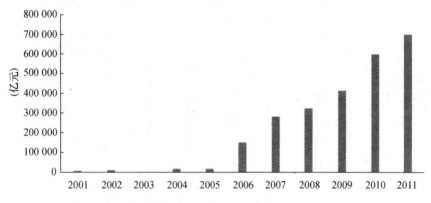

图 3-32 北京上市公司总资产

注:2003年数据缺失。
资料来源:《中国证券期货统计年鉴》。

北京上市公司总资产在2001—2005年总量稳定,2006年总资产是2005年的8.3倍。主要由于2006年新上市的7家公司包括工商银行和中国银行,两家银行资产数量庞大。2006年后,上市公司发展状况良好,资产增加,并伴有新公司稳步上市。

图3-33展现了北京证券市场股票成交额及其占全国的比重。从证券市场发展情况来看,2006年以前股票成交额比较平稳,在5 000亿元左右波动,从2007年开始大幅增加,2007年为7.75万亿元,2010年达到最

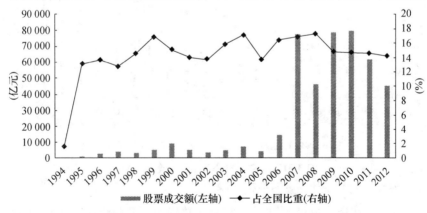

图 3-33 北京证券市场股票成交额及占全国比重

资料来源:《中国证券期货统计年鉴》。

高点7.98万亿元,之后开始回落,这与2011年起股票市场的不景气有关。北京股票成交额占全国的比重比较平稳,1995年达到12.89%之后,一直保持在14%左右,占全国股票成交额比重常年保持较高水平。

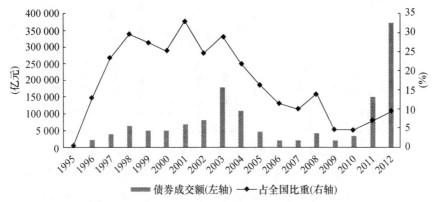

图3-34 北京证券市场债券成交额及占全国比重
资料来源:《北京统计年鉴》、《中国证券期货统计年鉴》。

与股票成交额相比,北京证券市场债券成交额波动则比较大,从1995年开始增加,至1998年之后有小幅下降,之后继续增加至2003年,然后经历了大幅下降,至2009年降至最低点1 791.32亿元,低于1996年的水平,之后又经历了大幅上升,至2012年达到最高点37 388.61亿元。但对比占全国比重可以看出,虽然2000年前后成交额处于低点,但占全国比重较高,最高达到32.96%,此时北京债券成交额增速高于全国;2003年之后成交额开始下降,占比也逐渐下降,低于20%的水平;2009年之后成交额经历了大幅增加,2012年比2009年增加了近20倍,但占比却低于10%,处于1996年以来的最低水平,表明此时北京债券成交额虽然增速较快,但全国债券市场的发展更为迅猛,增速在北京债券市场之上。

图3-35展现了北京非金融机构部门融资量及其结构,融资量从2001年起增至2009年的最高点,其后稍有回落,但总体呈上升趋势。债券市场自2008年起超过股票和贷款市场,2011年后超过50%,成为主要融资渠道;而股票则自2007年达到高点之后大幅下降,这也与股票市场的不景气有关。

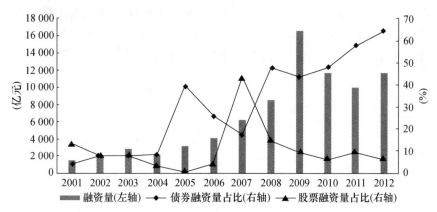

图 3-35 北京非金融机构部门融资量及债券、股票融资量占比
资料来源：中国人民银行营业管理部、北京证监局、中国债券网。

图 3-36 为北京市上交所债券交易额结构，可以看出虽然从 2010 年到 2014 年年初按月计的债券交易额波动比较大，但指数趋势线显示其整体呈上升趋势；在内部结构中，国债交易额的比例非常小，且比较平稳，而金融债、企业债交易额占绝大部分，其波动情况与债券交易额基本相同，指数趋势线同样显示了其整体的上升趋势，且增速稍高于债券交易额。可见，北京债券市场的发展趋势较好，交易额稳步提升，其中金融债、企业

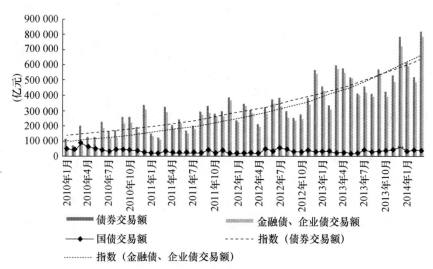

图 3-36 北京上交所债券交易额结构（按月计）
资料来源：上海证券交易所。

债为其主体部分,增长速度较快。

(三)保险业市场

图 3-37 展示了北京保险业务的保费收入历年变化,及北京保费收入占全国的比重。可以看出,虽然保费收入在 2006 年和 2011 年有小幅下降,但整体上升趋势明显。对比其占全国比重可以发现,除了 1997 年和 2005 年占比超过 10% 以外,其他年份的波动并不大,维持在 7% 左右,且近几年略有降低,可见保险业务在北京并不集中,发展趋势一般,提升空间较大。

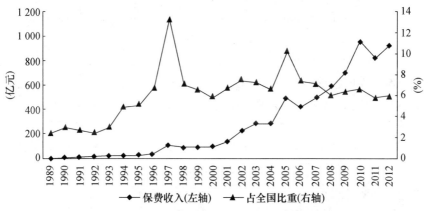

图 3-37　北京保险业务保费收入结构及占全国比重
资料来源:中国保险监督管理委员会北京监管局、《北京统计年鉴》。

在衡量保险业的发展水平时,保险密度和保险深度是两个常用指标。保险密度是按当地人口计算的人均保险费额,北京和全国的保险密度及其倍数如图 3-38 所示。北京保险密度整体上呈上升趋势,2010 年达到最高点 5 407 元/人;全国保险密度则显著低于北京市水平,但增长速度较快。从北京与全国保险密度的倍数来看,2000—2005 年基本保持在 7 倍左右,2005 年达到最高点 8.77 倍,其后开始下降,至 2012 年仅为 3.78 倍,可见近年来北京保险业的发展速度和覆盖面开始低于全国平均水平。

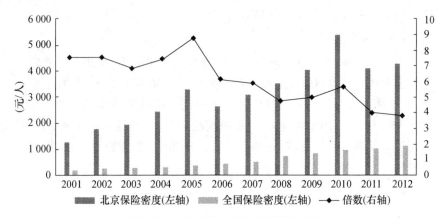

图 3-38　北京保险密度及全国保险密度
资料来源:《中国金融年鉴》。

保险深度是指保费收入占 GDP 的比重,反映了保险业在整个国民经济中的地位,北京和全国的保险深度及其倍数如图 3-39 所示。可以发现无论是北京还是全国,保险深度均在某一水平上下波动,北京为 6% 左右,全国为 3% 左右。而北京与全国保险深度的倍数则呈现与保险密度相近的趋势,2005 年为最高点,之后开始略有下降,在 1.8 倍左右,领先全国的幅度并不大。

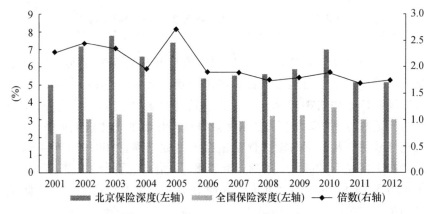

图 3-39　北京保险深度及全国保险深度
资料来源:《中国金融年鉴》。

(四)金融机构数量

北京市拥有金融主中心区"金融街"、金融副中心区"北京商务中心区（CBD）"、金融新区、金融后台服务区四个金融功能分区,汇聚了大量金融机构,包括许多"世界500强"金融机构和企业总部。由图3-40和图3-41可知,自2006年以来北京市的租赁业法人个数、银行机构数、保险机构数、证券投资企业法人单位数、金融信托与管理业企业法人单位数都保

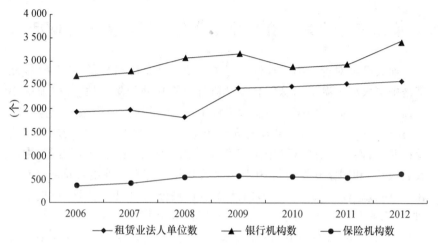

图3-40 北京市金融机构数量

资料来源:《中国金融年鉴》。

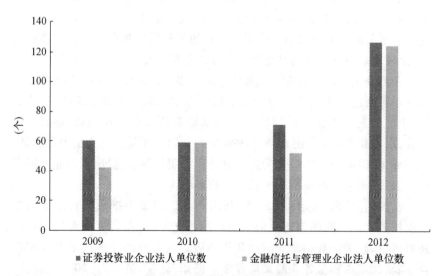

图3-41 北京市金融机构数量

资料来源:《中国金融年鉴》。

持了整体稳步增长的态势,其中金融信托与管理业企业法人单位数的增速较为显著。截至 2012 年,北京市共有租赁业法人 2 586 个、银行机构 3 437 个、保险机构 602 个、证券投资企业法人单位 127 个、金融信托与管理业企业法人单位 124 个。

第三节 北京市金融业专业化程度与集聚度概况

前文已经对产业集聚理论进行了介绍。从金融机构的分布来看,北京是中国大型金融机构总部和金融监管机构总部的聚居地,金融业的集聚程度相对较高。国家金融监管机构中国人民银行、中国银行业监督管理委员会、中国证券监督管理委员会、中国保险监督管理委员会的总部均设在北京;四大国有银行(中国工商银行、中国建设银行、中国银行、中国农业银行)和国家开发银行、中国农业发展银行等政策性银行总部也都设在北京;金融业巨头——中国国际金融有限公司、中国国际信托投资公司、中国投资有限责任公司,以及大型证券公司(如中信证券、银河证券)、基金公司(如华夏基金、嘉实基金、天弘基金)、保险公司(如中国人寿、泰康人寿等)的总部均设在北京。从金融机构分布的现状来看,可以说北京是中国的金融决策监管中心、资产管理中心、金融支付结算中心和金融信息中心,在金融机构分布这一点上,北京拥有其他城市无法企及的优势。本节将对北京市第三产业各行业的集聚程度和专业化程度进行测量,比较北京市金融业与其他第三产业的集聚情况。

在产业集聚度的度量上,测量方法较多。Krugman(1991)使用空间基尼系数测定了美国 3 位数行业的区位基尼系数。Amiti(1997)计算了 EU 十国的 3 位数水平的 27 个行业的基尼系数及五国 65 个行业的基尼系数,以检验 EU 国家在 1968—1990 年期间的工业是否更为集中。但是,Ellision 和 Glaeser(1997)认为这一方法存在明显弱点,提出了产业地理集中指数,以考虑企业规模及区域差异的影响。

在国内,罗勇、曹丽莉(2005)利用产业地理集中指数和自定义的集中度指数度量了我国制造业的集聚程度。此外,产业集聚度常用的指标还有区位熵、熵指数和产业空间集聚指数。这些方法较多用于测度制造业、高新技术业和服务业的聚集程度。例如,孙畅、吴立力(2006)利用区位熵法对重庆市的优势产业进行了研究;赵玉林、魏芳(2008)利用熵指数和行业集中度对我国高技术产业的集聚度进行研究。但是,他们对我国制造业集聚水平的测评结果存在差异,主要原因:一是过于粗糙的行业分类可能导致结论出现偏差(白重恩等,2004);二是难以获取口径一致的统计数据,因而无法使用现有方法准确测度产业集聚水平(路江涌、陶志刚,2006)。

在区域经济学中,通常用区位熵来判断一个产业是否构成地区专业化部门。它是一个地区特定部门的产值在地区工业总产值中所占的比重与全国该部门产值在全国工业总产值中所占比重之间的比值,其表达式为:

$$LQ_{ij} = \frac{P_{ij}}{P_i} / \frac{P_j}{P}$$

其中,LQ_{ij}表示第i个地区第j个产业的区位熵值,P_{ij}表示第i个地区第j个产业相关指标(如增加值、就业人数等),P_i为第i个地区总的相关指标,P_j为全国第j个产业相关指标,P为全国总的相关指标。区位熵大于1时,说明第i个地区的第j个产业集聚度高于全国平均水平,数值越大产业集聚度越高,专业化程度越高,相对优势越大。区位熵小于或等于1时,则认为该产业集聚度和专业化水平不高,属于自给性部门。

因此,通过计算某一区域各产业的区位熵,可以衡量出各产业的集聚程度和专业化程度,找出该区域相对于全国平均水平下的优势产业。此外,区位熵法还有如下优势:一是计算简便,数据容易获取;二是产业划分有相对明确的标准,有较强的实用价值。为了进一步比较分析北京市第三产业中的优势行业,同时参考已有文献的做法,我们设定:如果$LQ \geq 1$,那么将该行业看作显著优势行业;

如果$1 > LQ \geq 0.7$,那么将该行业看作潜在优势行业;如果$LQ < 0.7$,那么将该行业看作比较劣势行业。

本节使用2006—2011年细分行业增加值作为相关指标,计算北京市第三产业各行业的区位熵大小(见表3-3)。

表3-3 2006—2011北京市第三产业各行业集聚程度

行业	2006	2007	2008	2009	2010	2011
交通运输、仓储和邮政业	0.952113	0.878037	0.861483	0.933404	1.058709	1.049826
信息传输、计算机服务和软件业	3.411420	3.791356	3.591583	3.664507	3.888751	4.445048

（续表）

行业	2006	2007	2008	2009	2010	2011
批发与零售业	1.471418	1.521089	1.539600	1.475880	1.502969	1.433717
住宿和餐饮业	1.189773	1.154116	1.171831	1.034442	1.118765	1.105678
金融业	3.020684	2.553508	2.887904	2.531727	2.526948	2.583983
房地产业	1.778302	1.748444	1.619104	1.597655	1.256850	1.168279
租赁和商务服务业	3.558574	4.320515	3.855593	3.667995	3.483269	3.596170
科学研究、技术服务与地质勘查业	4.752384	5.056771	5.000060	4.853081	4.749600	4.745354
水利、环境和公共设施管理业	1.299507	1.224596	1.319497	1.273319	1.222637	1.231798
居民服务和其他服务业	0.628780	0.536626	0.457269	0.393240	0.462978	0.448226
教育	1.354521	1.309723	1.278314	1.188480	1.219488	1.222377
卫生、社会保障和社会福利业	1.141164	1.116805	1.146356	1.175549	1.210571	1.209925
文化、体育与娱乐业	3.723403	3.851539	3.636126	3.256471	3.358030	3.285613
公共管理与社会组织	0.985245	0.985235	0.757616	0.774829	0.815361	0.856035

资料来源：《北京市统计年鉴》《中国统计年鉴》。

从表3-3可以看出,2006年以后,北京市金融业区位熵稳定在2.5附近,说明北京市金融产业相比全国一直是北京市的显著优势行业。金融行业的专业化水平和集聚程度自2007年以来相对稳定,在集聚程度的增长上不如信息传输、计算机服务和软件业等行业成长迅速,这说明北京市本阶段的金融专业化水平和集聚水平已经进入相对稳定阶段。北京市集聚程度较高、有显著优势的行业还包括科学研究、技术服务与地质勘查业和文化、体育与娱乐业等,至2011年,北京市第三产业中比较劣势行业包括居民服务和其他服务业与公共管理与社会组织。总之,从区位熵的计算结果来看,北京市金融产业一直是北京市的显著优势行业,且其专业化水平和集聚水平保持了相对稳定。

第四章 北京市产业结构优化分析及测算

在目前观点中,产业结构优化是城市进一步发展的核心问题,无法克服产业结构优化路径困难的城市都在发展进程中产生了停滞。北京市现在处于产业结构转型的重要时期,如何有效解决产业结构优业问题是北京市实现未来发展的关键。本章使用偏离—份额法对北京市目前产业结构进行评估,通过判断北京经济结构的优劣以及北京市竞争力的强弱,从而得出了现阶段北京市竞争力各产业都处于全国竞争力水平之下,但金融业较全国而言具有优显优势这一结论,进而确定出北京市未来围绕金融产业体系的形成进行经济发展的合理方向和产业结构在未来调整的原则。

第一节 产业结构优化理论综述

现有文献中,大多数学者对于最优产业结构的研究是从产业结构的高度化和合理化角度进行分析。李博、胡进(2009)利用"大道定理"对产业结构高度化和产业结构均衡化的关系做出了详细的描述。李惠媛(2010)认为,产业结构优化的实质,就是合理化基础上的高级化。黄茂兴、李军军(2009)分析研究了技术选择、产业结构升级和经济增长三者之间的关系,建立了1991—2007年中国31个省份的面板数据模型,实证研究表明合理的资本和技术选择有助于产业结构升级。Ju, Lin 和 Wang (2009)从理论角度分析了封闭经济中最优产业结构优化的动态变化,构建了一个可追溯的、无限期的一般均衡模型,分析认为资本的不断增长是推动产业结构变化的动力。

此外,同产业结构相关的实证研究大多显示了产业结构同其他经济变量之间的关系。干春晖等(2011)在测度产业结构合理化和高级化的基础上,从实证的角度探究了产业结构变迁与经济增长的关系,进而分析了二者对经济波动的影响。刘伟、李绍荣(2002)研究发现,在一定的技术条件下,一个经济通过专业化和社会分工形成一定的产业结构,而产业结构在一定意义上又决定了经济的增长方式。此外,国外的学者也做了大量研究。赛尔奎因(1994)分析了产业结构变化的原因,进一步探讨经济增长的根源。Peneder(2003)运用实证方法研究了工业结构对国民经济总收入和经济增长的影响。Valli 和 Saccone(2009)认为,国民经济的增长有两方面动力——行业内部劳动生产率的提高和资源在行业之间的再分配。

还有一部分学者不断尝试从另外的角度研究最优产业结构。其中,彭宜钟、李少林(2011)认为,最优产业结构就是能够同时实现以下目标的结构:各个产业在生产过程中都对生产要素进行了充分有效的配置;各个产业对生产要素的需求和使用量都达到了利润最大化目标所要求的最大限度;各个产业所选择的产量都能实现自身利润的最大化;代表性行为人按照跨期效用最大化原则来安排每一种产业的消费和投资;每一个产业的产出在被用于消费和再生产之后没有剩余。它们的贡献在于开发出了一个能够付诸实证检验和应用,且能够很好地刻画我国各产业最有增长路径的理论模型。张辉(2013)在彭宜钟、李少林(2011)的基础上,将模型扩展到连续无穷期,得到各产业最优增长路径、最优产出收敛速率,同时对全国和北京市的产业结构进行了测算和实证分析。

第二节 基于偏离—份额法的产业结构演进分析

一、偏离—份额分析法

偏离—份额分析法最初由美国经济学家 Daniel(1942)和 Creamer(1943)相继提出,后经 Perloff 等(1960)等学者总结并逐步完善,20 世纪 80 年代初由 Dunn 集各家之所长,总结成现在普遍采用的形式。20 世纪 80 年代初偏离—份额法引入中国,周起业、刘再兴(1989)和崔功豪(1999)对该方法都有很详细的介绍。此后,偏离—份额分析法在我国区域经济学和城市经济学领域得到了广泛的应用。

偏离—份额分析法是把区域经济的变化看作一个动态的过程,以其所在大区或整个国家的经济发展为参照系,将区域自身经济总量在某一时期的变动分解为三个分量,即份额分量、结构偏离分量和竞争力偏离分量,以此评价区域经济结构优劣和自身竞争力的强弱,找出区域具有相对竞争优势的产业部门,进而确定区域未来经济发展的合理方向和产业结

构调整的原则。其基本形式可以概括为:

$$LP^T - LP^0 = \sum_{t=1}^{n}(LP_t^T - LP_t^0)S_t^0 + \sum_{t=1}^{n}(S_t^T - S_t^0)LP_t^0$$
$$+ \sum_{t=1}^{n}(S_t^T - S_t^0)(LP_t^T - LP_t^0)$$

这是将劳动生产率分解的公式,反映了从 0 时刻到 T 时刻,构成劳动生产率变化的各个部分。其中,在产业结构影响经济增长这个大背景下,右端的第一项被称为行业内生产率增长(Intra-branch Productivity Growth),反映的是在假设产业结构不变的前提下各行业内部生产率的提高;第二项被称为静态影响(Static Effect),反映的是在期初劳动生产率的情况下,劳动力向高效率行业转移带来的生产率的提高;第三项被称为动态影响(Dynamic Effect),反映的是劳动力向更具有活力的行业转移带来的生产率的提高。而产业结构对于经济增长的贡献包括第二项和第三项。

二、模型建立

北京市 GDP 增长量用 g 表示,将北京市的经济增长划分为全国份额量(RS)、产业结构偏离份额(PS)和竞争力偏离份额(DS)。

其关系式可以表示为:北京市 GDP 增长(g) = 全国增长份额(RS) + 产业结构偏离份额(PS) + 竞争力偏离份额(DS)。从而将北京市 GDP 实际增长量分解为 3 个分量:

(1) 全国增长份额(RS):

$$RS = \sum Y_i^0 R$$

(2) 产业结构偏离份额(PS):

$$PS = \sum Y_i^0 R_i^0 - \sum Y_i^0 R$$

(3) 区位份额(竞争力份额)(DS):

$$PS = \sum Y_i^0 r_i^0 - \sum Y_i^0 R_i^0$$

上述分量中,RS 为北京各产业均按全国 GDP 增长率增长所应实现的增长份额,PS 为北京市按全国第 i 产业增长率计算的增长额与按全国 GDP 增长率所实现的增长额之差,反映了北京第 i 产业随全国第 i 产业增长(或下降)而增长(或下降)的情况;DS 为北京地区第 i 产业按实际增长率所实现的增长额与按全国同一产业所实现的增长额之差,反映了与全国相比竞争力优势或劣势;Y_i^0 为北京第 i 产业的基期产值;R 为全国 GDP 增长率；R_i^0 为全国第 i 产业的基期增长率；r_i^0 为北京市第 i 产业的基期增长率。

同样，北京市经济增长率（Gr）也可分为全国增长份额（R）、产业结构偏离份额（$R^* - R$）和竞争力偏离份额（$Gr - R^*$），用公式表述为：

$$Gr = R + (R^* - R) + (Gr - R^*)$$

式中，Gr 为北京市的经济增长率，R 为全国 GDP 增长率，R^* 为北京市区各产业按照全国该产业的增长率计算的假定北京市增长率。

$$R^* = \frac{\sum Y_i^0 (R_i + 1)}{\sum Y_i^0} - 1$$

三、数据整理及结果分析

北京市 GDP 的增长可分为第一产业、第二产业、剔除了金融的第三产业、金融业这 4 个产业进行研究，数据整理分析如表 4-1 至表 4-6 所示。

表 4-1　2006—2008 年全国及北京市各产业产值及 GDP 相关数据

		2006（亿元）	2008（亿元）	增量（亿元）	增长率（%）
全国	GDP	216 314.4	314 045.4	97 731.0	45.2
	第一产业	24 040.0	33 702.0	9 662.0	40.2
	第二产业	103 719.5	149 003.4	45 283.9	43.7
	第三产业（除金融）	80 455.8	116 476.7	36 020.9	44.8
	金融业	8 099.1	14 863.3	6 764.2	83.5
北京	GDP	7 720.3	10 488.0	2 767.7	35.8
	第一产业	98.0	112.8	14.8	15.1
	第二产业	2 217.2	2 693.2	476.0	21.5
	第三产业（除金融）	4 442.0	6 188.4	1 746.4	39.3
	金融业	963.1	1 493.6	530.5	55.1

表 4-2　2006—2008 年北京市各产业偏离—份额数据表 1

指标部门	总增长		全国份额量	
	增量（亿元）	增长率（%）	增量（亿元）	增长率（%）
第一产业	14.8	15.1	44.3	45.2
第二产业	476.0	21.5	1 001.7	45.2
第三产业（除金融）	1 746.4	39.3	2 006.9	45.2
金融业	530.5	55.1	435.1	45.2
总计	2 767.7	35.8	3 488.0	45.2

表 4-3　2006—2008 年北京市各产业偏离—份额数据表 2

指标部门	结构偏离分量		竞争力偏离分量		总偏离	
	增量（亿元）	增长率（%）	增量（亿元）	增长率（%）	增量（亿元）	增长率（%）
第一产业	-4.9	-5.0	-24.6	-25.1	-29.5	-34.5
第二产业	-33.7	-1.5	-492.0	-22.2	-525.7	-23.7
第三产业（除金融）	-18.2	-0.4	-242.3	-5.5	-260.5	-5.9
金融业	369.2	38.3	-273.9	-28.4	95.3	9.9
总计	312.4	4.0	-1 032.8	-13.4	-720.4	-9.4

表 4-4　2009—2011 年全国及北京市各产业产值及 GDP 相关数据

		2009（亿元）	2011（亿元）	增量（亿元）	增长率（%）
全国	GDP	340 902.8	472 881.5	131 978.7	38.7
	第一产业	35 226.0	47 486.2	12 260.2	34.8
	第二产业	157 638.8	220 412.8	62 774.0	39.8
	第三产业（除金融）	130 270.5	180 024.0	49 753.7	38.2
	金融业	17 767.5	24 958.3	7 190.8	40.5
北京	GDP	11 865.9	16 000.4	4 134.5	34.8
	第一产业	118.3	136.2	17.9	15.1
	第二产业	2 743.1	3 744.4	1 001.3	36.5
	第三产业（除金融）	7 283.6	10 064.8	2 781.2	38.2
	金融业	1 720.9	2 055.0	334.1	19.4

表 4-5　2009—2011 年北京市各产业偏离—份额数据表 1

指标部门	总增长		全国份额量	
	增量（亿元）	增长率（%）	增量（亿元）	增长率（%）
第一产业	17.9	15.1	45.8	38.7
第二产业	1 001.3	36.5	1 062.0	38.7
第三产业（除金融）	2 781.2	38.2	2 819.8	38.7
金融业	334.1	19.4	666.2	38.7
总计	4 134.5	35.8	4 593.8	38.7

表 4-6　2009—2011 年北京市各产业偏离—份额数据表 2

指标部门	结构偏离分量		竞争力偏离分量		总偏离	
	增量（亿元）	增长率（%）	增量（亿元）	增长率（%）	增量（亿元）	增长率（%）
第一产业	-4.6	-3.9	-23.3	-19.7	-27.9	-23.6
第二产业	30.4	1.1	-91.0	-3.3	-121.4	-2.2
第三产业（除金融）	-38.0	-0.5	-0.6	0.0	-38.6	-0.5
金融业	178.0	1.8	-362.4	-21.1	-184.4	-19.3
总计	165.8	0.15	-477.3	-3.05	-728.3	-2.9

由表 4-1 至表 4-3 可知,在考察期 2006—2008 年,北京的实际增长额小于全国的份额,总偏离为 -720.4 亿元,GDP 增长率低于全国 9.2 个百分点,可以看出北京市在 2006—2008 年这 3 年中经济发展速度与全国水平相比明显偏低。虽然其中利用其产业结构具有的优势带来的增长量为 312.4 亿元,贡献 4 个百分点,但区位竞争力带来的增长量却为 -1 032.8 亿元,贡献 -13.4 个百分点。由此可以看出,北京地区 2006—2008 年这 3 年间在产业结构方面体现出其优势,但是在区位竞争力方面较全国而言明显不足。再对表 4-4 至表 4-6 进行研究,可以对 2009—2011 年北京产业经济现状与变化作出如下分析。在考察期即 2009—2011 年内,北京的实际增长额小于全国的份额,总偏离为 -728.3 亿元,GDP 增长率低于全国 2.9 个百分点,可以发现北京市在 2009—2011 年这 3 年中经济发展速度与全国水平相比还是偏低。其中利用其产业结构具有的优势带来的增长量为 165.8 亿元,贡献 0.15 个百分点,区位竞争力带来的增长量却为 -447.3 亿元,贡献 -3.05 个百分点。由此可以看出,北京地区 2009—2011 年这 3 年间在其产业结构方面还是具有一定优势,但是在区位竞争力方面较全国还是有一定的不足。在偏离—份额分析法中,竞争力偏离分量是个十分复杂的因素,它的大小受区位条件、经营管理水平、投资规模等各方面因素的影响,实际上竞争力偏离分量值是囊括了除产业结构以外的其他一切因素的影响。因此,在北京经济发展历程中,产业结构一直处于相对优势的地位,可以更好地促进北京经济发展的过程,深化其产业结构以增强竞争力,实现产业结构的高度化。

2006—2008 年北京第一产业的偏离为 -38.72 亿元,增长率低于全国 GDP 增长率 34.5 个百分点,其中结构偏离分量和竞争力偏离分量均小于 0。北京第二产业偏离为 -525.7 亿元,增长率低于全国 GDP 增长率 23.7 个百分点,其中结构偏离分量和竞争力偏离分量均小于 0。剔除了金融业的第三产业偏离为 -260.5 亿元,增长率低于全国 GDP 增长率 5.79 个百分点,其中结构偏离分量和竞争力偏离分量同样都小于 0。而金融业偏离为 95.3 亿元,增长率高于全国 GDP 增长 9.9%,其中结构偏离分量大于 0,竞争力偏离分量小于 0。2009—2011 年北京第一产业的偏离为 -27.9 亿元,增长率低于全国 GDP 增长率 23.6 个百分点,其中结构偏离分量和竞争力偏离分量均小于 0。第二产业偏离为 -121.4 亿元,增长率低于全国 GDP 增长率 2.2 个百分点,其中结构偏离分量和竞争力偏离分量均小于 0。剔除了金融业的第三产业偏离为 -38.6 亿元,增长率低于全国 GDP 增长率 0.5 个百分点,其中结构偏离分量小于 0,竞争力偏离分量近似为 0。而金融业偏离为 -184.4 亿元,增长率低于全国 GDP 增长 19.3%,其中结构偏离分量大于 0,竞争力偏离分量小于 0。

第三节　实证模型结论

由上述分析可得出如下结论:

第一,从发展现状看,北京市 2006—2008 年以及 2009—2011 年三次产业以增长性的强弱(全国份额量的大小)来排序,都分别是第三产业、第二产业、第一产业。整体而言,北京市三次产业的全国份额量均较为乐观。

第二,在产业结构方面,与全国平均水平相比,北京市第一、第二产业、剔除金融业的第三产业的产业结构都没有优势,而单独列出作为对比的金融业则无论在 2006—2008 年,还是在 2009—2011 年都较全国保持了明显的优势。然而,在 2006—2008 年北京较全国有非常大的优势,单在 2009—2011 年有所下滑,其主要原因是 2008 年以后受到世界金融危机的冲击,金融集聚度高于全国平均水平的城市必然受到较大打击,这也并不影响北京在金融业方面的优势。

第三,从竞争力分量来看,北京市各产业都呈现出较全国而言竞争力不足的态势,一部分归结于北京市特殊的市情,另一部分主要是因为北京的经济发展正处于转型期,产业结构正在调整演进,主导产业更替的过程不是一蹴而就,因此这期间势必会出现竞争力相较而言不足的情况,2006—2011 年都处于这个阶段。

综上所述，虽然在现阶段北京市产业转型升级的困难让北京市各产业都处于全国竞争力水平之下，但北京市金融业的产业结构较全国而言具有明显的优势，这就奠定了其能够作为北京市未来主导产业的实力，一旦围绕金融产业的新的产业体系形成，势必会为北京市的经济增长注入新的活力。

第五章 北京市第二产业和金融业对经济增长的贡献

如第四章所述,北京市第三产业及金融业不断发展,第二产业却逐渐地失去其主导位置。本章将从定量角度,通过三次产业贡献率、三次产业对经济的拉动作用等指标并借助增长核算公式,对北京市第二产业与金融产业对经济增长的贡献进行分析,从而得出北京市产业结构高度已经达到建设国家金融中心的标准,金融业集聚效应早已在北京产生,而北京市应当在将来的经济建设中继续把建设金融中心作为经济发展的重要目标结论。

第一节 第二产业、金融业和经济增长

根据经典的经济发展理论和实证研究,经济中三次产业在经济中的比重会呈现出规律性的变化(见图5-1)。

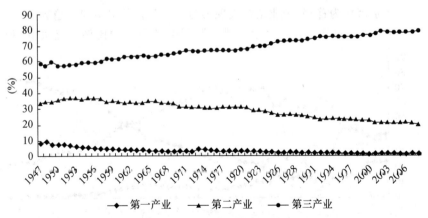

图 5-1 美国的产业结构转型

资料来源:美国国家统计局。

由图5-2可知,在工业化进程中三次产业有一个比较明显的变化趋势,第一产业比重逐渐下降,第三产业比重逐渐上升,第二产业则呈现"驼

峰"状,即先上升然后下降。从全国角度来看,我国的结构变化还没有达到转折点,工业就业比重还在上升阶段。从对GDP的贡献来看,2010年农业约占10%、工业占48%、服务业占42%,第二产业占比仍然是最高的。

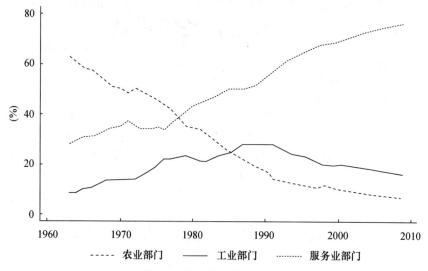

图5-2 韩国的产业结构转型

资料来源:姚洋《发展经济学》(未出版讲义)。

北京市作为首都,产业结构表现出与全国整体状况不同的趋势。

由图5-3可知,第一产业(农业)在GDP中所占的比例已经很低,到

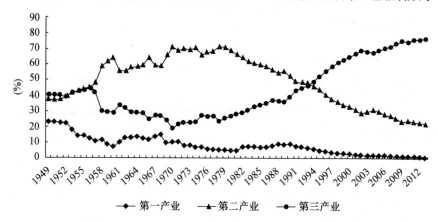

图5-3 1949—2013年北京市三次产业占GDP比重的变化

资料来源:《北京统计年鉴》、《新中国六十年统计资料汇编》。

2012年,其比重只有0.8%,并且第二产业的比重也在呈现一个逐渐下降的趋势,而第三产业的比重却在不断地上升,在2012年,其比重达到76.4%。根据上文所述的理论和实证经验,北京市的这一结构变迁趋势表明其已经进入到现代化发展较为发达的阶段,其结构与现代发达国家很类似。以现代服务业为代表的第三产业对经济的发展起到了支撑性的作用。同时,金融业作为第三产业的重要部分,在北京也得到了快速的发展,如图5-4所示。

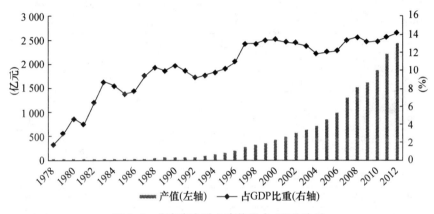

图 5-4　北京市金融业产值及占 GDP 比重

资料来源:《北京统计年鉴》。

由图5-4可知,金融业产值一直处于上升中,于2012年达到2592.5亿元。金融业增加值占GDP的比重也维持在一个比较高的水平,约13%。如前文所述,第二产业在GDP中所占的比重逐渐降低,第三产业尤其是第三产业中的金融业占比稳步上升,所以探究二者对于经济增长的贡献是有必要的,所得结论可以为北京市国际金融中心的发展目标提供实证基础。

第二节　第二产业和金融业对经济增长贡献的研究

得到产业对经济增长的贡献的一个简单方法便是通过计算各产业增加值和GDP的比重,结果如表5-1所示。

表 5-1　2001—2012 年北京市三次产业贡献率

年份	第一产业	第二产业	第三产业	年份	第一产业	第二产业	第三产业
1980	4.39	68.87	26.75	1997	3.72	37.64	58.64
1981	4.75	66.47	28.81	1998	3.28	35.36	61.36
1982	6.67	64.41	28.92	1999	2.93	33.80	63.20
1983	7.02	61.54	31.47	2000	2.51	32.68	64.81
1984	6.86	60.34	32.82	2001	2.18	30.81	67.14
1985	6.93	59.78	33.31	2002	1.91	28.97	69.12
1986	6.72	58.20	35.10	2003	1.68	29.70	68.62
1987	7.44	55.87	36.69	2004	1.45	30.72	68.18
1988	9.04	53.95	37.02	2005	1.27	29.08	69.65
1989	8.45	55.32	36.25	2006	1.09	27.31	71.91
1990	8.76	52.38	38.84	2007	1.03	25.48	73.49
1991	7.65	48.68	43.73	2008	1.02	23.63	75.36
1992	6.92	48.78	44.35	2009	0.97	23.50	75.53
1993	6.06	47.35	46.66	2010	0.88	24.01	75.11
1994	5.89	45.19	48.91	2011	0.84	23.09	76.07
1995	4.87	42.83	52.38	2012	0.84	22.70	76.46
1996	4.19	39.95	55.96	2013	0.83	22.32	76.85

注：产业贡献率指各产业增加值增量与 GDP 增量之比。
资料来源：《北京统计年鉴》。

由表 5-1 可知，第三产业的贡献率基本呈逐年上升的趋势，在 2013 年达到最高，对 GDP 的贡献率为 76.85%。第二产业的贡献率则呈现不断下降的趋势，2013 年降至最低，为 22.32%。而第一产业的贡献率则一直保持在较低水平，2013 年仅为 0.83%，不足 1%。

将三次产业的贡献率与当年 GDP 增速相乘，可以得到三次产业对经济的拉动作用，如表 5-2 所示。

表 5-2　2001—2012 年北京市三次产业对地区生产总值增长的拉动

年份	地区生产总值	第一产业	第二产业	第三产业	金融业
2001	11.7	0.1	3.1	8.5	1.5
2002	11.5	0.1	2.7	8.7	1.5
2003	11.1	…	3.7	7.4	1.4
2004	14.1	…	5.3	8.8	1.7

（续表）

年份	地区生产总值	第一产业	第二产业	第三产业	金融业
2005	12.1	…	3.2	8.9	1.4
2006	13.0	…	3.1	9.9	1.6
2007	14.5	…	3.6	10.9	1.8
2008	9.1	…	0.2	8.9	1.2
2009	10.2	…	2.7	7.5	1.3
2010	10.3	…	3.5	6.8	1.4
2011	8.1	…	1.6	6.5	1.1
2012	7.7	…	1.8	5.9	1.1

注：三次产业拉动指 GDP 增长速度与各产业贡献率之乘积。
资料来源：《北京统计年鉴》。

由拉动这一指标可以得出，第三产业对 GDP 的拉动作用是最明显的，由第三产业带来的 GDP 增长部分显著高于第一产业和第二产业。此外，表 5-2 最右列显示了金融业对 GDP 的拉动作用，从 2001 年起金融业的拉动作用较为稳定，而由于第二产业拉动作用的整体下降趋势，金融业与其差距也逐渐缩小。

然而，上述结果虽然显示了三次产业与金融业对 GDP 的拉动作用大小，但仍然不够细化。若进一步计算各生产要素对经济增长的贡献，则可以得到更为精确的结果。

一、模型设置

本部分采用刘伟、张辉（2008）的方法，在该文中，他们利用增长核算公式分别计算三次产业对经济增长的作用。具体为：

$$G(Y) = \frac{d\left(\sum Y_j\right)}{Y} = \sum \rho_j G(Y_i)$$

$$= \sum \rho_j \alpha_j G(K_i) + \sum \rho_j \beta_j G(L_i) + \sum \rho_j G(A_i) \quad (5-1)$$

其中，$\rho_i = Y_i/Y$ 表示各产业的产值在总产值中所占的份额，$G(Y_i)$ 表示各产业的增长率，α_i 和 β_i 分别表示资本和劳动的产出弹性，

$$\alpha_i = f(K_i) K_i / Y_i, \quad \beta_i = f(L_i) L_i / Y_i$$

式（5-1）表示经济总体的增长率等于各生产要素的生产率增长率的加权平均，生产要素包括资本、劳动和全要素生产率。

他们通过这一模型估计出了产业结构变迁对于经济增长的效应,在1990—2002年,他们得出两个趋势:(1)要素投入增长的贡献率和全要素生产率增长的贡献率呈现此消彼长的趋势(虽然资本投入的贡献不是一直上升的);(2)在全要素生产率内部,产业结构变迁效应和净技术进步效应呈现此消彼长的关系。张辉等(2009)又利用同样的模型估算了北京市的结构变迁效应对经济增长的贡献,他们得出结论,1998年之前,产业结构变迁对经济增长的贡献一直比较显著,超过了技术进步对经济增长的贡献;1998年之后,产业结构变迁对经济增长的贡献变得越来越不显著,逐渐让位于技术进步。

由于第二产业和金融业对经济增长的贡献更具代表性,所以利用(5-1)式对其进行计算。分别计算第二产业和金融业中各资本、劳动和技术进步对经济增长的作用后,将这些作用的系数和各产业在总的经济增长中所占的份额相乘,可得出各产业对经济总体的影响程度。通过对第二产业和金融业对经济增长的贡献研究,以期得出金融业对北京市经济增长的越来越重要的影响结论,从而为北京市国际金融中心的发展目标提供实证基础。

二、数据

正如模型设置部分所述,为计算第二产业和金融业对经济增长的贡献率,所需数据包括:(1)其在 GDP 中所占的份额,即 ρ_i;(2)其各自的资本和劳动的产出弹性;(3)各行业资本和劳动的存量及变化。通过北京市统计年鉴可得数据(1),如表 5-3 所示。

表 5-3 北京市第二、第三产业和金融业产值及其在 GDP 中所占的比重

年份	第二产业（亿元）	比重（%）	第三产业（亿元）	比重（%）	金融业（亿元）	比重（%）	GDP（亿元）	金融业占第三产业比重（%）
1999	843.9	38.89	1 238.3	57.07	315.0	14.52	2 169.7	25.44
2000	935.8	38.03	1 434.7	58.31	378.2	15.37	2 460.5	26.36
2001	1 063.7	37.75	1 660.9	58.95	430.2	15.27	2 817.6	25.90
2002	1 114.4	35.60	1 920.1	61.35	484.9	15.49	3 130.0	25.25
2003	1 298.5	35.95	2 218.2	61.41	513.8	14.22	3 612.0	23.16
2004	1 610.4	37.60	2 570.0	60.00	598.6	13.98	4 283.3	23.29
2005	2 100.5	30.82	4 616.3	67.74	792.8	11.63	6 814.5	17.17
2006	2 217.2	28.72	5 405.1	70.01	963.1	12.47	7 720.3	17.82

(续表)

年份	第二产业（亿元）	比重（%）	第三产业（亿元）	比重（%）	金融业（亿元）	比重（%）	GDP（亿元）	金融业占第三产业比重（%）
2007	2 479.3	27.53	6 425.6	71.35	1 126.3	12.51	9 006.2	17.53
2008	2 693.2	25.68	7 682.0	73.25	1 493.6	14.24	10 488.0	19.44
2009	2 743.1	23.12	9 004.5	75.89	1 720.9	14.50	11 865.9	19.11
2010	3 323.1	24.12	10 330.5	74.98	1 838.0	13.34	13 777.9	17.79
2011	3 744.4	23.40	12 119.8	75.75	2 055.0	12.84	16 000.4	16.96
2012	4 058.3	22.80	13 592.4	76.40	2 592.5	14.60	17 801.0	19.07

资料来源：《北京统计年鉴》，其中比重根据整理计算得出。

通过《北京统计年鉴》和北京市投入产出表可获得北京市第二产业和金融业的资本和劳动的边际报酬以及它们的资本和劳动的存量及其变化。资本和劳动的产出弹性可以通过统计回归的方法直接估算，也可通过产出弹性的公式计算得到。为了保持方法和数据的一致性，使用弹性公式直接计算要素产出弹性，通过计算可得数据(2)。

北京市从1985年开始每隔两至三年便公布投入产出表，截至目前已经有11张表（1985年、1987年、1990年、1992年、1995年、1997年、2000年、2002年、2005年、2007年和2010年）。限于数据以及由于本书主要研究对象为金融业，研究将集中于自2000年以来的情况。资本和劳动的总报酬及占产业（行业）总产值比重如表5-4所示。

表5-4 北京市第二产业、金融业产值及资本劳动报酬占比

年份	部门	资本总报酬（万元）	劳动总报酬（万元）	部门产值（万元）	资本总报酬占比（%）	劳动总报酬占比（%）
2000	第二产业	480 3778.35	3 788 797.81	9 358 000	51.33	40.49
	金融业	2 749 888.73	488 164.73	3 782 000	72.71	12.91
2002	第二产业	6 580 863.53	5 830 014.27	11 144 000	59.05	52.32
	金融业	1 507 007.73	751 955.38	4 849 000	31.08	15.51
2005	第二产业	12 054 445.78	8 506 824.60	21 005 000	57.39	40.50
	金融业	3 468 604.60	1 084 446.30	7 928 000	43.75	13.68
2007	第二产业	16 413 225.48	9 198 862.65	24 793 000	66.20	37.10
	金融业	6 907 917.40	1 545 146.86	11 263 000	61.33	13.72
2010	第二产业	20 753 844.22	13 129 864.10	33 231 000	62.45	39.51
	金融业	7 507 800.00	2 557 400.00	18 380 000	40.85	13.91

资料来源：北京市历年投入产出表和统计年鉴，比重由数据整理计算得出。

可以认为,不论是在第二产业还是在金融业,资本报酬占比都显著高于劳动报酬占比,尤其是金融业,资本报酬为劳动报酬的三至六倍,这与我国目前初次分配中劳动报酬占比较低的实际情况比较吻合。

通过《北京统计年鉴》可得数据(3)中劳动的存量及其变化,如表5-5所示。

表5-5　北京市第二产业、金融业劳动量及其变化

年份	产业(行业)	劳动量①(万人)	劳动变化(%)
2000	第二产业	208.2	
	金融业	6.0	
2002	第二产业	235.3	13.02
	金融业	8.2	36.67
2005	第二产业	231.1	-1.78
	金融业	15.8	92.68
2007	第二产业	228.1	-1.30
	金融业	20.8	31.90
2010	第二产业	202.7	-11.14
	金融业	27.2	30.57

资料来源:《北京统计年鉴》,其中劳动变化根据整理计算得出。

通过学者的估算可得数据(3)中分产业和行业的资本存量的数据。薛俊波等(2007)利用永续盘存法估计了中国17个部门的资本存量,均为国家层面的,没有区域或城市层面。徐现祥等(2007)的估算与本书所用的数据口径一致。然而其估算时间区间仅为1978—2002年,缺乏时效性,同时他们并未对具体的行业的资本存量进行估算。因此,本书将在该文估算的基础上对2005年、2007年和2010年的第二产业和金融业资本存量进行估算。

翁宏标等(2012)研究了中国分行业的资本存量的估算方法,在该研究中,他们强调对资本存量的估计关键在于基期资本存量的估计以及投资额的选取和折旧率的确定。本书将使用永续盘存法(戈德史密斯,1951)作为估算资本存量的工具,其估算公式为:

$$K_{it} = I_{it} + (1 - \delta_{it})K_{i,t-1}$$

---

① 此处劳动量以产业(行业)从业人员数来衡量。

其中，K_{it} 表示期末资本存量，I_{it} 表示期内投资量，δ_{it} 为重置率，不过在几何递减模式下折旧率等于重置率。由折旧和资本存量的关系容易得到：

$$K_{it} = \frac{a_{it}}{P_t \cdot \delta_{it}}$$

其中，$a_{it} = K_{it} \cdot \delta_{it}$，即资本折旧额，该数据可由投入产出表获取。本书采用的金融业折旧率数据来源于翁宏标等(2012)的估计，第二产业的折旧率以制造业的折旧率进行替代，如表5-6所示：

表5-6 北京市第二产业和金融业资本折旧率

年份	第二产业	金融业
2000	0.0932	0.4307
2002	0.0783	0.4215
2005	0.0509	0.4123
2007	0.0509	0.4123
2010	0.0646	0.4169[①]

资料来源：翁宏标等(2012)，2010年数据为计算整理得出。

在折旧率基础上，为估算资本存量，可通过投入产出表获得固定资产折旧额数据，如表5-7所示。

表5-7 北京市第二产业和金融业固定资产折旧额　　单位：万元

年份	第二产业	金融业
2000	1 306 337	105 065
2002	1 548 636	136 674.4
2005	3 647 379	463 357
2007	2 783 372	253 099.5
2010	5 132 772	793 400

资料来源：北京市投入产出表。

至此可应用公式计算资本存量获得数据(3)，结果如表5-8所示。

---

① 2010年的折旧率数据无法获取，取2000—2007年的均值。

表 5-8 北京市第二产业、金融业资本量及其变化

年份	部门	资本量*(万元)	资本量变化(%)
2000	第二产业	14 016 496.0	
	金融业	243 940.2	
2002	第二产业	19 778 238.0	41.11
	金融业	324 257.1	32.92
2005	第二产业	71 657 748.0	262.31
	金融业	1 123 835.0	246.59
2007	第二产业	54 683 147.0	-23.69
	金融业	613 872.2	-45.38
2010	第二产业	79 454 674.0	45.30
	金融业	1 903 094.0	210.01

注:此处劳动量以产业(行业)从业人员数来衡量。
资料来源:北京市投入产出表,变化率根据数据整理计算得出。

三、对经济增长贡献的测算

对经济增长的贡献测算所需数据如表 5-9、5-10 所示。

表 5-9 计算北京市第二产业、金融业对经济增长贡献所需数据 1

年份	GDP(亿元)	GDP 增长率(%)	第二产业比重(%)	金融业比重(%)	第二产业资本总报酬占比(%)	第二产业劳动总报酬占比(%)
2000	2 460.5		38.03	15.37	51.33	40.49
2002	3 130.0	27.21	35.60	15.49	59.05	52.32
2005	6 814.5	117.72	30.82	11.63	57.39	40.50
2007	9 006.2	32.16	27.53	12.51	66.20	37.10
2010	13 777.9	52.98	24.12	13.34	62.45	39.51

注:资料来自第二部分,根据数据整合得出。

表 5-10 计算北京市第二产业、金融业对经济增长贡献所需数据 2 单位:%

年份	金融业资本总报酬占比	金融业劳动总报酬占比	第二产业资本变化	第二产业劳动变化	金融业资本变化	金融业劳动变化
2000	72.71	12.91	—			
2002	31.08	15.51	41.11	13.02	32.92	36.67
2005	43.75	13.68	262.31	-1.78	246.59	92.68
2007	61.33	13.72	-23.69	-1.30	-45.38	31.90
2010	40.85	13.91	45.30	-11.14	210.01	30.57

注:资料来自第二部分,根据数据整合得出。

利用上表数据以及公式(1),可计算出第二产业和金融业在 2000 年、2002 年、2005 年、2007 年以及 2010 年对经济增长的贡献率,如表 5-11 所示。

表 5-11　北京市第二产业、金融业对经济增长贡献　　单位:%

年份	第二产业对经济的贡献	金融业对经济的贡献	第二产业贡献对 GDP 增长贡献比	金融业对 GDP 增长贡献比
2000	—		—	
2002	11.07	2.47	40.67	9.06
2005	46.17	14.02	39.23	11.91
2007	-4.45	-2.93	-13.84	-9.12
2010	5.76	12.01	10.88	22.67

注:数据经计算得出。

其中第二列和第三列是该产业(行业)对经济增长的贡献,可知第二产业作为一个整体性的产业,毫无疑问要大于作为第三产业一部分的金融业。然而这一趋势在 2007 年之后得以转变,2010 年金融业对经济增长的贡献超越了第二产业。第四和第五列这两列是指第二和第三列的数据与 GDP 增长率的比值,表明对经济的贡献在总贡献中的比重。除 2007 年比较特殊的情况外,金融业在经济增长的贡献中所占的比重呈快速上升的趋势,到 2010 年其对经济增长的贡献比重达到 22.67%。第二产业对经济增长的贡献比下降至 10.88%。这些变化说明 2010 年前后,北京的去工业化进程已经取得了重大进展,北京产业结构升级表现为支柱产业从"大工业"向金融保险业、房地产业、社会服务业等产业的转变。实际上,从 2011 年以来,北京市金融业产值占总产值的比重一直保持在 15% 左右,是北京名副其实的第一支柱产业。近年来,随着《北京市"十二五"时期金融业发展规划》的顺利推行,北京市的金融业保持着高速发展的势头,从就业人数比、金融业结构等方面看,北京市金融业发展还有巨大的挖掘潜力。北京市金融业要想在未来实现持续健康发展,一方面要发挥政策优势与区位优势,推进金融产品创新,丰富金融产品,提高服务水平;另一方面还要提升金融运行效率,使金融业发展能更好地对其他行业特别是实体经济的发展提供支持,发挥主导产业的带动作用。

结合本章与第三、第四章的研究可知,北京市的产业结构高度和经济总量水平与全国其他地区相比有明显的优势,北京市产业结构高度已经达到建设国家金融中心的标准,金融业集聚效应早已在北京产生;同时,北京市产业结构的优化和经济稳定发展也离不开金融业的健康运行和发展。

总之,北京市的金融业在经济中的地位越来越重要,并逐渐成为北京市的经济支柱。这说明北京市金融中心的发展战略是基于对经济发展理论特别是产业结构优化升级的经济规律的深刻认识而提出的,北京市在将来的经济建设中应当继续把建设金融中心作为经济发展的重要目标。

第六章　北京市金融发展对经济发展影响的实证分析

本章第一节分析了存款比和贷款比指标对北京市三次产业的影响，主要研究北京市存贷款发展指标分别对三次产业增加值在长期上的影响程度；第二节则使用度量金融发展水平的指标与北京市二、三产业增加值建立向量自回归模型和协整分析、方差分析等方法对金融业发展与第二、三产业发展的贡献进行更加系统的研究，分析金融发展水平对北京市二、三产业的短期综合影响。

第一节　金融机构存贷款指标与经济发展实证分析

一、指标选取和模型的建立

本节试图建立一个以北京市金融发展指标为自变量，北京市国内生产总值为因变量的回归模型。模型采用以下金融发展指标：以北京金融机构贷款余额占 GDP 的比重来反映金融机构将储蓄转化为投资的能力；以北京金融机构存款余额占 GDP 的比重来反映金融体系在提高储蓄方面的作用。

依据已有文献，就地区层面的金融资产而言，如果不计流通中现金的影响，全部金融机构存贷款相关指标对金融发展水平的代表性在 95% 以上，国有银行存贷款相对指标对金融发展水平的代表性在 75% 以上（周立，2004）。所以，本节选取的存贷款指标是在现实中能够找到的较完全的统计指标，同时在理论上也具有很强的代表性。

将金融机构贷款余额占 GDP 的比重与金融机构存款余额占 GDP 的比重作为自变量对国内生产总值进行回归，可以建立模型如下：

$$\ln Y_{it} = \beta_{i0} + \beta_{i1}\ln F_t^1 + \beta_{i2}\ln F_t^2 + \varepsilon_i$$

其中，Y_t 表示第 t 年中第 i 产业的产值，F_t^1 表示第 t 年金融机构贷款余额占 GDP 的比重，F_t^2 表示第 t 年金融机构存款余额占 GDP 的比重，ε_i 为残差项。

本节选取北京市 1993—2012 年的金融机构存贷款余额及国内生产总值作为样本，如表 6-1 所示，所有数据均来自北京市各年的国民经济和社会发展报告。

表 6-1　模型数据　　　　　　　　　　　　　单位：亿元

年份	金融机构贷款余额	金融机构存款余额	国内生产总值	第一产业产值	第二产业产值	第三产业产值
1993	905.3	1 632.1	894.3	53.7	419.6	412.9
1994	1 070.3	2 311.1	1 015.0	67.5	517.6	560.2
1995	1 711.8	3 452.7	1 473.0	73.5	645.8	788.4
1996	2 082.8	4 378.9	1 607.0	75.0	714.7	999.5
1997	2 720.7	5 228.0	1 807.5	77.2	781.8	1 218.1
1998	3 326.6	6 666.8	2 009.9	77.9	840.6	1 458.7
1999	4 007.8	8 267.2	2 169.7	78.4	907.3	1 693.1
2000	5 944.6	9 705.0	2 460.5	79.3	1 033.3	2 049.1
2001	7 202.9	12 223.4	2 817.6	80.8	1 142.4	2 484.8
2002	9 230.8	15 392.7	3 124.5	82.4	1 250.0	2 982.6
2003	11 164.6	17 996.0	3 557.3	81.0	1 487.2	3 435.9
2004	13 449.8	23 609.3	4 161.0	87.4	1 853.6	4 092.2
2005	15 215.1	28 772.5	6 765.6	88.7	2 026.5	4 854.3
2006	14 738.6	30 085.9	7 737.4	88.8	2 191.4	5 837.6
2007	17 018.8	34 028.9	9 207.6	101.3	2 509.4	7 236.1
2008	19 154.5	40 209.7	10 325.1	112.8	2 626.4	8 375.8
2009	24 213.3	52 341.4	11 972.0	118.3	2 855.6	9 179.2
2010	16 617.6	61 575.6	13 904.4	124.4	3 388.4	10 601.0
2011	31 638.5	69 388.6	16 014.1	136.3	3 752.5	12 363.0
2012	43 189.5	84 837.3	17 801.0	150.3	4 058.3	13 592.0

资料来源：CEIC 数据库。

数据的描述性统计如表 6-2 所示。

表 6-2 描述性统计

变量	观察数	均值	标准差	最小值	最大值
year	20	2 002.5	5.91608	1 993	2 012
loan	20	12 230.19	11 154.89	905.3	43 189.5
deposit	20	25 605.15	24 580.33	1 632.1	84 837.3
gdp	20	6 041.222	5 377.385	894.3	17 801
first	20	91.8995	24.49538	53.7	150.3
second	20	1 750.114	1 126.905	419.56	4 058.3
third	20	4 710.725	4 148.348	412.9	13 592
ft1	20	1.965344	0.672152	1.0123	3.232348
ft2	20	3.83815	1.009733	1.825003	5.673949
lnfirst	20	4.489595	0.251895	3.983413	5.012633

二、回归结果及分析

利用前文中的模型和数据进行计量分析,得到结果如表 6-3 所示。

表 6-3 回归结果

	lnfirst	lnsecond	lnthird
lnft1	-0.670 (2.84)*	-1.498 (2.98)**	-2.110 (2.85)*
lnft2	1.245 (4.54)**	3.305 (5.66)**	5.008 (5.86)**
_cons	3.277 (15.83)**	3.862 (8.38)**	2.763 (4.09)**
R^2	0.64	0.72	0.75
N	20	20	20

注:* $p<0.05$,** $p<0.01$。

即:

$$\ln Y_{1,t} = 3.277 - 0.670 \ln F_t^1 + 1.245 \ln F_t^2$$

$$\ln Y_{2,t} = 3.862 - 1.498 \ln F_t^1 + 3.305 \ln F_t^2$$

$$\ln Y_{3,t} = 2.768 - 2.110 \ln F_t^1 + 5.008 \ln F_t^2$$

且各系数在 5% 显著水平下均为显著。

从回归结果可知,在 1993—2012 年,金融机构贷款余额占 GDP 的比重同三次产业的产值有显著负相关关系,这一结果与大多数学者对中国金融发展与经济增长的实证研究结论相符。之所以出现负相关,是因为在这一时期货币当局大量地运用货币政策工具调控经济运行,以熨平经济波动。即当经济过热时,货币当局紧缩货币供给和银行信贷,而当经济衰退时,货币当局增加货币供给和银行信贷,从而出现了金融机构贷款余额占 GDP 的比重同三次产业产值负相关的结果。而这一阶段金融机构存款余额占 GDP 的比重则与产业结构的变动正相关。金融机构存款余额占 GDP 的比重每增加一个百分点,第一产业的产值增加 1.245 个百分点,第二产业的产值增加 3.305 个百分点,第三产业的产值增加 5.008 个百分点。所以,在 1993—2012 年,金融体系提高储蓄能力对第三产业产值的贡献度大于第二产业,而对第二产业的贡献度又大于第一产业。

综上所述,北京市的金融发展会推动第三产业和第二产业在国内生产总值中的比重增加,而第一产业在国内生产总值中的比重下降,同时,第三产业比重的增速又高于第二产业,也即北京市的金融发展不仅推动了北京市的经济增长,而且促进了区域内产业结构的升级。

第二节 基于向量自回归模型和协整的实证分析

前文对北京市 1993 年以来金融业发展对三次产业的影响做出了简单的实证分析,指出了两个金融业指标对三次产业贡献的可能的影响。本节将使用 VAR 模型和协整分析等方法对金融业发展与第二、第三产业发展的贡献进行更加系统的研究。与前文相比,使用这些新的方法考虑了不同变量间的综合影响,并且不需要考虑截面数据回归中的多重共线性问题。

一、文献综述

关于金融业发展与产业结构升级和经济增长的关系,国内外都有许多学者进行了研究。其中,国外学者的研究重点大都放在金融业发展与经济增长这一层面上。

第六章 北京市金融发展对经济发展影响的实证分析

Bagehot(1873)和 Schumpeter(1912)强调银行系统在经济增长中的重要性,也指出了银行可以通过识别和投资于最有效率的项目来刺激创新活动以及未来的经济增长。Lucas(1988)则认为经济学家们过分地强调了金融系统的作用。Robinson(1952)认为银行对经济增长的响应是消极的。King 和 Levine(1993)认为金融中介的发展水平可以作为长期经济增长率、生产效率提升以及资本积聚的指示标。

另外一些学者则从实证的方面对这一问题进行了分析论证。Fritz(1984)以菲律宾为例,对该国 1969—1981 年的技术数据进行因果关系测试,发现在经济发展的初期,金融深化导致经济增长,而在经济发展的后期阶段,随着实体经济对金融服务需求的增长,经济增长导致金融发展。Odedokun(1996)研究了 71 个发展中国家在不同时间段中的情况。研究结果有力地支持了"金融导致经济增长"的理论。运用时间序列回归,他得出首先在大约 85% 的样本国家中,金融中介促进了经济增长;其次金融中介对经济增长所发挥的作用与其他因素诸如出口扩展、资本形成率同等重要,比劳动力增长因素更为重要;第三金融中介对经济增长的促进效应主要是存在于低收入的发展中国家。Rousseau 和 Wachtel(1998)运用了 5 个工业化国家的历史资料进行研究。结果表明在 1870—1929 年,美国、加拿大、挪威和瑞典都经历了一场由金融因素推动的工业化进程。运用计量模型,发现金融中介变量对实体部门活动的引导作用,并且没有明显的实体部门对金融中介的反馈效应。

关于此问题,国内学者也进行了许多研究。其中,一些学者利用 VAR 模型和协整分析的方法,对金融业发展与经济增长、产业结构变化的关系进行了实证分析。

李广众(2002)选取多个金融中介发展指标,利用我国 1952—1999 年的相关数据,对多个 VAR 系统进行研究,认为经济增长与金融中介规模指标之间不存在任何因果关系,而与金融中介效率指标之间存在双向因果关系;金融中介效率的提高与国有、非国有工业的增长之间存在双向因果关系。

王志强(2003)采用带有控制变量的向量误差修正模型和格兰杰因果检验方法,从中国金融总体发展的规模扩张、结构调整和效率变化三个方面,对中国金融发展与经济增长之间的相关关系和因果关系进行检验,得出 90 年代以来中国金融发展与经济增长之间存在显著的双向因果关系的结论。

林毅夫(2003)从金融结构在经济增长中所起作用的角度,通过对全球制造业1980—1992年数据的经验分析研究了金融结构和产业规模结构的匹配状况,其研究结果表明,只有当金融结构和制造业的规模结构相匹配,才能有效地满足企业的融资需求,从而促进制造业的增长。

周好文(2004)利用我国多个省份的时间序列数据,运用多变量VAR系统,对中国地区间金融中介发展与经济增长的相关关系及因果关系进行研究,表明金融中介的规模指标和效率指标与经济增长在各地区间的因果关系不一致,这与地区间经济发展水平的差异有直接关系。

姚耀军(2005)使用VAR模型及协整分析,利用格兰杰因果检验法,对中国1978—2002年金融发展、城市化与城乡收入差距的关系作出实证研究,认为金融发展规模与城乡收入差距正相关且两者具有双向的格兰杰因果关系;金融发展效率与城乡收入差距负相关,且两者也具有双向的格兰杰因果关系。

温涛(2005)在对中国金融发展与农民收入增长进行制度和结构分析的基础上,运用1952—2003年的实际数据,对中国整体金融发展、农村金融发展与农民收入增长的关系进行了实证研究,得到了中国金融发展对农民收入增长具有显著的负效应的结论。

二、模型选取——VAR模型简介

向量自回归模型是基于数据的统计性质建立模型,模型中的每一个内生变量都作为系统中所有内生变量的滞后值的函数,从而将单变量自回归模型推广到由多元时间序列变量组成的向量自回归模型。向量自回归模型对相互联系的时间序列系统是有效的预测模型,同时可以通过脉冲响应分析随机扰动项对变量系统的动态冲击,从而解释各种经济冲击对经济变量形成的影响。使用VAR模型研究多个变量间的动态关系时,一个含有k个内生变量时间序列的P阶的VAR模型有如下形式:

$$Y_t = \mu_t + \Phi_1 Y_{t-1} + \Phi_2 Y_{t-2} + \cdots + \Phi_p Y_{t-p} + \varepsilon_t \tag{6-1}$$

其中,Y_t为内生变量的k维列向量,μ_t为趋势项,$\varepsilon_t \sim iid(0,\Omega)$是$k$阶随机误差列向量,$\Phi_1,\cdots,\Phi_p$为待估参数矩阵。

在VAR内,一般要求误差向量内的误差序列不存在自相关,与内生变量$Y_t,\cdots,Y_{t-p}$也不相关,方程的最佳估计为OLS估计。构造一个VAR模型首先要保证模型的稳定性,不稳定的模型将无法对时间序列进行有效的预测。稳定VAR模型特征方程的根的倒数均要求小于1。

本节试图从长期均衡关系和短期动态关系两个方面,研究北京金融行业规模和效率与北京市第二、第三产业的相关性,因此引入向量自回归模型(VAR)解决这两个方面的问题。

三、样本数据的选取和处理

(一)产业结构相关指标:第二产业与第三产业增加值

由于北京市产业高度初始值较高,第一产业增加值占 GDP 比重从 1970 年开始一直占有较低的比例(10% 以下),并不断降低。虽然第一产业增加值占 GDP 比重的降低在一定程度上表现了北京市产业结构变化,但本章重点研究体现在第二产业与第三产业增加值的变化上的产业结构演进,选用第二产业与第三产业增加值的对数进行研究。

$$\ln Y_{2,t} = \log(Y_{2,t})$$
$$\ln Y_{3,t} = \log(Y_{3,t})$$

由图 6-1 和图 6-2 可知,两个指标均存在明显的上升趋势,且在 1970 年左右均有小幅波动。

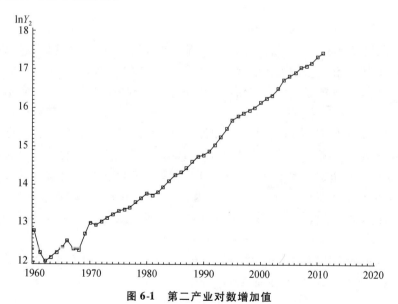

图 6-1　第二产业对数增加值

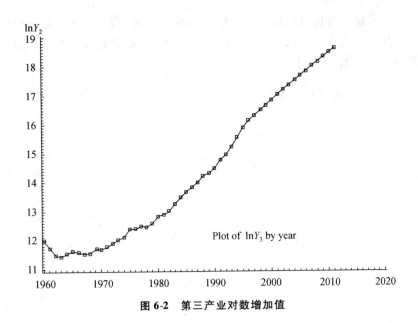

图 6-2　第三产业对数增加值

（二）金融发展规模指标：金融相关比率

关于金融发展水平的衡量 Goldsmith(1969)提出了金融相关比率指标,其定义是全部金融资产价值与全部实物资产,即国民财富价值之比,通常将其简化为金融资产总量与 GDP 之比。Goldsmith 认为,金融相关比率的变动反映的是金融上层结构与经济基础结构之间在规模上的变化关系,可以视为金融发展的一个基本特点。一般来讲,金融通过其对资金聚集与资金的使用来影响实体经济,而这种影响的主要渠道是通过银行系统(金融中介)和证券市场来进行的。2009 年我国境内外股票筹资额与固定资产投资额比率不足 2%,这说明,我国现阶段金融主要通过以银行为主的信贷体系来影响实体经济。因此,此处参考周立(2004)的处理方法,使用金融机构存贷款总额与 GDP 的比值反映金融发展规模。

$$fdev_t = (dep_t + loan_t)/GDP_t$$

1960—2012 年的 fdev 序列如图 6-3 所示。可见序列在 1970 年附近有较大的波动,整体上存在增大的趋势。

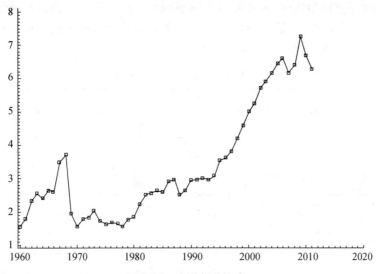

图 6-3 金融相关比率

考虑到数据的可得性,本节选取 1960—2012 年北京地区的国民生产总值(GDP),第一、二、三产业增加值(Y_2、Y_3),金融机构年末贷款余额(Loan),金融机构年末存款余额(Deposit),通过对数据的加工得到变量时间序列 $\ln Y_2$、$\ln Y_3$ 和 fdev。数据来自《北京金融年鉴》和《北京统计年鉴》。在对指标研究时用到指标的一阶差分变量,分别以 d_$\ln Y_2$、d_$\ln Y_3$ 和 d_fdev 表示。

数据的描述性统计结果如表 6-4 所示。

表 6-4 数据的描述性统计

变量	观察数	均值	标准差	最大值	最小值
year	52	1 985.5	15.15476	1 960	2 011
dep	52	87 818 969	160 010 299	369 716	561
loan	52	45 636 164	80 069 664.84	144 523	183
fdev	52	3.387116	1.693404	1.548749	7.242062
$\ln y_2$	52	14.51192	1.666746	12.00151	17.44051
$\ln y_3$	52	14.29102	2.411736	11.44785	18.63282
d_$\ln y_2$	52	0.093724	0.142552	-0.59521	0.417592
d_$\ln y_3$	52	0.130966	0.12269	-0.28222	0.34149
d_fdev	52	0.083628	0.392564	-1.74847	0.85459

在建立模型之前，首先要对时间序列的平稳性进行检验。此处使用增广 Dicky-Fuller 方法检验各变量的平稳性，使用 SAS 9.3 进行单位根项系数等于 1 的 t 检验，如表 6-5 所示。

表 6-5　各变量平稳性检验结果

变量	ADF 检验		平稳性
	t 统计量	P 值	
lny_2	0.36	0.9792	I(1)
d_lny_2	−8.55	0.0001	I(0)
lny_3	0.36	0.9792	I(1)
d_lny_3	−8.55	0.0001	I(0)
fdev	−1.75	0.7151	I(1)
d_fdev	−6.66	<0.0001	I(0)

原指标显然是非平稳序列，各指标的一阶差分都在 1% 水平上拒绝了存在单位根的假设，可见选取的指标都是同阶（一阶）单整的，可以建立 VAR 模型。

四、模型最优滞后期的确定和平稳性检验

多元 VAR 模型的关键是选择系统内解释变量滞后期的长度，而且协整分析的结果对滞后期长度的选择也很敏感。不当的滞后阶很可能导致虚协整，如果滞后期太小，误差项的自相关会很严重，并导致参数的非一致性估计。但是滞后期又不能过大，值过大会导致自由度减小，直接影响模型参数估计量的有效性。为了选择最为合适的滞后期 k 值，使用多个信息准则进行判定，如表 6-6 所示。

表 6-6　最优滞后阶数的确定

滞后阶数	信息准则			
	AIC	AICC	SBC	HQC
AR 0	−11.0988	−11.0865	−10.7986	−10.9837
AR 1	−17.6899	−17.5644	−16.7808	−17.3425
AR 2	−18.7858	−18.3858	−17.2561	−18.2033
AR 3	−18.4473	−17.5330	−16.2852	−17.6270
AR 4	−18.1000	−16.3000	−15.2932	−17.0393

所有的信息准则都在 AR(2)时取得最小值，这表明应该使用的滞后期为 $k=2$。

在确定了模型 VAR(2)后，对模型的稳定性做出检验。对于 $k>1$ 的 k 阶模型可以通过矩阵变换，改写成 1 阶分块矩阵的 VAR 模型形式，然后利用其特征方程的根判别稳定性。如果被估计的 VAR 模型的特征方程所有的根的倒数小于 1，即位于单位圆内，则是稳定的。如果模型不稳定，某些结果将不是有效的，比如脉冲响应函数的标准误差。使用 SAS 得到的该 VAR(2)的 AR 特征多项式的根如表 6-7 所示。

表 6-7 模型自回归多项式的特征根

Index	Real	Imaginary	Modulus	Radian	Degree
1	0.86292	0.10636	0.8694	0.1226	7.0268
2	0.86292	-0.10636	0.8694	-0.1226	-7.0268
3	0.32743	0.42668	0.5378	0.9163	52.4977
4	0.32743	-0.42668	0.5378	-0.9163	-52.4977
5	0.07638	0.21914	0.2321	1.2354	70.7848
6	0.07638	-0.21914	0.2321	-1.2354	-70.7848

五、协整检验、向量误差修正模型和弱外生性检验

协整检验的模型的滞后期应该是非限定 VAR 模型一阶差分变量的滞后期，则本协整检验的最优滞后期为 1。通过对各个变量的观察，原 VAR 模型很可能是存在时间趋势的，可使用 Johansen 协整检验以及 Johansen 和 Juselius(1990)中的方法来判定模型中协整关系的个数及协整检验方程 VECM(2)的形式。

对于(6-1)式的 VAR(p)过程 Y_t 的误差—修正模型具有如下形式：

$$\Delta Y_t = \mu_t + \Pi Y_{t-1} + \Phi_1^* \Delta Y_{t-1} + \cdots + \Phi_{p-1}^* \Delta Y_{t-p+1} + \varepsilon_t$$

$$\Phi_j^* = -\sum_{i=j+1}^{p} \Phi_i, j = 1, \cdots, p-1$$

其中，ΠY_{t-1} 为误差修正项，$\Pi = \alpha \beta' = \Phi_p + \Phi_{p-1} + \cdots + \Phi_1 - I$，$\beta$ 为协整系数向量。Johansen 协整检验即对矩阵 Π 的秩进行检验，其假设 H_0：Rank(Π) = m 对 H_α：Rank(Π) > m，同时 m 也是协整向量的个数。根据对原模型和误差—修正模型漂移项 μ_t 形式的假设，Johansen 协整检验又可分为五种情况。考虑原序列存在比较明显的趋势，可考虑使用

Case 3：原模型的漂移项有关于时间 t 的线性关系，VECM 模型中漂移项为常数；或使用 Case 4：原模型和 VECM 中漂移项均有关于时间 t 的线性关系。通过联合检验可确定使用 Case 3 的假设进行 Johansen 协整检验。此时有：$\mu_t = \mu_0 \neq 0$，误差—修正模型的形式变为：

$$\Delta Y_t = \mu_0 + \alpha \beta' Y_t + \Phi_1^* \Delta Y_{t-1} + \cdots + \Phi_{p-1}^* \Delta Y_{t-p+1} + \varepsilon_t$$

使用迹检验和最大特征值检验的结果分别如表 6-8、表 6-9 所示。

表 6-8 使用迹检验 Johansen 协整检验结果

Cointegration Rank Test Using Trace					
H0：Rank = r	H1：Rank > r	Eigenvalue	Trace	5% Critical Value	Drift in ECM	Drift in Process
0	0	0.4141	42.3721	29.38	Constant	Linear
1	1	0.2662	15.6387	15.34		
2	2	0.0033	0.1659	3.84		

表 6-9 使用最大特征值的 Johansen 协整检验结果

Cointegration Rank Test Using Maximum Eigenvalue				
H0：Rank = r	H1：Rank = r + 1	Eigenvalue	Maximum	5% Critical Value
0	1	0.4141	26.7335	20.97
1	2	0.2662	15.4728	14.07
2	3	0.0033	0.1659	3.76

可见，在 95% 置信水平下，第二产业增加值、第三产业增加值、金融产业发展指标和金融产业效率指标三个变量之间有两个协整关系。通过对式 $\Pi = \alpha\beta$ 的不同分解，可得到三个变量间标准化协整方程的系数，如表 6-10 所示。

表 6-10 各变量间标准化协整方程

被解释变量	解释变量		
	lny_2	lny_3	fdev
lny_2	0	3.8386 [8.2615]	2.1549 [2.2016]

（续表）

被解释变量	解释变量		
	lny_2	lny_3	fdev
lny_3	0.2605	0	-0.5613
	[2.7408]		[-0.8613]
fdev	0.4641	-1.7817	0
	[3.7989]	[-4.4797]	
c	9.2124	35.3626	-19.848

表 6-10 中方括号内的 t 统计值大部分十分显著,说明长期均衡方程系数的有效性。从以 lny_2 为解释变量的协整方程来看,第三产业的增加值和金融发展指标都对第二产业增加值有正向影响;从长期来看,第三产业增加值每增加 1%,第二产业增加值增加 0.26%,金融发展指标每单位增长 1,第二产业增加值增长 0.46%。从以 lny_3 为解释变量的协整方程,金融发展水平指标的系数为负,同时对比以 fdev 为解释变量的方程,lny_3 的系数为负且不显著,说明金融发展水平可能对第三产业的发展并无长期的正向影响,北京市的金融发展主要对第二产业产生明显的正向影响。

协整关系只能说明各个变量之间的长期关系与趋势,要分析变量间的短期动态关系,可引入误差修正模型研究变量的短期波动。只要变量间存在协整关系,就可由自回归分布滞后模型导出误差修正模型。可以将 VECM 模型看做含有协整约束的 VAR 模型,其滞后阶数为 $p-1$,截距项和趋势项的假设与协整检验一致,经单位根检验 VECM 的特征方程所有的根的倒数都小于 1,模型稳定。VECM 的估计结果如表 6-11 所示。

表 6-11 VECM 的估计结果

Error Correction	$D(lny_2)$	$D(lny_3)$	$D(fdev)$
CointEq1	-0.079527	0.062579	0.385705
	(0.02967)	(0.02545)	(0.12103)
	[-2.68058]	[2.45881]	[3.18683]
$D(lny_2(-1))$	0.132441	0.312175	0.027995
	(0.14039)	(0.12043)	(0.57272)
	[0.94340]	[2.59209]	[0.04888]
$D(lny_3(-1))$	0.511706	0.152986	-1.320009
	(0.16986)	(0.14572)	(0.69295)
	[3.01253]	[1.04989]	[-1.90491]

(续表)

Error Correction	D(lny$_2$)	D(lny$_3$)	D(fdev)
D(fdev(-1))	0.007358	0.114460	0.125988
	(0.04068)	(0.03490)	(0.16595)
	[0.18089]	[3.27999]	[0.75920]
C	0.025349	0.078441	0.244286
	(0.02308)	(0.01980)	(0.09414)
	[1.09851]	[3.96247]	[2.59494]

注:( )中为估计的标准差,[ ]中为 t 统计量。

分别从以三个变量的差分变量作为解释变量的 VECM 方程看,$\Delta(\text{lny}_2)$ 的误差—修正项系数为负,说明符合反向修正机制,滞后1期的非均衡误差以 0.08% 的速度从非均衡状态向均衡状态调整;$\Delta(\text{lny}_3)$ 符合正向修正机制,滞后1期的非均衡误差以 0.06% 的速度调整;Δfdev 的系数为 0.3857,系数符合正向修正机制,考虑到 fdev 系数的值在 2—6 波动,fdev 的调整速度相对较快。在短期内,第三产业增加值对第二产业的促进作用比较显著(t 值为 3.0125),$\Delta(\text{lny}_2)$ 的其余滞后项系数均不显著,即金融发展水平的时滞效应并不显著;对比结果的第二列与第三列,金融发展水平指标对第三产业增加值的促进作用比较显著,而第三产业的发展反过来并没有促进金融发展水平指标。可见,与长期的均衡关系不同,fdev 比率能在短期促进第三产业增加值的增长,这是因为在短期存款和贷款的增加能提高金融行业的收入从而对第三产业产值有正向作用;而从长期来看,金融发展水平则主要促进北京的第二产业的发展。

检验时间序列变量之间关系的另一种方法是进行格兰杰因果检验。由于格兰杰因果检验要求变量必须是平稳序列,一般会使用经济变量的差分进行因果检验。分别对三个变量进行一阶滞后的格兰杰因果检验,H_0:Group 1 仅受自身影响而不受 Group 2 影响,H_1:Group 1 受 Group 2 影响,结果如表 6-12 所示。

表 6-12　格兰杰因果检验结果

格兰杰原因(Group 2)	格兰杰结果(Group 1)		
	d_lny$_2$	d_lny$_3$	d_fdev
d_lny$_2$		0.00	0.00
		[0.9875]	[0.9656]

（续表）

格兰杰原因(Group 2)	格兰杰结果(Group 1)		
	d_lny$_2$	d_lny$_3$	d_fdev
d_lny$_3$	2.28 [0.1307]		0.01 [0.9173]
d_fdev	0.98 [0.3230]	4.94 [0.0292]	

注：各变量的格兰杰因果检验，表中显示为 χ^2 检验值，[ ]内为对应的 P 值。

可见，在一期滞后条件下，d_lny$_3$ 对 d_fdev 的检验可以在 5% 的显著性水平下拒绝原假设，认为 d_fdev 在一期滞后条件下影响了 d_lny$_3$、d_lny$_2$ 对 d_lny$_3$ 的检验可以在 15% 显著性水平下拒绝原假设，认为d_lny$_3$ 在一期滞后条件下影响了 d_lny$_2$，其余 lny$_3$ 检验均不能拒绝原假设。所以，使用差分序列进行滞后为一阶的格兰杰因果检验可以得到三个差分序列两两之间不存在互为格兰杰原因的结论。但是由于差分后的序列会失去原序列的信息，两两的格兰杰因果检验可能不能正确检验变量间的真实短期关系。此时引入误差一修正项，使用 VECM 进行因果检验，消除偏差（Feldstein 和 Stock，1994）。使用 VECM 的检验即变量的弱外生性检验，需要输出 VECM 模型中每一个内生变量的滞后项的联合显著的 χ^2 （Wald）统计量。某个变量的弱外生性检验 H_0：该变量是其他变量的弱外生变量。同样，使用滞后一阶的 VECM 模型对每个变量进行弱外生性检验结果如表 6-13 所示。

表 6-13　VECM 模型中变量的弱外生性检验

Variable	Testing Weak Exogeneity of Each Variables		
	DF	Chi-Square	Pr > ChiSq
lny$_2$	2	7.64	0.0219
lny$_3$	2	7.29	0.0262
fdev	2	15.36	0.0005

对于三个变量的检验均在 5% 显著性水平上拒绝原假设，三个变量均不是弱外生变量，即在 VECM 中，产业增加值的变化均为其他变量共同作用的结果。这显示金融产业的发展水平与产业增加值之间关系的复杂性。

六、VAR 的估计、脉冲响应函数和方差分析

VECM 模型能在一定程度上解释变量之间的短期关系，但是 VECM 模型结果结构复杂，且由于估计结果中很多变量不显著，三个方程较小（分别为 0.3014、0.5391、0.1937），可能无法很好地解释变量之间的短期影响。此时可考虑使用另外一种工具——脉冲响应函数来分析变量间短期动态影响。VAR 模型是一种非理论性的模型，它无须对变量做任何先验性约束。因此在分析 VAR 模型时往往不分析一个变量的变化对另一个变量的影响如何，而是分析一个误差项发生变化，或者说模型受到某种冲击时对系统的动态影响。这种分析方法称为脉冲响应函数方法（Impulse Response Function，IRF）。

对 VAR(2) 模型的估计结果如表 6-14 所示。

表 6-14　VAR(2) 模型的估计结果

Equation	Parameter	Estimate	Standard Error	t Value	$Pr > \|t\|$	Variable
lny_2	CONST1	0.88755	0.40498	2.19	0.0339	1
	AR1_1_1	1.03301	0.15079	6.85	0.0001	$ly_2(t-1)$
	AR1_1_2	0.54682	0.18802	2.91	0.0057	$ly_3(t-1)$
	AR1_1_3	0.03564	0.04579	0.78	0.4407	$fdev(t-1)$
	AR2_1_1	−0.15395	0.15459	−1	0.3249	$ly_2(t-2)$
	AR2_1_2	−0.49145	0.17706	−2.78	0.0081	$ly_3(t-2)$
	AR2_1_3	−0.00544	0.04383	−0.12	0.9018	$fdev(t-2)$
lny_3	CONST2	−0.75378	0.34481	−2.19	0.0343	1
	AR1_2_1	0.39669	0.12839	3.09	0.0035	$ly_2(t-1)$
	AR1_2_2	1.08575	0.16009	6.78	0.0001	$ly_3(t-1)$
	AR1_2_3	0.09525	0.03899	2.44	0.0188	$fdev(t-1)$
	AR2_2_1	−0.26228	0.13162	−1.99	0.0527	$ly_2(t-2)$
	AR2_2_2	−0.16099	0.15075	−1.07	0.2915	$ly_3(t-2)$
	AR2_2_3	−0.10666	0.03732	−2.86	0.0065	$fdev(t-2)$
fdev	CONST3	−0.70787	1.57232	−0.45	0.6548	1
	AR1_3_1	0.15354	0.58543	0.26	0.7944	$ly_2(t-1)$
	AR1_3_2	−0.95046	0.73	−1.3	0.1998	$ly_3(t-1)$

(续表)

Equation	Parameter	Estimate	Standard Error	t Value	Pr > |t|	Variable
	AR1_3_3	0.83155	0.17779	4.68	0.0001	fdev($t-1$)
	AR2_3_1	-0.51958	0.60019	-0.87	0.3915	ly$_2$($t-2$)
	AR2_3_2	1.46971	0.68742	2.14	0.0382	ly$_3$($t-2$)
	AR2_3_3	-0.18057	0.17017	-1.06	0.2946	fdev($t-2$)

表中所估计的变量众多,需使用多个编号表示,估计结果写成多项式形式即:

$$Y_t = \begin{bmatrix} 1.0330 & 0.3967 & 0.1535 \\ 0.5468 & 1.0858 & -0.9505 \\ -0.0356 & 0.0953 & 0.8316 \end{bmatrix} Y_{t-1}$$

$$+ \begin{bmatrix} -0.1540 & -0.2623 & -0.5196 \\ -0.4915 & -0.1610 & 1.4697 \\ -0.0054 & -0.1067 & -0.1806 \end{bmatrix} Y_{t-2} + \begin{bmatrix} 0.8876 \\ -0.7538 \\ -0.7079 \end{bmatrix}$$

图 6-4 中的脉冲响应函数刻画了某变量的随机扰动项两个标准差冲

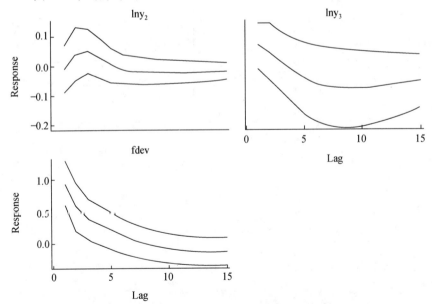

图 6-4 对 fdev 随机扰动项两个标准差的冲击的脉冲响应函数

击对其他变量当前和未来取值的影响轨迹,直观地刻画了变量间的动态交互作用。图中横轴代表追溯期数,此处为15;纵轴表示因变量对自变量的响应大小。

图6-4显示了fdev的随机扰动项一个标准差的冲击对变量lny_2,lny_3的脉冲响应函数。lny_2对fdev的响应在前几期迅速扩大,到第四期之后响应逐渐减小,第五期之后转变为负向影响并在之后保持在0附近。lny_3对fdev的冲击在一开始有较大的正向响应,正响应在前三期迅速缩小并转为负值。这与之前VECM的结果相一致,说明fdev在短期会对lny_3有正向的影响,但正响应在长期不会持续,且从长期来看,lny_3与fdev存在负向的均衡关系。

图6-5显示了lny_2的随机扰动项两个标准差的冲击对变量lny_3、fdev的脉冲响应函数。lny_3对lny_2的冲击在一开始有正向响应,并在前三缩小并转变为负,负响应会在第8期达到最大之后逐渐向0靠近。fdev对lny_2的冲击在一开始有较大正向响应,响应随期数增加而缩小,到第8期会转变为负并保持一个接近于0的负向影响。这说明第二产业的增加会对金融发展指标有较明显的正向作用。

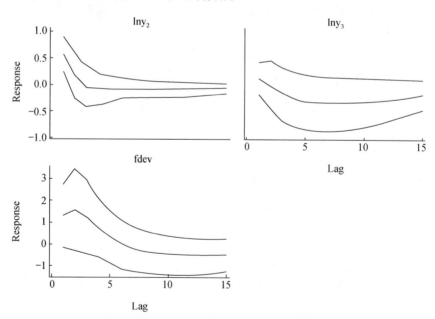

图6-5 对lny_2随机扰动项两个标准差的冲击的脉冲响应函数

图 6-6 显示了 lny_3 的随机扰动项两个标准差的冲击对变量 lny_2、fdev 的脉冲响应函数。lny_2 对 lny_3 的冲击一直存在正向响应,说明了在一定时期内第三产业增加值对第二产业增加值存在正向作用。fdev 对 lny_3 的冲击在一开始有负向响应,负向响应在第 2 期转变为正值并迅速增大,正向响应在第 5 期达到峰值。可见第三产业增加值与金融发展水平指标之间的复杂关系。一方面,对第三产业增加值的正向冲击可以增大当期的 GDP 指标,使金融发展水平指标减小;另一方面,金融产业作为第三产业的重要组成部分,同时也是北京市的支柱产业,在第三产业中占比较大,两者在长期内一定存在相互的正向影响。

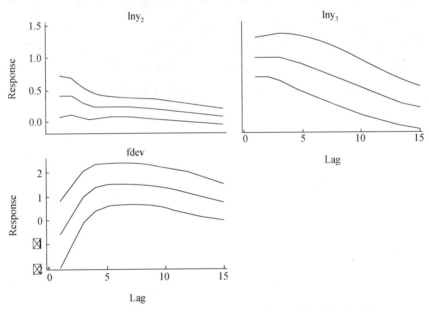

图 6-6 对 lny_3 随机扰动项两个标准差的冲击的脉冲响应函数

七、结论与建议

金融业的发展水平与第二产业的发展不仅存在长期均衡关系,也存在短期相互的正向影响。金融发展水平可能对第三产业的发展并无长期的正向影响,而在短期内金融发展水平指标对第三产业增加值的促进作用比较显著,第三产业的发展反过来并没有对金融发展水平指标有正的影响。同时,弱外生性的检验结果表明,金融业的发展水平指标同时对第

二、第三产业增加值的变化存在短期影响。总之,北京市的金融发展无论在长期还是短期都能够较好地支持北京市实体经济的发展,而短期波动会对第三产业产生正向作用。

  本章的实证研究表明,北京市金融业的发展较好地支持了实体经济的发展和产业结构的优化,依据赫希曼的主导产业理论,主导产业应当对其他产业有较强的联系效应,本章的结论支持了前面章节对金融业支柱产业地位的判断。结合本章的结论和实际经验提出如下建议:由于金融发展水平对第二产业的正向效应显著,应当为北京地区中小企业特别是高新技术企业的融资创造更好的条件,以进一步提升北京市的产业高度;完善"新三板"转板制度,拓宽高新技术企业的融资通道,发挥金融市场配置资源的作用,最大限度地发挥金融业的加速器作用;应当加大推进直接融资的规模,完善资本市场,简化企业债券发行审批程序,适当降低发债门槛,加大企业债券发行量,这样不仅有利于拓宽居民的投资渠道、减轻银行存款压力、提高资金的使用效率,而且有利于我国金融结构的调整。

第七章　北京市金融业的行业关联度

前文中我们介绍了产业理论中关于主导产业理论的主要观点。北京市的金融产业是否已经作为主导产业为经济发展发挥"加速器作用",是否能给其他产业带来推动力,一方面要看金融产业自身的发展程度,另一方面还要看金融产业与其关联产业的关系。上一章我们通过实证分析检验了北京市金融产业的发展对北京市第二、第三产业的带动作用,验证了金融产业对北京市产业结构演进的推动,在本章,我们仍然通过实证方法定量地研究北京市金融业与各个细分行业的关联性强弱。北京市金融产业自身的健康发展、对二三产业的推动以及与各个行业密切关联将证明北京市金融业主导产业的地位。

第一节　理论与文献综述

产业关联概念的提出主要是为了解释经济活动中某产业与其他产业的关系。国外学界对于产业关联的研究起源较早,且已形成相对完整的系统。赫希曼首先对各个产业部门之间的关联关系进行了系统性研究,明确提出了"关联效应"的概念,并将关联效应视作经济发展过程中的重要传递机制,同时也是主导产业部门选择的标准。此外,赫希曼还详细论述了产业间发生关联的几种不同方式,即前向关联、后向关联和旁侧关联。罗斯托在"经济起飞"理论中分析主导部门综合体系时,提出了主导部门通过自己的三种影响带动整个经济增长。这三种影响分别是:回顾影响,指主导产业对某些供给生产资料部门的影响;旁侧影响,指主导产业对所在地区的影响;前瞻影响,指主导产业对新工艺、新技术、新原料、新能源出现的诱导作用。

在产业关联理论的发展过程中,美国经济学家里昂惕夫提出的投入产出表将产业间依存和制约关系的研究推上了一个新的高度。投入产出表的思想渊源可以追溯到法国经济学家魁奈用来表明产业间贸易关系的《经济表》，而数理经济学家瓦尔拉斯和帕累托的一般均衡理论和数学方法又是投入产出体系的基础。投入产出法有效地揭示了产业间技术经济联系的量化比例关系，并在20世纪50年代以后逐渐得到世界各国的普遍采用，成为产业关联分析的基本方法。

国内学者对于产业关联研究的起步则相对较晚，主要是对已有成果进行修正改进。周振华（1995）和朱耀明（2000）将产业关联定义为产业之间的经济技术联系，而邬义军、邱钧（1997）则将产业关联定义为产业之间的投入产出关系。虽然这两种定义的阐述方式存在差异，但其本质是一致的，即产业关联理论是对产业间的联系进行量化研究的一种方法。刘水杏（2006）认为，产业关联理论的重点即在于揭示了产业之间在生产、交换、分配过程中发生的数量比例上的规律性。在具体的关联方式上，范金等（2004）改进了赫希曼的理论，根据产业间不同的维系关系，提出了单向/双向关联、纵向/横向关联、前向/后向关联、直接/间接关联、替代/互补关联、环向循环关联等类别。

具体到产业关联理论的研究方法，美国经济学家里昂惕夫提出的投入产出法将产业间依存和制约关系的研究推上了一个新的高度，有效地揭示了产业间技术经济联系的量化比例关系，在20世纪50年代以后逐渐得到世界各国的普遍采用，成为产业关联分析的基本方法。

投入产出法的基础为投入产出表，又称部门联系平衡表，是反映一定时期各部门间相互联系和平衡比例关系的一种平衡表。投入产出表于20世纪30年代产生于美国，是由美国经济学家里昂惕夫在前人关于经济活动相互依存性的研究基础上首先提出并研究和编制的。在我国，投入产出表的编制则起步较晚，到1974年才编制完成第一张投入产出表雏形。其后，投入产出表的编制发展迅速，至今已形成了每五年（逢二逢七）编制一次投入产出表，每五年（逢五逢十）编制一次投入产出延长表的惯例，标志着投入产出表的编制和分析在我国已经进入正轨。

投入产出表的简表如7-1所示。

表 7-1　投入产出表简表

投入＼产出	中间使用	最终使用	进口	其他	总产出
中间投入	第Ⅰ象限	第Ⅱ象限			
增加值	第Ⅲ象限				
总投入					

表中第Ⅰ象限反映部门间的生产技术联系,是表的基本部分;第Ⅱ象限反映各部门产品的最终使用;第Ⅲ象限反映国民收入的初次分配。在投入产出表中,存在以下几种基本平衡关系:

（1）行平衡关系:总产出 = 中间使用 + 最终使用 – 进口 + 其他。

（2）列平衡关系:总投入 = 中间投入 + 增加值。

（3）总量平衡关系:总投入 = 总产出;某部门总投入 = 某部门总产出。

在投入产出分析中,各国研究者以投入产出表为基础提出了一些分析指标,用以定量分析一定时期内国民经济各产业部门在社会再生产过程中所形成的直接和间接的相互依存、相互制约的技术经济联系,其中使用最广泛的指标包括直接消耗系数、完全消耗系数、直接分配系数、完全分配系数、环向关联度、影响力系数和感应度系数等。目前,学术界对于直接消耗系数、完全消耗系数、直接分配系数、完全分配系数和环向关联度的界定较为明确,但对于影响力系数和感应度系数的争议则较多。各指标的具体定义如下:

1. 直接消耗系数

直接消耗系数也称投入系数,记为 $a_{ij}(i,j=1,2,\cdots,n)$,是指在生产经营过程中第 j 部门的单位总产出直接消耗的第 i 部门货物或服务的价值量。将各部门的直接消耗系数用表的形式表现就是直接消耗系数表或直接消耗系数矩阵,通常用字母 A 表示。直接消耗系数的计算方法为:用第 j 部门在生产经营中直接消耗的第 i 部门的价值量除以第 j 部门的总投入,用公式表示为:

$$a_{ij} = \frac{x_{ij}}{X_j}, \quad i,j = 1,\cdots,n$$

2. 完全消耗系数

在经济活动中，一种产品对另一种产品的消耗，不仅有直接的消耗，而且还有间接的消耗，即一种产品通过媒介产品对另一种产品的消耗。在投入产出理论中，将某一产业在生产经营过程中对其他产业产品的直接消耗和全部间接消耗之和称为完全消耗。完全消耗系数，通常计为 b_{ij}，是指第 j 产品部门每提供一个单位最终使用时，对第 i 产品部门货物或服务的直接消耗和间接消耗之和。利用直接消耗系数矩阵 A 计算完全消耗系数矩阵 B 的公式为：

$$B = (I - A)^{-1} - I$$

3. 直接分配系数

直接分配系数是指国民经济各部门提供的货物和服务（包括进口）在各种用途（指中间使用和各种最终使用）之间的分配使用比例，其公式为：

$$h_{ij} = \frac{x_{ij}}{X_i + M_i}, \quad i = 1,\cdots,n; j = 1,\cdots,n, n+1,\cdots,n+q$$

当 $j = 1,2,\cdots,n$ 时，x_{ij} 为第 i 部门提供给第 j 部门中间使用的货物或服务的价值量；$j = n+1,\cdots,n+q$ 时，x_{ij} 为第 i 部门提供给第 j 部门最终使用的货物或服务的价值量；q 为最终使用的项目数。M 为进口，$X_i + M_i$ 为 i 部门货物或服务的总供给量（国内生产 + 进口）。

4. 完全分配系数

同完全消耗一样，某一部门货物或服务的分配，既有直接分配，也有通过媒介部门的间接分配。完全分配系数是 i 部门单位总产出直接分配和全部间接分配（包括一次间接分配、二次间接分配和多次间接分配）给 j 部门的数量，反映了 i 部门对 j 部门直接和通过别的部门间接的全部贡献程度。完全分配系数等于 i 部门对 j 部门的直接分配系数和全部间接分配系数之和。利用直接分配系数矩阵 H 计算完全分配系数矩阵 W 的公式表示为：

$$W = (I - H)^{-1} - I$$

5. 环向关联度

环向关联度的定义较为明确，即后向关联与前向关联的综合效应，分为环向直接关联度与环向完全关联度。环向直接关联度为直接消耗系数与直接分配系数之和,反映了只考虑直接效应的情况下,某部门与国民经济各部门的总关联度;而环向完全关联度则为完全消耗系数与完全分配系数之和,反映了考虑直接效应和间接效应的情况下,某部门与国民经济各部门的总关联度。

6. 影响力系数与感应度系数

影响力表示某一产业部门增加一个单位最终使用时,通过直接或间接关联要求国民经济各部门提供的投入总量,反映了该部门对国民经济各部门的拉动力;与之相对应,感应度表示某一产业部门增加一个单位初始投入时,通过直接或间接关联对国民经济各部门提供的分配总量,反映了该部门对国民经济各部门的推动力。但对于影响力系数和感应度系数的计算方法,如前所述,学术界对此争议颇多,且主要在于两点,一是计算过程的经济意义,二是产业规模的影响。大多数文献中使用的传统影响力系数和感应度系数为:

$$F_j = \frac{\sum_{i=1}^{n} b_{ij}}{\frac{1}{n}\sum_{j=1}^{n}\sum_{i=1}^{n} b_{ij}}, \quad E_i = \frac{\sum_{j=1}^{n} w_{ij}}{\frac{1}{n}\sum_{i=1}^{n}\sum_{j=1}^{n} w_{ij}}$$

其中,b_{ij}是第j部门对第i部门的完全消耗系数;$\sum_{i=1}^{n} b_{ij}$为完全消耗系数矩阵的第j列之和,即第j部门对国民经济各部门的影响力;$\frac{1}{n}\sum_{j=1}^{n}\sum_{i=1}^{n} b_{ij}$为完全消耗系数矩阵的列和的平均值;$w_{ij}$是第$i$部门对第$j$部门的完全分配系数;$\sum_{j=1}^{n} w_{ij}$为完全分配系数矩阵的第$i$行之和,即第$i$部门对国民经济各部门的感应度;$\frac{1}{n}\sum_{i=1}^{n}\sum_{j=1}^{n} w_{ij}$为完全分配系数矩阵的行和的平均值。

但是,刘起运(2002)的研究认为,就影响力系数来说,分子表示第j部门每生产一个最终产品对国民经济各部门的完全需求量,反映了第j部门的影响力或带动力,这一步骤具有明确而实际的经济意义;但分母的计算方法则是将各部门的影响力采用算术平均法得出平均影响力,而这一方法的假设前提是各部门的权重相等,即各部门都生产一个单位的最终产品时对国民经济的平均影响力,这一步不具有实际的经济意义。因此,刘起运(2002)提出,将分母的计算方法改为加权平均法,采用最终产品实物构成系数作为权数,则分母的经济意义变为国民经济在该年度特定结构下的一个单位最终产品的平均影响力。显然,经过改进之后,那些最终产品实物构成系数较大或较小的部门会受到较大影响,而构成系数居中的部门受到的影响较小。

改进后的影响力系数计算方法为:

$$F_j = \frac{\sum_i b_{ij}}{\sum_j \left(\sum_i b_{ij} \right) \alpha_j} \quad (j = 1, 2, \cdots, n)$$

其中,α_j 表示第 j 部门最终产品占国民经济最终产品总量的比例,称为"最终产出构成系数";b_{ij} 为完全消耗系数。

此外,感应度系数的计算同样存在类似问题,刘起运(2002)对感应度系数也提出了改进的计算方法,并将其称为推动力系数:

$$\overline{E_i} = \frac{\sum_j w_{ij}}{\sum_i \left(\sum_j w_{ij} \right) \eta_j} \quad (i = 1, 2, \cdots, n)$$

其中,η_i 表示第 i 部门产品的初始投入量占国民经济初始投入总量的比例,称为"初始投入构成系数";w_{ij} 为完全分配系数。

陈锡康、刘起运及齐舒畅(中国投入产出学会课题组,2006)等人皆认同传统的投入产出感应度和影响力计算存在商榷空间:"违背了列项加总原则,经济意义模糊。"目前,国家统计局也采用完全分配系数计算感应度系数,实际上是刘起运(2002)定义的推动力系数。

在本章的研究方法中,涉及影响力系数与感应度系数的计算方法均以刘起运(2002)提出的改进的影响力系数与推动力系数为准。

第二节 北京市金融业的行业关联度

标准投入产出表使用"金融保险业"作为统计主体,统计了金融行业所有经济活动对于其他行业的投入产出。从三大产业分类来看,金融业保险业属于第三产业,它本身包含了银行业、保险业、证券业和信托业等。在下文的分析中,我们使用2005年与2010年的北京市投入产出表进行计算和分析。

一、直接消耗系数

根据2005年与2010年北京市投入产出表计算得出北京市金融行业的直接消耗系数后,将其进行降序排列,可以得到北京市金融行业的主要后向直接关联产业如表7-2所示。

表7-2 北京金融保险业历年主要后向直接关联产业

2005年			2010年		
部门	直接消耗系数	比重(%)	部门	直接消耗系数	比重(%)
金融保险业	0.065253	24.35	租赁和商务服务业	0.142182	32.40
信息传输、计算机服务和软件业	0.033463	12.49	交通运输及仓储业	0.042375	9.66
租赁和商务服务业	0.029830	11.13	房地产业	0.036522	8.32
交通运输及仓储业	0.019595	7.31	造纸印刷及文教用品制造业	0.025600	5.83
住宿和餐饮业	0.017200	6.42	批发和零售贸易业	0.024912	5.68
电力、热力的生产和供应业	0.012186	4.55	住宿和餐饮业	0.024256	5.53
建筑业	0.011673	4.36	信息传输、计算机服务和软件业	0.020382	4.64
造纸印刷及文教用品制造业	0.011199	4.18	电力、热力的生产和供应业	0.017786	4.05
房地产业	0.009513	3.55	金融保险业	0.016596	3.78
仪器仪表及文化办公用机械制造业	0.008544	3.19	文化、体育和娱乐业	0.014888	3.39

资料来源:根据历年北京投入产出表计算。

从系数最大的十个后向直接关联产业来看,金融保险业,信息传输、计算机服务和软件业,租赁和商务服务业,交通运输及仓储业,住宿和餐饮业,电力、热力的生产和供应业,造纸印刷及文教用品制造业,房地产业2005—2010年一直处于金融保险业最主要直接后向关联产业之中,2005年建筑业和仪器仪表及文化办公用机械制造业排名靠前,在2010年被批发和零售贸易业与文化、体育和娱乐业所代替。从排名上看,租赁和商务服务业与交通运输及仓储业排名比较靠前,租赁和商务服务业从2005年后向直接关联占比11.13%提升至2010年的32.40%。

二、完全消耗系数

利用直接消耗系数矩阵,可以求得完全消耗系数矩阵,代表某部门对其他部门的直接消耗和间接消耗之和。与直接消耗系数的分析类似,可以得到北京市金融行业历年主要后向完全关联产业如表 7-3 所示。

表 7-3 北京金融保险业历年主要后向完全关联产业

2005 年			2010 年		
部门	完全消耗系数	比重(%)	部门	完全消耗系数	比重(%)
金融保险业	0.092586	12.41	租赁和商务服务业	0.239697	15.68
信息传输、计算机服务和软件业	0.063765	8.55	交通运输及仓储业	0.208258	13.63
租赁和商务服务业	0.053700	7.20	批发和零售贸易业	0.125985	8.24
交通运输及仓储业	0.048124	6.45	电力、热力的生产和供应业	0.116713	7.64
电力、热力的生产和供应业	0.042984	5.76	通信设备、计算机及其他电子设备制造业	0.072992	4.78
通信设备、计算机及其他电子设备制造业	0.039964	5.36	金融保险业	0.061002	3.99
交通运输设备制造业	0.036874	4.94	石油加工、炼焦及核燃料加工业	0.056269	3.68
住宿和餐饮业	0.028391	3.81	造纸印刷及文教用品制造业	0.050403	3.30
造纸印刷及文教用品制造业	0.027079	3.63	住宿和餐饮业	0.048480	3.17
综合技术服务业	0.024410	3.27	房地产业	0.044619	2.92

资料来源:根据历年北京投入产出表计算。

从系数最大的十个后向完全关联产业来看,各产业后向关联系数的分布相比直接后向关联分布更加均匀,大部分占比重较高行业的比重处于 3%—15%。系数最大的产业与直接后向关联相似,但综合技术服务业与石油加工、炼焦及核燃料加工业排名更加靠前。

综合后向直接关联产业与后向完全关联产业在 2005 年与 2010 年的分布,北京市金融业的产业表现出如下特点:

首先,租赁和商务服务业对金融业的后向关联度增大。在 2010 年,租赁和商务服务业对金融业的直接消耗系数和完全消耗系数分别占比为32.40%和15.68%,远高于其他行业。租赁和商务服务业的细分行业包括租赁业、企业管理服务(包括投资与资产管理)、咨询与调查(包括会计、审计及税务服务、市场调查、社会经济咨询)和其他商务服务(包括办公服务等)。从经济活动上来看,金融业与租赁和商务服务业联系紧密,如果考虑租赁和商务服务业对于金融业的分配系数占比仍然较大,说明北京市金融产业与租赁和商务服务业的细分行业相互关联、相互促进,已经形成了稳定的产业链条,增强了北京市金融服务的整体实力。

其次,总体上看第三产业对金融业后向关联系数占比较大,同时排名明显有所上升,例如,租赁和商务服务业,交通运输及仓储业,批发和零售贸易业,房地产业等;而建筑业,电力、热力的生产和供应业,交通运输设备制造业,造纸印刷及文教用品制造业等第二产业的细分产业占比明显减小。这说明随着北京市产业结构高度不断发展,金融业对第三产业的后向联系也更加紧密,第三产业的上述细分产业的产出"消耗"于或服务于金融业的比例不断增大,体现了金融业对第三产业有更强的拉动作用,北京市的金融产业服务于产业结构的优化升级。

三、直接分配系数

直接分配系数是指国民经济各部门提供的货物和服务(包括进口)在各种用途(指中间使用和各种最终使用)之间的分配使用比例。根据2005年与2010年北京市投入产出表计算得出北京市金融行业的直接分配系数后,可以得到北京市金融业历年主要前向直接关联产业如表7-4所示。

表7-4 北京金融保险业历年主要前向直接关联产业

2005年			2010年		
部门	直接分配系数	比重(%)	部门	直接分配系数	比重(%)
交通运输及仓储业	0.083532	14.52	租赁和商务服务业	0.085278	28.44
房地产业	0.080005	13.90	批发和零售贸易业	0.056329	18.79
租赁和商务服务业	0.067043	11.65	房地产业	0.040022	13.35
批发和零售贸易业	0.063361	11.01	电力、热力的生产和供应业	0.020119	6.71

(续表)

2005 年			2010 年		
部门	直接分配系数	比重(%)	部门	直接分配系数	比重(%)
金融保险业	0.062357	10.84	交通运输及仓储业	0.016130	5.38
电力、热力的生产和供应业	0.033860	5.88	金融保险业	0.015906	5.30
信息传输、计算机服务和软件业	0.032062	5.57	科学研究事业	0.010952	3.65
建筑业	0.022505	3.91	住宿和餐饮业	0.010538	3.51
住宿和餐饮业	0.012671	2.20	信息传输、计算机服务和软件业	0.008400	2.80
交通运输设备制造业	0.012611	2.19	建筑业	0.005417	1.81

资料来源：根据历年北京投入产出表计算。

从金融业对于第二、第三产业的直接分配来看，第三产业的优势非常明显。在2005年，金融业直接分配系数较高的产业中除建筑业、交通运输设备制造业外均为第三产业；2010年，金融业直接分配系数较高的产业只有建筑业为第二产业，且建筑业的直接分配系数比重从3.91%下降至1.81%。这表明金融业的产出大部分成为第三产业的中间投入。最后，北京市金融保险业对自身的直接分配系数比重较大，结合前文消耗系数的结果，北京市金融保险业对自身有较强的后向与前向关联，这得益于金融业自身产业链的专业和完整，精细化的分工同时也带来了效率的提升。

四、完全分配系数

同完全消耗一样，某部门对其他部门的分配也存在直接分配和通过媒介部门的间接分配，统称为完全分配。利用直接分配系数矩阵，可以求得完全分配系数矩阵，代表某部门对其他部门的直接分配和间接分配之和。北京市金融行业历年主要前向完全关联产业如表7-5所示。

表 7-5 北京金融保险业历年主要前向完全关联产业

2005 年			2010 年		
部门	完全分配系数	比重（%）	部门	完全分配系数	比重（%）
交通运输及仓储业	0.109951	10.87	租赁和商务服务业	0.118176	19.93
租赁和商务服务业	0.102332	10.12	批发和零售贸易业	0.081484	13.74
房地产业	0.092738	9.17	电力、热力的生产和供应业	0.055054	9.28
批发和零售贸易业	0.089103	8.81	房地产业	0.051542	8.69
金融保险业	0.076522	7.57	金融保险业	0.037060	6.25
建筑业	0.069731	6.90	科学研究事业	0.030240	5.10
信息传输、计算机服务和软件业	0.063378	6.27	交通运输及仓储业	0.027966	4.72
电力、热力的生产和供应业	0.047834	4.73	信息传输、计算机服务和软件业	0.022857	3.85
通信设备、计算机及其他电子设备制造业	0.043678	4.32	建筑业	0.021342	3.60
综合技术服务业	0.032722	3.24	住宿和餐饮业	0.018666	3.15

资料来源：根据历年北京投入产出表计算。

在考虑间接分配效应之后，北京市金融业的主要前向关联产业并没有太大变化，第三产业依然占据前五甚至前十位行业中的大部分，同时与直接分配系数相比，建筑业的完全分配系数比重相对更大，租赁和商务服务业等相对更小，说明金融业对第二产业的间接推动作用相比直接推动作用更大，金融业不仅仅只是带动了第三产业的发展；2010 年，科学研究事业的金融业完全分配系数排名第六，而其在直接分配系数中排名并不靠前，说明金融业的发展对科学研究事业的间接带动作用很强。

五、影响力系数

影响力系数反映了某部门对国民经济各部门拉动作用的相对水平。采用刘起运（2002）提出的改进的影响力系数计算方法，可以求得北京市主要行业历年影响力系数如表 7-6 所示。

表 7-6 北京市主要行业历年影响力系数

2005 年			2010 年		
位次	部门	影响力系数	位次	部门	影响力系数
1	通信设备、计算机及其他电子设备制造业	1.502143	1	金属冶炼及压延加工业	1.606632
2	交通运输设备制造业	1.439077	2	煤炭开采和洗选业	1.456163
3	旅游业	1.362408	3	通信设备、计算机及其他电子设备制造业	1.412201
4	煤炭开采和洗选业	1.262051	4	金属制品业	1.375028
5	建筑业	1.226788	5	废品废料	1.366518
6	木材加工及家具制造业	1.197752	6	金属矿采选业	1.344410
7	仪器仪表及文化办公用机械制造业	1.155722	7	电力、热力的生产和供应业	1.321379
8	综合技术服务业	1.127358	8	交通运输设备制造业	1.293132
9	纺织业	1.122445	9	其他制造业	1.283396
10	其他社会服务业	1.119853	10	建筑业	1.274375
40	金融保险业	0.350572	41	金融保险业	0.595162

资料来源:根据历年北京投入产出表计算。

由表 7-6 可知,在影响力系数上,第二产业有绝对优势,除 2005 年旅游业,综合技术服务业,其他社会服务业进入前十以外,其余年份排名前十位的行业均为第二产业,其中通信设备、计算机及其他电子设备制造业历年均排名前三位,其中 2002 年、2005 年和 2007 年位居首位。建筑业在 2002 年排在第 13 位,之后一直保持在前十名,与中国整体的情况类似,建筑业对国民经济的带动作用以拉动为主;而金融保险业和房地产业的历年排名则较为靠后,房地产业在 2002 年曾居第 27 位,但从 2005 年起就一直与金融保险业共处于倒数五位之内。因此,就各部门对于国民经济的拉动作用而言,第二产业明显高于第三产业,这与第二产业复杂而完整的产业链有关,而第三产业对经济的拉动力则较为不足,其中金融保险业和房地产业更是如此,与之有后向关联的产业虽然分布广泛,但关联度并不高。

六、感应度系数

感应度系数反映了某部门对国民经济各部门推动作用的相对水平。采用刘起运(2002)提出的推动力系数的计算方法,可以求得北京市主要行业历年感应度系数如表 7-7 所示。

表 7-7 北京市主要行业历年感应度系数

2005 年			2010 年		
位次	部门	感应度系数	位次	部门	感应度系数
1	煤炭开采和洗选业	3.283635	1	燃气生产和供应业	3.790257
2	石油和天然气开采业	3.086640	2	电力、热力的生产和供应业	3.457972
3	废品废料	2.628639	3	煤炭开采和洗选业	3.317310
4	电力、热力的生产和供应业	2.402786	4	废品废料	2.270902
5	非金属矿采选业	2.253600	5	金属制品业	2.104916
6	石油加工、炼焦及核燃料加工业	2.220504	6	造纸印刷及文教用品制造业	2.042589
7	邮政业	1.883911	7	非金属矿采选业	1.986098
8	金属制品业	1.808047	8	交通运输及仓储业	1.685567
9	非金属矿物制品业	1.792061	9	电气、机械及器材制造业	1.566150
10	交通运输设备制造业	1.773441	10	其他社会服务业	1.563099
19	金融保险业	1.316845	28	金融保险业	0.788603

资料来源:根据历年北京投入产出表计算。

由表 7-7 可知,在感应度系数上,第二产业同样占有绝对优势,除 2005 年邮政业和 2010 年其他社会服务业进入前十名之外,其余年份排名前十位的行业均为第二产业,其中煤炭开采和洗选业,石油和天然气开采业,燃气生产和供应业,电力、热力的生产和供应业这些原材料供给型制造业的排名一直较靠前,对于国民经济各部门的推动作用较为明显,这与其处于整个产业链的上游有关。金融保险业和房地产业在 2002 年排名分别为第 15 和第 19,位于中等偏上水平,但从 2005 年开始均有明显下降,最低时分别排在第 30 和第 40 位。建筑业的排名则一直较低,稳定在倒数五位之内,这与中国整体的情况类似。因此,就各部门对于国民经济的拉动作用而言,第二产业明显高于第三产业,这与第二产业大多处于产业链上游有关,而第三产业的拉动力则较为不足,其中金融保险业和房地产业还经历了大幅度的弱化。

  通过对北京市金融业与各产业关联关系的研究,可以得出以下结论:北京市金融业主要与北京市第三产业的发展关联性较强,金融业的发展对其他服务业发展会有明显的带动作用,金融业的发展会推动北京市产业结构的优化升级;北京市金融业对第二产业的关联性主要体现在间接带动上,完全向前或向后关联中第二产业行业的系数比重大于直接系数;从影响力系数和感应度系数来说,金融业对整个国民经济的增长直接拉动并不明显,第二产业在此方面仍存在明显优势,结合上章金融业发展与二、三产业增长的关系研究,北京市金融业对经济增长的作用主要在于其间接推动作用,而北京市金融业发展与产业结构的优化的相互作用则更加直接、明显。

第三部分

金融中心构建：
国内外视角

本部分将从国内外视角对北京市金融中心的构建进行分析。按照金融中心理论和各国形成金融中心的实践来看,国家范围内将形成不同功能和不同等级的金融中心,并构成一个国家的金融中心体系。要明确北京市建设金融中心的发展方向就必须从全国的角度出发,研究北京在全国金融中心体系中的地位与作用、优势与劣势。

本部分共有三章:第八章选取了全国有可能成为区域金融中心的 64 个城市,计算得出了各城市的金融发展综合水平指数,特别是通过对所有城市在各方面条件进行比较分析,明确了北京市在全国金融中心系统中的地位与所发挥的功能;第九章依据本部分首章的结论,选取金融发展综合水平指数最高、已经成为国家金融中心的三个城市——北京、上海、深圳作为研究对象,使用实证分析的方法,研究并对比了三个金融中心的辐射效应;第十章对国际金融中心变迁、发展以及建设经验进行研究,通过对比明确北京建设金融中心的比较优势所在以及此层面上的一些建议。

第八章 我国金融中心体系的构建

21世纪以来,中国城市化进程加速,城市化本身不仅是社会转型过程的重要载体,也是需平稳处理、和谐过渡的过程。随着经济的不断发展,产业集中趋势增强,目前国内已形成数个发展良好、前景明朗、快速上升、自我循环的经济圈,产生了数个引领区域产业结构优化调整、第三产业稳步发展的金融中心。本章试图梳理目前国内金融中心的布局,同时运用多种因子分析法、熵值法、灰色关联度法,对中国金融中心的实力水平进行排名,以期构建符合金融发展空间集聚规律的金融中心层级结构。

本章第一节对不同地区的经济发展水平和金融实力进行比较。我们在第二节中则分别采用了不同的实证方法对金融中心进行排名。最后,我们在第四节中使用平均聚类法对城市在四项一级指标的排名进行聚类分析,同时对我国金融中心的分布情况给出了经济解释。

第一节 经济发展水平和金融实力的地区间比较

一、金融中心评价体系的理论综述

根据经济史学家Grass(1922)提出的都市发展阶段理论,一个都市的发展要经历四个阶段:商业阶段、工业阶段、运输业阶段和金融业阶段。金融业发展的阶段处于城市发展的最高阶段,不仅对城市本身的发展有促进作用,还影响着该城市所在地区的经济运行效率和发展水平。然而,地区性金融中心的数量受到地区经济实力的限制,同一区域不同城市间缺少规划的盲目同质竞争会引起金融资源的分流,从而影响整个区域的金融运行效率。对不同城市进行系统的、综合的金融发展评价有利于深入理解城市成为金融中心的潜力和不同城市的比较优势,促进我国多层次金融中心体系的构建和发展。

关于金融中心评价体系的研究方法一般分为两类：定性方法和定量方法。定性分析方法通过设计一系列金融相关指标对学者和金融从业者的问卷调查，通过对调查结果的分析对不同城市进行比较；定量方法通过选取不同方面、不同角度能代表城市金融发展水平和发展潜力的统计数据，通过定量分析方法得到对金融中心的评价。定性分析方法虽然原理简单、结果直观，但其结果容易受到问卷样本数量、调查深度等因素的影响，因此本章采用的方法为定量分析。

在金融中心评价体系的定量方法中，国际上的研究的主要对象为已经形成的全球金融中心和国际金融中心。Reed(1981)利用成簇分析方法比较了76个国际化大城市的9个金融指标，对这些金融中心进行了排名，并将这些金融中心划分为5个级别，Reed认为最大的国际金融中心的共同特征主要有：大型国际银行总部所在地，外国资产和债务的管理者所在地，外国、直接投资的提供者所在地，国际电信设施的集中供给者所在地以及靠近大型实体工业。Choi(2000)利用1970年、1980年、1990年和2000年的数据进行了回归分析并对全球14个金融中心进行排名。Sagaarm(2004)等选取了多个与金融机构相关的指标对美国以外的37个国际金融中心竞争力状况进行了研究。

国内研究方面，倪鹏飞(2005)从中国金融中心定位的角度，从人才、资本、科技等11个不同方面建立了城市金融竞争力的评价体系，计算了国内43个城市的金融功能竞争力指数。张泽慧(2005)在对国际金融中心功能和构建条件研究的基础上提出了一个国际金融中心指标评价体系，主要包括国内地位、流动性、收益和资本安全性四个方面的指标。倪鹏飞(2008)通过设计调查问卷的方式，对部分难以量化的指标进行度量，从而完善指标体系，为金融中心竞争力指标体系的建立提供了一套新颖的方法。

二、金融中心评价体系的指标和数据

前文中已经对国际金融中心指数(GFCI)等金融中心评价体系进行了介绍。本章主要参照GFCI的评价体系和《中国城市竞争力报告》中关于城市金融发展方面的指标构建了一套全方位的指标体系。

最新一期的GFCI 15中给出的调查结果显示，在影响城市金融竞争力的因素中，被调查者最关注的领域主要有商业环境、税制、人力资源、基础设施、声誉和市场准入,这些领域在调查过程中被提到的次数分别为333次、309次、307次、290次、277次、254次。GFCI不仅对这些领域有所关注,其评价指标还涵盖了金融中心的功能、金融中心的比较优势等多个方面。

倪鹏飞等参考Snydey(2008)关于金融中心的指标体系,结合我国国情提出了城市综合金融竞争力的评价指标,主要分为人才、资本、科学技术、经济结构、基础设施、区位、环境、文化、制度、政府管理和开放11个方面,共分为22个指标:人力资源质量指数、资本数量和质量指数、金融控制力指数、科技实力指数、创新能力指数、经济结构转化指数、经济体系及安全度指数、产业聚集程度指数、对外基本基础设施指数、信息技术基础设施指数、自然区位便利度指数、经济区位优势指数、城市环境质量指数、文化竞争力指数、产权保护制度指数、法制健全成都指数、政府规划能力指数、政府财政能力指数、政府执法能力指数、政府服务能力指数、经济国际化程度指数、经济区域化程度指数。

本章选取的指标综合了GFCI与城市金融竞争力指数的指标选取,共分为四个一级指标的47个子指标,这些指标汇总了城市经济实力支撑、城市金融发展水平、城市环境和基础设施、城市潜力与人才资源等各方面的信息。指标筛选结果如表8-1所示。

表8-1 指标选取结果

经济支撑	经济规模	1	地区生产总值(亿元)
		2	全社会固定资产投资(亿元)
		3	社会消费品零售总额(万元)
		4	当年实际使用外资金额(万美元)
		5	地方财政一般预算内收入(万元)
		6	人均地区生产总值(元)
	经济结构	7	第三产业占GDP的比重(%)
		8	外资依存度(%)
		9	外贸依存度(%)
	经济效率	10	综合效率竞争指标
		11	综合增量竞争指标

(续表)

金融发展	金融配置效率	12	金融相关率
		13	金融业增加值(亿元)
		14	保险密度(元/人)
	金融市场规模	15	金融机构年末存款余额(万元)
		16	金融机构年末贷款余额(万元)
		17	上市公司数量(个)
		18	上市公司年末市值总额(百万元)
		19	年内发行企业债公司债总额(百万元)
		20	保费收入(亿元)
	监管环境	21	是否央行分行或营业管理部门所在地
		22	是否银监局所在地
		23	是否证监局所在地
		24	是否保监局所在地
城市环境	基础设施	25	民用航空客运量(万人)
		26	国际互联网用户数(户)
		27	人均城市道路面积(平方米)
		28	建成区绿化覆盖率(%)
		29	每百人公共图书馆藏书(册、件)
	科教支持	30	科学技术支出(万元)
		31	教育支出(万元)
	生态文明	32	宜居城市指数
		33	和谐城市指数
		34	生态城市指数
		35	文化城市指数
发展潜力与人才资源	金融人才	36	金融从业人员占总就业人员人数(%)
		37	金融从业人员(万人)
	人才储备	38	高校毕业生人数(经管类)(千人)
		39	普通高等学校教师数(人)
		40	高校在校学生数(人)
		41	每万人在校大学生人数(人)
		42	专业技术人员总就业人员数(%)
	可持续潜力	43	就业结构指标(%)
		44	宜商城市指数
		45	知识城市指数
		46	信息城市指数
		47	可持续城市指数

指标所需数据来自各省市统计年鉴、《中国城市年鉴》、《中国地区经济年鉴》、《中国金融年鉴》、《中国保险年鉴》、《中国证券期货统计年鉴》等;关于金融市场和金融机构数据部分来自中国证监会网站和上海证券交易所、深证证券交易所网站;关于城市金融竞争力有关指数,按照倪鹏飞《中国城市竞争力指数》中方法计算。

下文将对四个一级指标分别进行分析,计算代表四个一级指标信息的指数,最后运用 TOPSIS 方法对结果进行综合评分。参照 GFCI 15 的调查结果,商业环境可以体现在四个一级指标的经济支撑指标中,人力资源和基础设施可以体现在四个一级指标的城市环境指标中,声誉可以体现在四个一级指标的金融发展中,税制和市场准入在国内城市中除去个别城市差别不大。因此,在计算城市金融综合指数时将对这些一级指标赋予较大权重。

三、金融中心的城市竞争力筛选

根据《中国城市统计年鉴 2012》的统计,有完整统计年鉴统计的城市有 288 个。其中,诸如北京、上海等城市较为发达,部分城市因为地理等原因发展空间依旧很大。出于显而易见的原因,并不是所有的城市都会进入金融中心的竞争之列,所以在分析之前,有必要对可竞争金融中心的城市进行筛选。筛选有如下依据。

(一) 以行政区划为依据

1. 直辖市

直辖市,即"直接由中央政府所管辖、建制的都市"。升格为直辖市往往需要较多的居住人口,且通常在全国的政治、经济和文化等各方面具有重要地位。目前,中国大陆地区共有四个直辖市,分别是北京、上海、天津、重庆。

2. 省会

省会为国家一级行政区——省的政治、文化中心。省会的确立并不以城市是否为该省的经济中心为依据,但由于历史原因、人才优势、资源丰富,省会在该省中的的经济地位普遍名列前茅。目前,我国的省会城市如表 8-2 所示。

表 8-2　中国省会城市

名称	省会	名称	省会
河北	石家庄	山西	太原
辽宁	沈阳	吉林	长春
黑龙江	哈尔滨	江苏	南京
浙江	杭州	安徽	合肥
福建	福州	江西	南昌
山东	济南	河南	郑州
广东	广州	湖南	长沙
湖北	武汉	海南	海口
四川	成都	贵州	贵阳
云南	昆明	陕西	西安
甘肃	兰州	青海	西宁
台湾	台北	内蒙古	呼和浩特
广西	南宁	西藏	拉萨
宁夏	银川	新疆	乌鲁木齐

资料来源:《中国城市统计年鉴2012》。

3. 省城副中心

省域副中心城市通常是指在一省范围内,综合实力较周边城市强大,经济辐射力超出了自身管辖的行政区范围,拥有独特的优势资源,且与主中心城市有一定距离、可以被赋予带动周边区域发展重任的特大城市或大城市。省域副中心城市,作为省域中心城市与一般城市之间的城市在区域经济中发挥着相当重要的作用。

省域副中心的设立依据中明确指出其经济辐射能力超出自身管辖的行政范围,所以省域副中心普遍在当地的经济中起到引领作用。形成省域副中心的两个条件:第一,具有较强的经济实力和一定的人口规模。人口总量、外来人口数量既反映了当地的经济实力,也反映出该城市的经济活力。因此,副中心城市一定是人口规模和经济规模较大的城市。第二,距离中心城市不能太近、太偏。太近,就意味着其难以拥有自己独立的辐射范围,而这是副中心城市成立的前提。

目前,我国省域副中心城市如表 8-3 所示。

表 8-3 中国省域副中心城市

省份	省域副中心			
河北	唐山			
辽宁	大连			
吉林	吉林			
黑龙江	齐齐哈尔			
河南	洛阳			
湖北	宜昌	襄阳		
湖南	岳阳	常德	衡阳	娄底
山东	青岛	烟台		
广东	深圳	汕头		
广西	柳州			
四川	绵阳			
江苏	苏州	无锡		
浙江	宁波	温州		
江西	九江	赣州		
安徽	芜湖	安庆		
福建	厦门	泉州		
山西	大同			
内蒙古	包头			
海南	三亚			
青海	格尔木			
甘肃	天水			
宁夏	固原			
云南	大理			
贵州	遵义			

4．计划单列市

国家社会与经济发展计划单列市，简称"计划单列市"。目前，全国仅有 5 个，自北向南依次是辽宁省大连市、山东省青岛市、浙江省宁波市、福建省厦门市、广东省深圳市。计划单列市出现在 20 世纪 80 年代，是让一些大城市在中国国家计划中实行单列，享有省一级的经济管理权限，而不是省一级行政级别。设立计划单列市之初，并未对行政级别做出明确解释。计划单列市的收支直接与中央挂钩，由中央财政与地方财政两分，而无须上缴省级财政。

政府设立计划单列市,是为了更好地促进城市发展。从实际发展情况看,计划单列市普遍发展较好,增长稳定,对附近城市起到一定促进作用。

(二) 以市场发展状况为依据

国内主要要素市场如 8-4 所示。

表 8-4　国内主要要素市场

类型	所在城市
金融要素市场	上海
证券交易市场	上海、深圳、香港、台湾
期货交易市场	上海、郑州、大连
外汇市场	上海
黄金市场	上海
银行间同业拆借市场	上海
银行间债券市场	上海
金融衍生品市场	上海
新三板市场	北京

资料来源:根据公开资料整理所得。

目前我国共有四个证券交易所,即上海证券交易所、深圳证券交易所、香港交易所和台湾证券交易所。大陆地区有上海证券交易所和深圳证券交易所。

1. 上海

上海证券交易所成立于 1990 年 11 月 26 日,同年 12 月 19 日开业,归属中国证监会直接管理。秉承"法制、监管、自律、规范"的八字方针,上海证券交易所致力于创造透明、开放、安全、高效的市场环境,切实保护投资者权益,其主要职能包括:提供证券交易的场所和设施;制定证券交易所的业务规则;接受上市申请,安排证券上市;组织、监督证券交易;对会员、上市公司进行监管;管理和公布市场信息。

截至 2012 年年底,上交所共有上市公司 954 家,2012 年新上市 26 家。上市股票数 998 只。股票市价总值 158 698.44 亿元;流通市值 134 294.45 亿元。上市公司总股本 24 617.62 亿股,流通股本 19 521.34 亿股,流通股本占总股本的 79.30%。一大批国民经济支柱企业、重点企业、基础行业企业和高新科技企业通过上市,既筹集了发展资金,又转换了经营机制。

2. 深圳

深圳证券交易所（以下简称"深交所"）成立于1990年12月1日，具有为证券集中交易提供场所和设施，组织和监督证券交易，履行国家有关法律、法规、规章、政策规定的职责，实行自律管理的法人，由中国证券监督管理委员会（以下简称"中国证监会"）监督管理。深交所的主要职能包括：提供证券交易的场所和设施；制定业务规则；接受上市申请、安排证券上市；组织、监督证券交易；对会员进行监管；对上市公司进行监管；管理和公布市场信息；中国证监会许可的其他职能。

截至2013年年底，深交所共有上市公司1 536家，比年初减少4家。上市公司证券数2 328只。股票总市值87 911.92亿元，流通市值63 053.16亿元。上市公司总股本8 070.35亿股，流通股本6 265.99亿股，流通股本占总股本的77.6%。

（三）现有研究成果依据

目前我国对城市金融中心排名情况的研究成果非常丰富，比较知名的是倪鹏飞主编的《中国城市竞争力报告》。该报告目前已出版十余期，对中国城市竞争力多方面进行了排名。由《中国城市竞争力报告——沪苏浙皖：一个世界超级经济区已经浮现》来看，目前中国城市综合经济竞争力前50名的如表8-5所示。

表8-5　中国城市综合经济竞争力排名

城市	排名	城市	排名	城市	排名
香港	1	厦门	18	合肥	35
深圳	2	大连	19	嘉兴	36
上海	3	郑州	20	高雄	37
台北	4	宁波	21	徐州	38
广州	5	沈阳	22	镇江	39
北京	6	长沙	23	福州	40
苏州	7	杭州	24	长春	41
天津	8	常州	25	绍兴	42
佛山	9	重庆	26	石家庄	43
澳门	10	唐山	27	扬州	44
无锡	11	济南	28	南昌	45
东莞	12	中山	29	泰州	46

(续表)

城市	排名	城市	排名	城市	排名
武汉	13	南通	30	潍坊	47
南京	14	烟台	31	东营	48
成都	15	泉州	32	温州	49
青岛	16	淄博	33	济宁	50
新北	17	西安	34		

资料来源：倪鹏飞：《中国城市竞争力报告》，社会科学文献出版社，2014。

（四）选取的城市范围

经济发展的不均衡性是我国经济发展的一大特征，因而基于城市竞争力指标，可以最直观地得出金融中心的城市选择。但是，某些省份的城市各项指标都很发达，在排名中相对靠前，若其附近有一个更为发达、更有竞争力的城市，则前者可能仅为发达城市的经济腹地，无法形成自己的经济体系。此外，在经济发展相对不发达的区域，同样需要考虑区域性金融中心的建设以推动周边地区的建设和发展。基于上述两点原因，在区域性金融中心候选城市的筛选上，除了经济指标外，还需综合考虑其行政地位，因为政府在经济领域中的重要作用正是我国经济发展的另一大特征。

基于多方面的考量，现选择64个城市作为区域性金融中心的研究对象，如表8-6所示。

表8-6 城市选取范围

序号	城市	序号	城市	序号	城市	序号	城市
1	北京	17	无锡	33	烟台	49	三亚
2	天津	18	苏州	34	郑州	50	重庆
3	石家庄	19	杭州	35	洛阳	51	成都
4	唐山	20	宁波	36	武汉	52	绵阳
5	太原	21	温州	37	宜昌	53	贵阳
6	大同	22	合肥	38	襄阳	54	遵义
7	呼和浩特	23	芜湖	39	长沙	55	昆明
8	包头	24	安庆	40	衡阳	56	西安
9	沈阳	25	福州	41	岳阳	57	咸阳
10	大连	26	厦门	42	广州	58	兰州

(续表)

序号	城市	序号	城市	序号	城市	序号	城市
11	长春	27	泉州	43	深圳	59	天水
12	吉林	28	南昌	44	珠海	60	西宁
13	哈尔滨	29	九江	45	汕头	61	银川
14	大庆	30	赣州	46	南宁	62	固原
15	上海	31	济南	47	柳州	63	乌鲁木齐
16	南京	32	青岛	48	海口	64	拉萨

四、经济发展水平和金融实力的地区间比较

(一) 经济发展水平的地区间比较

图 8-1 为 2010 年各城市的 GDP 及以散点图表示的 GDP 增长率,其中 GDP 已作升序处理。由图 8-1 可知,按照最新一线城市标准划分的五个一线城市北京、上海、广州、深圳、天津均排在前列,北、上、广、深分列前四,天津排在第六位,与排在第五位的苏州旗鼓相当。其他城市中,除拉萨、海口、西宁和银川位列倒数外,各省会城市排名均相对靠前,相应地,非省会城市则相对落后。综合 GDP 增长率的情况来看,GDP 存量和增速并没有明显关系,排名靠前的城市中,北、上、广、深和苏州的 GDP 增速均

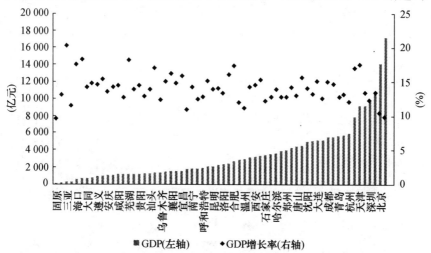

图 8-1 2010 年各城市 GDP 及增长率

资料来源:《中国城市统计年鉴》。

处于稍高于10%的水平,而天津和重庆则相对较高,达到17%左右,表明这两个城市经济增长势头迅猛,未来依然能保持较快的提升步伐。而在排名靠后的城市中,三亚、海口和西宁的GDP增长率均超过17%,三亚更是超过20%,表明这三个城市虽然GDP存量较低,但其增速非常高,提升空间巨大。此外,值得关注的是合肥和芜湖市,两市的GDP存量均位列中等,但GDP增速分别为17.5%和18.2%,位列第四和第二。特别是2010年3月与2013年4月两市相继加入长三角城市群之后,长三角经济一体化的进程将更有力地带动两市的进一步增长。

在衡量某地区的外向程度时,外贸依存度是一个常用的指标。外贸依存度反映了该地区的对外贸易活动对该地区经济发展的影响和依赖程度,一般用对外贸易额进出口总值在国内生产总值中所占比重来表示。因此,选取2010年各城市的外贸依存度指标,得到结果如图8-2所示。可以看出,排名前十位的城市分别为深圳、厦门、珠海、苏州、青岛、上海、宁波、无锡、杭州、福州,其中大部分为沿海城市,其开放程度较高,多采取出口导向型发展战略,因而对外贸易活动比较积极。此外,由于第三产业的可贸易程度较低,因而处于经济发展中期阶段的城市由于其第二产业比重较高,产品在国际上具有一定的竞争力,所以外贸依存度较高,这一点以苏州和无锡市为代表,同时这两个城市在长三角城市群中的特殊地

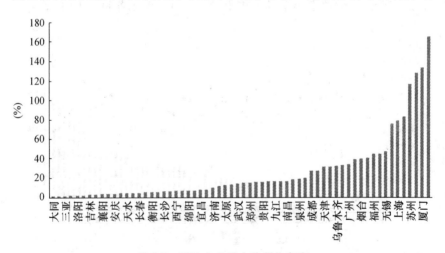

图8-2 2010年各城市外贸依存度

注:固原市、拉萨市数据缺失。
资料来源:《中国城市统计年鉴》。

位也间接带动了对外贸易的发展。

从产业结构的角度对国内生产总值进行细分,可以得到 2010 年各城市的第二、第三产业增加值,结果如图 8-3 所示。其中,第二产业增加值已作升序处理,对应的第三产业增加值以折线图表示,并添加了趋势线。从趋势线的结果可以看出,第三产业增加值的排序与第二产业整体趋势相同,从大部分城市来看,第二产业增加值越高,其经济水平越发达,对应的第三产业增加值也越高,第二产业和第三产业的发展基本趋于同步。但同时也有一些第二、第三产业增加值显著不同步的城市,其中,大庆市的第二产业增加值较高,处于前二十位,而第三产业增加值则处于后二十位,这也使得大庆市第二产业占 GDP 的比重达到 82.24%,处于所有城市的首位。而北京则相反,虽然北京市的第二产业增加值也较高,位于第七位,但第三产业增加值更高,居各城市之首,而其第三产业占 GDP 的比重也同样居首。

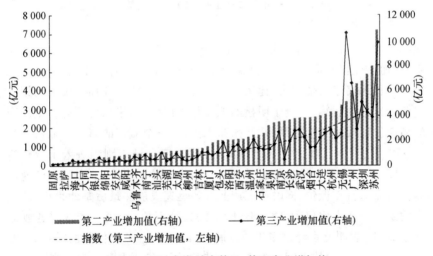

图 8-3　2010 年各城市第二、第三产业增加值

资料来源:各市统计年鉴。

第二、第三产业增加值的大小在很大程度上受制于城市经济规模的大小,故而在涉及更深入的横向比较时,不能作为参照指标。因此进一步选取第二产业占 GDP 的比重与第二产业增加值增长率的数据,得出结果如图 8-4 所示。

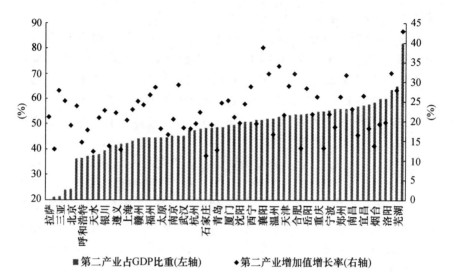

图 8-4　2010 年各城市第二产业占 GDP 比重及第二产业增长率
资料来源：各市统计年鉴。

由图 8-4 可知，各城市的第二产业占比与其增长率之间并无明显相关关系，故而在此仅选取几个代表性城市作为分析对象。首先是大庆，其第二产业占比远高于其他城市，比第二位的芜湖高出 17%，同时，大庆的第二产业增速也高居第一，处于明显的工业化中期阶段，未来仍然有一定时间的高速发展期。其次是烟台、苏州和无锡，这三个城市的第二产业占比均在 55% 以上，但其增速均不到 14%，表明这三个城市刚刚进入工业化后期阶段，第二产业占比虽然超过 50%，但增速明显放缓，未来第二产业增速会持续保持在低位，同时第三产业开始迅速发展。最后是北京市，北京市的第二产业占比仅为 24.1%，位于倒数第五位，而第二产业增速则略低于 20%，表明北京经过多年的发展，已经进入后工业化阶段，第二产业占比非常低，其中技术密集型产业逐步取代了劳动力密集型和资本密集型产业，并为第二产业提供了较为稳定的增速。

继第二产业的分析之后，继续选取各城市第三产业占 GDP 的比重和第三产业增加值增长率的数据。与第二产业的结果相同，第三产业的占比和增速也没有明显的相关关系。如图 8-5 所示，代表性城市有海口和三亚，作为海南省最重要的两个城市，由于其天生的作为旅游城市的优势，及其受制于地理位置而并不发达的第二产业劣势，使得这两个城市的第三产业占比都非常高，仅次于北京而分列第二、三。而其第三产业增速也较高,海口为 21.7%,三亚则为 40.4%,居所有城市之首。未来第三产业在这两个城市有很大发展空间,但同时需要走多元化发展路线。另一有代表性的城市则是上海市,上海市第三产业占比为 57.3%,位于第七,但其第三产业增速仅为 10.1%,在各城市中位于倒数第二。上海作为中国最发达的城市之一,同时又是最重要的经济和金融中心,其第三产业占比相较于北京仍有很大提升空间,因而如何提高第三产业的增长率并保持高速增长是未来上海亟须解决的问题。

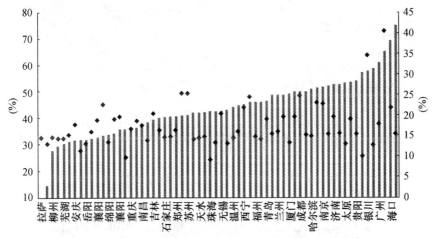

图 8-5 2010 年各城市第三产业占 GDP 比重及第三产业增长率
资料来源:各市统计年鉴。

(二) 金融实力的地区间比较

图 8-6 为 2010 年各城市的金融业增加值及第三产业占比数据,其中金融业增加值已作升序处理,并对第三产业占 GDP 的比重添加了趋势线。由图 8-6 可知,第三产业占 GDP 比重高的城市金融业增加值也较大,第三产业占 GDP 的比重小的城市,金融业增加值也比较小。如第六章所述,短期内金融发展水平对第三产业增加值的促进作用比较显著。第三产业在不断发展的过程中,其中的某一个或者几个行业的产业基础、政策环境和宏观环境等方面会向着协调的方向发展,从而引起融资环境的改善,带动金融行业的发展,对丰富市场主体、提高市场活跃度起到了正效应。金融业的发展对于许多行业有支持和带动作用,比如房地产业,租赁和商业服务业,交通运输、仓储和邮政业,住宿与餐饮业等,这些行业

的发展和完善需要雄厚的资金和金融体制支持。此外,发达的金融业意味着成熟完善的金融市场,这对于吸引本外地投资是一大优势。

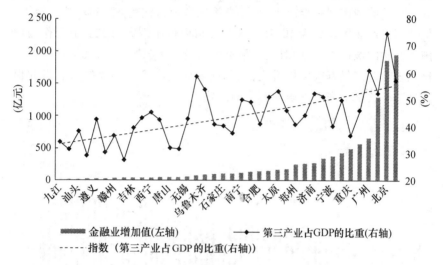

图 8-6　2010 年各城市金融业增加值及第三产业占比
注:大同、沈阳、大连等 26 个城市的金融业增加值数据缺失。
资料来源:各市统计年鉴。

金融业在第三产业发展中的这种纽带作用,在 2010 年 10 月《国务院关于加快培育和发展战略性新兴产业的决定》中就已得到充分体现:为加快培育和发展战略性新兴产业,必须鼓励金融机构加大信贷支持,引导金融机构建立适应战略性新兴产业特点的信贷管理和贷款评审制度,积极推进知识产权质押融资、产业链融资等金融产品创新,加快建立包括财政出资和社会资金投入在内的多层次担保体系,积极发展中小金融机构和新型金融服务,综合运用风险补偿等财政优惠政策,促进金融机构加大支持战略性新兴产业发展的力度;此外,还需要积极发挥多层次资本市场的融资功能,进一步完善创业板市场制度,支持符合条件的企业上市融资,推进场外证券交易市场的建设,满足处于不同发展阶段创业企业的需求,完善不同层次市场之间的转板机制,逐步实现各层次市场间有机衔接,大力发展债券市场,扩大中小企业集合债券和集合票据发行规模,积极探索开发低信用等级高收益债券和私募可转债等金融产品,稳步推进企业债券、公司债券、短期融资券和中期票据发展,拓宽企业债务融资渠道。

从图 8-7 中金融从业人员的数据来看,北京和上海市的金融从业人员数分列一、二位,且远高于其他城市,是第三位深圳市的两倍以上。综合金融业劳动生产率的结果,从趋势线来看,可以认为金融业劳动生产率与从业人数之间有一定正相关关系,从业人数越高的城市其金融业相对越发达,而发达的金融业意味着金融政策的完善、投资环境的优越,这对提高金融业劳动生产率有着促进作用。从具体城市来看,北京市的从业人数虽然最高,但劳动生产率仅为 56.7 万元/人,在所有城市中位于中等偏上,表明北京市虽然由于庞大的经济规模和作为政治、经济中心的地位,使得金融业的发达程度较高,但与规模相当的上海相比,其劳动生产率相对偏低。因而北京未来金融业的发展应以提高劳动生产率为主,提升金融业的人均产值,进一步完善投入产出结构。而虽然深圳、温州和厦门的金融从业人员数远低于北京和上海,其中温州和厦门更是处于中等偏下,但这三个城市的金融业劳动生产率却明显高于其他城市,均达到 100 万元/人左右。其原因可能在于深圳和厦门作为经济特区的特殊地位而拥有的金融政策优势和政府的大力扶持,而温州则拥有发达的小额

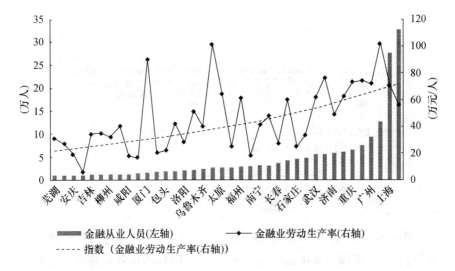

图 8-7　2010 年各城市金融从业人员数及金融业劳动生产率

注:金融业劳动生产率数据是根据各城市金融业增加值与金融从业人员数据计算所得。由于大同、沈阳、大连等 26 个城市的金融业增加值数据缺失,因而这些城市的金融业劳动生产率也不在此图结果之中。

资料来源:各市统计年鉴。

信贷市场,仅2012年全年新增的小额贷款公司就有26家,截至年末累计达到57家,在所有城市中名列前茅。

图8-8展现了2010年各城市证券业市场的发展概况。从上市公司数量来看,上海、北京和深圳三个城市占据榜首,且远高于第四位的杭州,其中上海和深圳分别为上海证券交易所和深圳证券交易所所在地,而北京作为政治和经济中心,许多公司的总部都设立在北京。而上市公司年末市值总额和年内发行企业债公司债总额的数据也与上市公司数有着基本相同的排序,仅有北京为明显的例外,两个指标的数值均远高于其他城市,为第二位的四倍左右,这是因为大多数市值非常庞大的国企总部都设在北京,比如四大国有银行等。

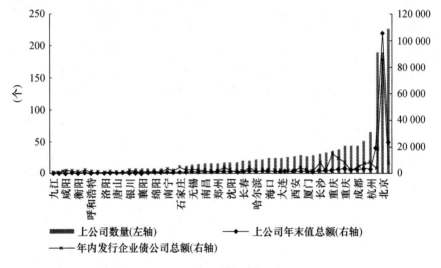

图8-8　2010年各城市证券业市场概况

注:大庆、温州、泉州等10个城市数据缺失。
资料来源:《中国证券期货统计年鉴》。

图8-9展现了2010年各城市保险业市场的发展概况。从保费收入来看,北上广深四个城市的保费收入分列前四位,从排名靠前的城市可以发现,各直辖市和省会城市的保费收入普遍较高,保险业在这些城市的发展起步较早,且逐步趋于成熟。结合保险密度数据,其趋势线结果显示保险密度和保费收入之间有一定的正相关关系,保费收入越高的城市保险业市场越发达,保险覆盖密度也越高,从而以人均保险费额表示的保险密度也相应越高。其中,深圳市的保险密度达到14 229.8元/人,远高于其

他城市,比保费收入前三位的北上广均高出一倍以上,这可能是由于北上广三个城市作为人口大市,其庞大的人口总量在一定程度上稀释了保险密度。

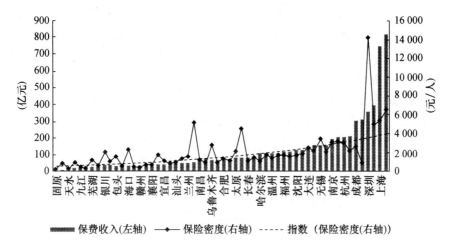

图 8-9　2010 年各城市保险业市场概况

注:石家庄、吉林、大庆等 8 个城市数据缺失。
资料来源:《中国金融年鉴》。

第二节　对国内金融中心排名的实证分析

对样本城市作为区域性金融中心乃至全国金融中心的竞争力排名,目前业内最为常用的方法是因子分析法,其次是改进熵值法与灰色关联分析法。本节采用三种方法对样本城市进行实证分析,得出城市间的排名情况。

一、方法描述

(一)因子分析法

因子分析法(Factor Analysis)是一系列用来发现一组变量的潜在结构的方法。它通过寻找一组更小的、潜在的或隐藏的结构来解释已观测到的、显式的变量关系。因子分析法可通过有限个不可观测的隐变量(因子)来描述这种相关关系,并根据相关性的大小对原始变量进行合理的分类。

因子分析法可以将错综复杂关系的多个变量总结成少数几个综合变量,集中反映问题的大部分信息而不丢失最重要的信息,因此次具有信息重叠率低的优势,有利于模型的解释与简化。

其中,X1—X5 为可观测变量,F1、F2 为因子,e1—e5 为误差。如图 8-10 所示,因子分析方法中的因子被当作观测变量的结构基础或"原因",不仅仅是它们的线性组合,而代表观测变量方差的误差 e1—e5 无法用因子来解释。图中的圆圈表示因子和误差无法直接观测,但是可通过变量间的相互关系推导得到;因子间带箭头的曲线表示它们之间有相关性。在因子分析模型中,相关因子是常见的,但不是必需的。

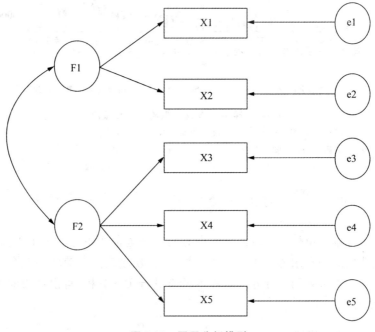

图 8-10　因子分析模型

假设多元总体的每一个样本有 p 个变量 $x_1, x_2, \cdots, x_p$,m 个因子变量分别为 $f_1, f_2, \cdots, f_p$,且 $m < p$。

则因子分析法的数学模型可表示为:

$$X = AF + \varepsilon$$

其中,$X = (x_1, x_2, \cdots, x_p)^T$ 为原始变量,是可实测的 p 维随机变量;$F = (f_1, f_2, \cdots, f_m)^T$ 为不可观测的随机变量,成为 X 的公共因子;

$$A = \begin{bmatrix} a_{11} & a_{12} & \cdots & a_{1m} \\ a_{21} & a_{22} & \cdots & a_{2m} \\ \vdots & \vdots & \ddots & \vdots \\ a_{p1} & a_{p2} & \cdots & a_{pm} \end{bmatrix}$$

以上为因子载荷矩阵(Loading Matrix)，元素 a_{ij} 为因子载荷。在各公共因子不相关的前提下，因子载荷 a_{ij} 是第 i 个原始变量 x_i 在第 j 个因子 f_j 的相关系数，反映了第 i 个原始变量 x_i 在第 j 个因子 f_j 上的相对重要性。

$$\varepsilon = (\varepsilon_1, \varepsilon_2, \cdots, \varepsilon_p)^T$$

表示特殊因子，是原始变量不能被公共因子所解释的部分，通常假设 $\varepsilon \sim N(0, \sigma_i^2)$，$i = 1, 2, \cdots, p$。

（二）熵值法

在多指标综合评价中，熵值法与因子分析法相同，都是客观赋权法的一种。熵权法是根据各指标观测值所提供信息量的大小来确定指标权重的方法，能很好地避免主观因素的影响。熵值法在实际操作中，在处理异常值中存在缺陷。本节根据郭显光（1998）改进熵值法，对样本城市指标进行赋权，得出金融中心排名情况。

1. 传统熵值法

设有 m 个待评方案，r 项待评指标，形成原始指标数据矩阵 $X = (x_{ij})_{m \times n}$，其中，$1 \leq j \leq n$，$1 \leq i \leq m$。

对于某项指标 x_j，指标值 x_{ij} 差距越大，则该指标在综合评价中所起的作用越大；如果某项指标的指标值全部相等，则该指标在综合评价中不起作用。在信息论中，熵 $H(x) = -\sum_{i=1}^{n} p(x_i) \ln p(x_i)$ 是系统无序程度的度量，信息是系统有序程度的度量，二者绝对值相等，符号相反。某项指标的指标值变异程度越大，信息熵越小，该指标提供的信息量越大，该指标的权重也应越大；反之，某项指标的指标值变异程度越小，信息熵越大，该指标提供的信息量越小，该指标的权重也应越小。所以，可根据各项指标值的变异程度，利用信息熵这个工具，计算出各指标的权重，为多指标综合评价提供依据。

用熵值法进行综合评价的步骤是：

（1）将各指标同度量化，计算第 j 项指标下第 i 方案指标值的权重 p_{ij}：

$$p_{ij} = \frac{x_{ij}}{\sum_{i=1}^{n} x_{ij}} \tag{8-1}$$

（2）计算第 j 项指标的熵值 e_j：

$$e_j = -k \sum_{i=1}^{m} p_{ij} \ln p_{ij} \tag{8-2}$$

其中，$k>0$，$\ln$ 为自然对数，$e_j \geq 0$。如果 x_{ij} 对于给定的 j 全部相等，那么：

$$p_{ij} = \frac{x_{ij}}{\sum_{i=1}^{n} x_{ij}} = \frac{1}{m}$$

此时，e_j 取极大值，即

$$e_j = -k \sum_{i=1}^{m} \frac{1}{m} \ln \frac{1}{m} = k \ln m$$

若设 $k = \frac{1}{\ln m}$，于是有 $0 \leq e_j \leq 1$。

（3）计算第 j 项指标的差异性系数 g_j。

对于给定的 j，x_{ij} 的差异性越小，e_j 越大；当 x_{ij} 全部相等时，$e_j = e_{\max} = 1$，此时对于方案的比较，指标 x_j 毫无作用；当各方案的指标值相差越大时，e_j 越小，该指标对于方案比较所起的作用越大。定义差异性系数：

$$g_j = 1 - e_j \tag{8-3}$$

则当 g_j 越大时，指标越重要。

（4）定义权数。

令 a_j 为指标的权数，则：

$$a_j = \frac{g_j}{\sum_{j=1}^{n} g_j} \tag{8-4}$$

（5）计算综合经济收益系数 v_i：

$$v_i = \sum_{j=1}^{n} a_j p_{ij} \tag{8-5}$$

v_i 为第 i 个方案的综合评价值。

2. 改进的熵值法

在用熵值法进行经济分析时，经常会遇到一些极端值情况，诸如某些指标为负的情况。使用熵值法计算熵值 e_j 时，运用了对数函数 $\ln$，$\ln$ 函数无法处理负值。若将负值删除，则影响了数据的完整性。所以，改进的熵

第八章
我国金融中心体系的构建

值法针对这种情况进行了模型调整,对部分指标的数据进行了变换。

(1)用功效系数法进行变换。取第 j 项指标值中最好值为 $x_j^{(h)}$,最差值为 $x_j^{(s)}$,用式(8-6)进行变换:

$$x'_{ij} = \frac{x_{ij} - x_j^{(s)}}{x_j^{(h)} - x_j^{(s)}} \times \alpha + (1 - \alpha) \qquad (8\text{-}6)$$

为避免变换后的数据出现零,α 的取值范围应为$(0,1)$。

在使用公式(8-6)进行变换时,实际上加入了评价者的主观因素,因为 α 的范围是由评价者决定的。如果评价者要加大该指标的权重,可将 α 取大一些。这时数据范围大,用熵值法计算的权重就大;同理,如果要减小该指标的权重,可将 α 取小一些,这时数据范围小,用熵值法计算的权重就小。从这个意义上说,用功效系数法对数据变换后的熵值法不是严格的客观赋权法,而是一种主、客观结合赋权法。

用功效系数变换后,对极端值做一定的处理,消除了指标中负值的问题,然后可按公式(8-1)到(8-5)的步骤进行评价,但取不同的 α 可能会出现不同的评价结果。

(2)用标准化法进行变换时:

$$x'_{ij} = \frac{x_{ij} - \overline{x_j}}{s_j} \qquad (8\text{-}7)$$

其中,$\overline{x_j}$ 为第 j 项指标值的均值,s_j 为第 j 项指标值的标准差。

一般地,x'_{ij} 的范围在 -5 到 5 之间,为消除负值,可将坐标进行平移,令

$$Z_{ij} = 5 + x'_{ij}$$

然后用 Z_{ij} 代替 x_{ij} 按公式(8-1)—(8-5)的步骤进行评价。

用标准化法进行变换与用功效系数法进行变换的区别是:① 用标准化法变换不需要加入任何主观信息,是一种完全意义的客观赋权法;② 用功效系数法变换因 α 的选取不同使得评价结果可能是不唯一的,而用标准化法进行变换评价结果是唯一的;③ 标准化法有利于缩小极端值对综合评价的影响。

(3)熵值法与因子分析法的区别:因子分析法的思路是从指标间的重复信息量出发赋权的,或是消除重复信息后赋权,或是直接根据重复信息赋权,而熵值法是根据指标的变异信息量确定权数;因子分析法消除了变量相关对综合评价的影响,熵值法不具备消除这种影响的作用;因子分析法从众多的变量中分解出少数几个公共因子,减少了评价指标维数,而

熵值法不能减少评价指标维数;因子分析法中因子与变量是线性函数关系,而熵值法的综合评价结果与变量不是线性函数关系;因子分析法计算过程比较复杂,一般必须用计算机完成,而熵值法计算过程相对简单。

(三) 系统论方法

从系统论的观点看,发展变化着的客观世界,通过事物之间、因素之间互相制约、互相促进、互相影响、互相关联构成整体,组成系统。系统论方法下灰色关联度方法,在研究中可以极好地处理因信息量权重不同而导致结果不同的情况。本节基于的灰色关联度法,对国内金融中心进行排名。使用灰色关联度法对指标评述可以完整地保持全部原始数据,并没有过多的假设条件来限制模型使用社会系统、经济系统、农业系统、生态系统等,没有客观物理原型,作用原理不明确,因素难以辨别,因素间关系隐蔽,行为特征难以准确了解,信息完备性也就难以判断,定量描述难度较大,建立模型有一定的困难,对这类系统只能按人们某种概念、某种思维逻辑、某种推断来构造模型,如此构造的模型,充其量也只能看作客观系统的"代表"或者"同构",这类系统称为抽象系统,或本征性灰系统。一般来说,系统是否会出现信息不完全的情况,取决于层次,即认识层次、信息层次、决策层次。认识层次又可分为时间认识层次、关系认识层次、机理深化认识层次。若在时间轴上,以现在为原点,离开原点往左轴发展,即从现在推向过去,则越往远古推移,认识越不清晰,认识的灰度越大。离开原点往右轴发展,即从现在推向未来,则越往遥远的未来发展,认识的灰度就越大。若在关系空间,以某一个人为原点,离原点越远,关系越复杂,关系认识的灰度也就越大。

1. 理论基础

灰色关联分析是根据因素之间发展态势的相似或相异程度来衡量因素之间关联程度的一种系统分析方法。灰色系统的研究内容包括客观事物的量化、建模、预测、决策、控制。灰色系统理论认为,尽管系统的信息不够充分,但作为系统必然是有特定功能和有序的、有某种外露或内在规律的。

灰色系统的关联度,是按照因素发展变化态势的类似情况来判断的,按时间序列几何形状相似程度来区分。假设某一类的各项指标形成一条曲线,两条曲线间各个不同时刻的关联程度,用下式表示:

$$e_{ij}(k) = \frac{\Delta(\min) + R\Delta(\max)}{\Delta_{ij(k)} + R\Delta(\max)}$$

其中, $e_{ij}(k)$ 是子线 j 对母线 i 在 k 时刻的关联系数, $\Delta_{ij(k)}$ 是 k 时刻子线 j 与母线 i 的绝对差, $\Delta(\min)$ 是各条子线对同一条母线 i 绝对差中的最小者,$\Delta(\min)$ 是各条子线对同一条母线 i 绝对差中的最大者。

若用 $x_m^{(0)}(k)$ 表示 k 时刻第 m 条母线的数据,则有:

$$\Delta_{ij(k)} = |x_i^{(0)}(k) - x_j^0(k)|, \quad k = 1, 2, \cdots$$

$$\Delta(\max) = \max_j(\Delta_{ij}(\max))$$

$$\Delta(\min) = \min_i(\Delta_{ij}(\min))$$

$$\Delta_{ij}(\max) = \max_k(\Delta_{ij}(k))$$

$$\Delta_{ij}(\min) = \min_k(\Delta_{ij}(k))$$

式中的 R 是由人们在 0 与 1 之间挑选的常数。$e_{ij}(k)$ 越大,则在 k 时刻 j 线与 i 线相差程度越大。$e_{ij}(k)$ 只能代表一个点 k 的关联情况,不能反映全过程的关联程度。全过程的关联程度用 ν_{ij} 表示,在权重相等的情况下,

$$\nu_{ij} = \frac{1}{n}[e_{ij}(1) + e_{ij}(2) + \cdots e_{ij}(n)]$$

ν_{ij} 为子线 j 对母线 i 的关联程度。

不过,关联程度的量化值不是唯一的,它与各条子线 j 对母线 i 的公共参考点 O_i 的选择有关,与讨论的时间区段 $[1, n]$ 有关,所以关联度通常表示为:

$$\nu_{ij} = \nu(x_j \to x_i, O_i, [1, n])$$

这表示 ν_{ij} 是子线 j 对母线 i 以公共参考点 O_i,在时间区段 $[1, n]$ 的关联度。

将关联度按大小排序,便得到关联序。比如母线 i 对子线 1、2、3,若其关联度的大小不等,且有:

$$\nu_{11} > \nu_{12} > \nu_{13}$$

这种排列即为关联序。当表达"优于"含义时,则有:

$$\nu_{11} > \nu_{12} > \nu_{13}$$

如果有 1、2、3 三条母线,又有 1、2、3 三条子线,这样便有 9 种关联度,将其排列成为矩阵,即得下述的关联阵 ν,

$$\nu = \begin{bmatrix} \nu_{11} & \nu_{12} & \nu_{13} \\ \nu_{21} & \nu_{22} & \nu_{23} \\ \nu_{31} & \nu_{32} & \nu_{33} \end{bmatrix}$$

关联矩阵在经济决策中可作为优势分析的依据。

2. 综合评价步骤

假设有 m 个待评对象,r 项评价指标,原始评价矩阵为 $X = (x_{ij})_{m \times n}$,

其中,$1 \leqslant i \leqslant m$, $1 \leqslant j \leqslant n$。

根据未来目标函数的经济含义,确定参考数列 X_0:

$$X_0 = (x_{01}, x_{02}, \cdots, x_{0n})$$

其中,$X_{0j}(j=1,2,\cdots,n)$ 为各指标的最优值。每个方案的所有指标构成一个比较数列 X_i:

$$X_i = (x_{i1}, x_{i2}, \cdots, x_{in}), \quad i = 1, 2, \cdots, m$$

对指标进行规范化处理,计算规范化后的比较数列与参考数列在第 j 点的关联系数 ζ_{ij}:

$$\xi_{ij} = \frac{\min_i \min_j |x_{0j} - x_{ij}| + \rho \max_i \max_j |x_{0j} - x_{ij}|}{|x_{0j} - x_{ij}| + \rho \max_i \max_j |x_{0j} - x_{ij}|}$$

$$i = 1, 2, \cdots, m; \quad j = 1, 2, \cdots, n$$

其中,$\rho \in (0, +\infty)$ 为分辨因子,其作用在于提高关联系数之间的差异显著性。ρ 越小,分辨能力越大,一般取 $\rho \in (0,1)$。更一般情况下,$\rho = 0.5$。

计算比较数列与参考数列之间的灰色关联度 r_i。

考虑到各指标的重要程度不一样,所以关联度计算方法采取权重乘以关联系数的方法:

$$r_i = \sum_{j=1}^{n} \omega_j \xi_{ij}$$

其中,ω_j 为第 j 项指标的权重,$0 \leqslant \omega \leqslant 1$,$\sum_{j=1}^{n} \omega_j = 1$。

二、因子分析法实证分析

基于前文的指标描述,对于金融中心构建的评价指标选取了四类。为了能够全方位剖析金融中心的构建影响因子,以及对每一个城市在每一方面的发展情况进行评价,下文分别对经济支撑、金融发展、城市环境和发展潜力与人才进行了实证分析。

(一)对城市经济支撑指标的实证分析

1. 计算因子方差贡献率

由 SAS 计算可知,前 3 个主因子 f_1、f_2、f_3 的方差贡献率分别达到 61.65%、12.38% 和 9.92%;前 3 个因子的方差累计贡献率大于 80%,11 个核心指标中 83.95% 的信息可以由这 3 个因子来解释;第 4 个及之后的因子解释能力都比较小。因而可以选择前三个因子来表示城市经济支撑的影响,如表 8-6 所示。

表 8-6 城市经济支撑因子方差贡献率

	特征值	差值	比例	累计
1	6.780962	5.419213	0.6165	0.6165
2	1.361749	0.270074	0.1238	0.7402
3	1.091675	0.309909	0.0992	0.8395
4	0.781767	0.280674	0.0711	0.9106
5	0.501092	0.307454	0.0456	0.9561
6	0.193638	0.039827	0.0176	0.9737
7	0.153811	0.076391	0.0140	0.9877
8	0.077420	0.035729	0.0070	0.9947
9	0.041691	0.027869	0.0038	0.9985
10	0.013822	0.011449	0.0013	0.9998
11	0.002372		0.0002	1.0000

2. 因子载荷矩阵

主因子 f_1、f_2、f_3 与所有变量都具有相关关系,但是相关关系的程度取决于因子与变量系数绝对值的大小。绝对值越大,则该因子与变量的关系越近。由表 8-7 因子载荷矩阵可知,f_1 主要与全社会固定资产投资额、当年实际使用外资金额、外资依存度、综合增量竞争力、地区生产总值(当年价格)五个变量有关,可以认为 f_1 主要解释总量方面的指标;f_2 主要与外贸依存度、综合效率竞争力、人均地区生产总值有关,可以认为 f_2 是一个经济运行效率因子;f_3 主要与第三产业占 GDP 的比重、社会消费品零售总额、地方财政一般预算内收入有关,其中,第三产业占 GDP 的比重主要与 f_3 相关,可以认为 f_3 是一个经济结构因子。

表 8-7 旋转后的因子载荷矩阵

	Factor 1	Factor 2	Factor 3
全社会固定资产投资	0.91037	0.03446	0.28846
当年实际使用外资金额	0.90118	0.24691	0.2299
外资依存度	0.76819	0.25091	-0.25732
综合增量竞争力	0.76815	0.33126	0.50427
地区生产总值(当年价格)	0.70198	0.35632	0.58321
外贸依存度	0.12045	0.91540	0.09800
综合效率竞争力	0.15236	0.81645	0.41122

（续表）

	Factor 1	Factor 2	Factor 3
人均地区生产总值	0.44163	0.64904	0.06789
第三产业占 GDP 的比重	0.0082	0.11845	0.74327
社会消费品零售总额	0.64617	0.25138	0.68803
地方财政一般预算内收入	0.63344	0.26848	0.65281

3. 计算因子得分矩阵

由表 8-8 可计算 3 个主因子的因子得分，表达式为：

$$f_1 = (0.30475)x_1 + (0.27876)x_2 + (0.34958)x_3 + (0.13529)x_4$$
$$+ (0.08202)x_5 + (-0.1361)x_6 + (-0.18738)x_7 + (0.05521)x_8$$
$$+ (-0.2127)x_9 + (0.0493)x_{10} + (0.05013)x_{11}$$

$$f_2 = (-0.19346)x_1 + (-0.04442)x_2 + (0.07442)x_3 + (-0.01912)x_4$$
$$+ (-0.00641)x_5 + (0.54720)x_6 + (0.41844)x_7 + (0.32543)x_8$$
$$+ (-0.06706)x_9 + (-0.08384)x_{10} + (-0.06391)x_{11}$$

$$f_3 = (-0.03466)x_1 + (-0.11558)x_2 + (-0.43793)x_3 + (0.10409)x_4$$
$$+ (0.17447)x_5 + (-0.13430)x_6 + (0.10537)x_7 + (-0.18999)x_8$$
$$+ (0.51919)x_9 + (0.28582)x_{10} + (0.26014)x_{11}$$

其中，x_1 至 x_{11} 的顺序如表 8-8 所示。

表 8-8　因子得分矩阵

	Factor 1	Factor 2	Factor 3
全社会固定资产投资	0.30475	-0.19346	-0.03466
当年实际使用外资金额	0.27876	-0.04442	-0.11558
外资依存度	0.34958	0.07442	-0.43793
综合增量竞争力	0.13529	-0.01912	0.10409
地区生产总值（当年价格）	0.08202	-0.00641	0.17447
外贸依存度	-0.13610	0.54720	-0.13430
综合效率竞争力	-0.18738	0.41844	0.10537
人均地区生产总值	0.05521	0.32543	-0.18999
第三产业占 GDP 的比重	-0.21270	-0.06706	0.51919
社会消费品零售总额	0.04930	-0.08384	0.28582
地方财政一般预算内收入	0.05013	-0.06391	0.26014

4. 各城市的因子得分情况

由表 8-8 可以计算出每个城市在不同因子上的得分情况，可考虑每个城市在方差贡献最大的两个因子 f_1、f_2 上的得分，以 f_1 为横轴，以 f_2 为纵轴的各城市得分情况如图 8-11 所示。

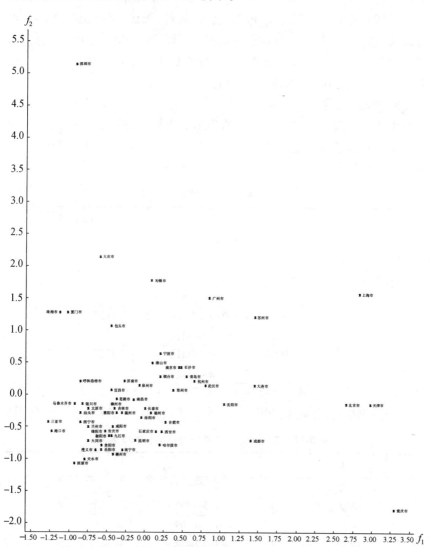

图 8-11　各城市在经济支撑指标因子 f_1、f_2 上的得分

可见，大部分城市集中在关于两个因子的 45 度线上，表明大多数城

市在总量因子和效率引资上的得分是相近的。在经济总量指标方面,北京、天津、沈阳、大连、上海、苏州、成都等城市在因子 f_1 上得分较高,深圳、厦门、珠海、苏州、上海、无锡、宁波、青岛等城市在因子 f_2 上得分较高。经过比较,可将这些城市分为三类:第一类总量因子 f_1 得分较大,效率因子得分 f_2 较小的城市有北京、重庆、成都、天津;第二类效率因子得分较大,总量因子得分相对较小的城市有深圳、厦门、珠海;第三类总量因子 f_1 得分和效率因子得分 f_2 都较大,这类城市位于图像的右上方,主要有上海、苏州、无锡、宁波、青岛、广州。

5. 综合评价结果

由于3个因子在解释变量时的作用是不同的,因此要对 f_1、f_2、f_3 赋权。定义各因子的方差贡献率占总方差贡献率的比例为该因子的权重,方差贡献率如表8-9所示。

表8-9　方差贡献率

Factor 1	Factor 2	Factor 3
4.365472	2.436902	2.432013

则各因子权重应为:

$$\omega_1 = \frac{4.3654724}{4.3654724 + 2.4369019 + 2.4320125}$$

$$\omega_2 = \frac{2.4369019}{4.3654724 + 2.4369019 + 2.4320125}$$

$$\omega_3 = \frac{2.4320125}{4.3654724 + 2.4369019 + 2.4320125}$$

经过加权后,各城市经济支撑得分及排名(前20名)如表8-10所示。

表8-10　各城市经济支撑得分排名(前20名)

城市	得分	排名
上海	2.030642	1
北京	1.549497	2
天津	1.416609	3
深圳	1.220412	4
苏州	1.095570	5
重庆	1.068193	6

(续表)

城市	得分	排名
广州	0.938279	7
大连	0.890105	8
成都	0.604941	9
沈阳	0.488136	10
无锡	0.478588	11
杭州	0.466540	12
武汉	0.445293	13
青岛	0.436903	14
南京	0.417444	15
宁波	0.276687	16
长沙	0.214427	17
郑州	0.170258	18
厦门	0.109121	19
西安	0.039420	20

(二) 对城市金融发展指标的实证分析

1. 计算因子方差贡献率

由 SAS 计算可知,前 3 个主因子 f_1、f_2、f_3 的方差贡献率分别达到 58.29%、21.7% 和 6.36%;前 3 个因子的方差累计贡献率大于 80%,13 个核心指标中 83.95% 的信息可以由这 3 个因子来解释;且第 4 个及以后的因子解释能力都比较小,可以选择前三个因子表示城市金融发展的影响(见表 8-11)。

表 8-11 城市金融发展因子方差贡献率

	特征值	差值	比例	累计
1	7.577170	4.756399	0.5829	0.5829
2	2.820771	1.993662	0.2170	0.7998
3	0.827108	0.225917	0.0636	0.8635
4	0.601192	0.156193	0.0462	0.9097
5	0.444999	0.211626	0.0342	0.9439
6	0.233374	0.020222	0.0180	0.9619
7	0.213152	0.070691	0.0164	0.9783

(续表)

	特征值	差值	比例	累计
8	0.142461	0.021454	0.0110	0.9892
9	0.121007	0.106260	0.0093	0.9986
10	0.014747	0.010728	0.0011	0.9997
11	0.004019	0.004019	0.0003	1.0000
12	0.000000	0.000000	0.0000	1.0000
13	0.000000		0.0000	1.0000

2. 因子载荷矩阵

由表8-12因子载荷矩阵可知，f_1主要与上市公司数量、金融机构年末贷款余额、保险密度、金融机构年末存款余额、金融业增加值、报废收入6个变量有关，可以认为f_1为金融发展总量水平因子；f_2主要与是否为相关监管部门所在地有关，可以认为f_2是金融监管因子；f_3主要与金融相关率、年内发行企业债、公司债总额、上市公司年末市值总额有关，可以认为f_3是直接融资或金融效率因子。

表8-12 旋转后的因子载荷矩阵

	Factor 1	Factor 2	Factor 3
上市公司数量	0.85407	0.21918	0.31748
金融机构年末贷款余额	0.85032	0.34671	0.28316
保险密度	0.83416	0.30947	0.14255
金融机构年末存款余额	0.81988	0.22370	0.48617
金融业增加值	0.76635	0.08215	0.46309
保费收入	0.70816	0.10899	0.15190
是否央行分行或营业管理部门所在地	0.17640	0.96773	0.07750
是否证监局所在地	0.17640	0.96773	0.07750
是否银监局所在地	0.17640	0.96773	0.07750
是否保监局所在地	0.21692	0.88095	0.01854
金融相关率	0.26629	0.59030	0.47297
年内发行企业债公司债总额	0.36623	0.10338	0.89707
上市公司年末市值总额	0.49546	0.02919	0.85123

3. 计算因子得分矩阵

由表 8-13 可计算 3 个主因子的得分，表达式为：

$$f_1 = (0.18014)x_{12} + (-0.16024)x_{13} + (0.17872)x_{14} + (0.27391)x_{15}$$
$$+ (0.277)x_{16} + (-0.14006)x_{17} + (-0.24067)x_{18}$$
$$+ (0.29192)x_{19} + (0.3365)x_{20} + (-0.21937)x_{21}$$
$$+ (0.0001)x_{22} + (-0.012)x_{23} + (0.0011)x_{24}$$

$$f_2 = (-0.07403)x_{12} + (0.14278)x_{13} + (-0.03946)x_{14}$$
$$+ (-0.00989)x_{15} + (-0.04741)x_{16} + (-0.04835)x_{17}$$
$$+ (-0.00857)x_{18} + (-0.06197)x_{19} + (-0.02029)x_{20}$$
$$+ (0.78299)x_{21} + (0.0008x_{22} + (0.0023)x_{23}$$
$$+ (0.22936)x_{24}$$

$$f_3 = (0.04226)x_{12} + (0.29223)x_{13} + (0.03878)x_{14} + (-0.15034)x_{15}$$
$$+ (-0.12382)x_{16} + (0.5061)x_{17} + (0.60759)x_{18}$$
$$+ (-0.20018)x_{19} + (-0.26524)x_{20} + (-0.0129)x_{21}$$
$$+ (-0.0001)x_{22} + (0.0009)x_{23} + (-0.07559)x_{24}$$

表 8-13 因子得分矩阵

	Factor 1	Factor 2	Factor 3
上市公司数量	0.27700	-0.04741	-0.12382
金融机构年末贷款余额	0.27391	-0.00989	-0.15034
保险密度	0.33650	-0.02029	-0.26524
金融机构年末存款余额	0.17872	-0.03946	0.03878
金融业增加值	0.18014	-0.07403	0.04226
保费收入	0.29192	-0.06197	-0.20018
是否央行分行或营业管理部门所在地	-0.21937	0.78299	-0.01290
是否证监局所在地	0.00110	0.00230	0.00090
是否银监局所在地	0.00010	0.00020	0.00010
是否保监局所在地	-0.01200	0.22936	-0.07559
金融相关率	-0.16024	0.14278	0.29223
年内发行企业债公司债总额	-0.24067	-0.00857	0.60759
上市公司年末市值总额	-0.14006	-0.04835	0.50610

4. 各城市的因子得分情况

由表 8-13 可以计算出每个城市在不同因子上的得分情况,可考虑每个城市在方差贡献最大的两个因子 f_1、f_2 上的得分,以 f_1 为横轴,以 f_2 为纵轴的各城市得分情况如图 8-12 所示。

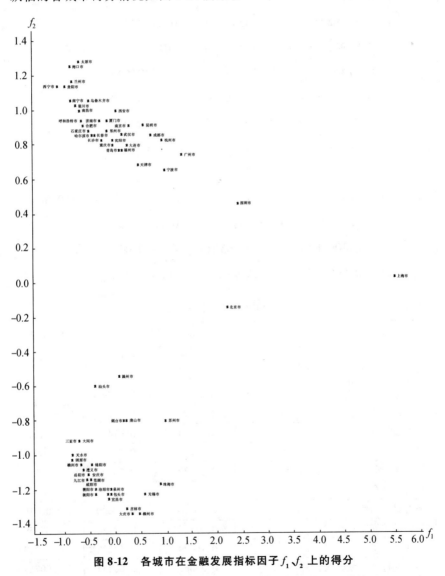

图 8-12　各城市在金融发展指标因子 f_1、f_2 上的得分

由图 8-12 可知,在金融发展总量水平因子 f_1 上分数最高的城市有上

海、北京、深圳、广州、杭州、宁波、苏州、珠海等。各城市可以按照金融监管因子f_2清晰地分为两类：第一类为在金融监管因子f_2上得分较高的城市，这类城市以各省省会居多，有着充足的信息优势并能充分享受到金融监管对金融发展的促进作用，在金融监管因子f_2上得分较高同时在金融发展总量水平因子f_1上得分较高的城市有深圳、广州、宁波、杭州、成都、天津等；第二类为在金融监管因子f_2上得分较低的城市，这类城市以各省副中心居多，在金融监管因子f_2上得分较低但在金融发展总量水平因子f_1上得分较高的城市有苏州、珠海、无锡等。由图8-12，首都北京作为全国政治中心、经济中心，不仅是国有大型金融企业或金融机构总部的集聚地，也是中国人民银行、中国银监会、中国证监会和中国保监会的总部所在地，其在金融监管与决策上的地位遥遥领先于其他地区；上海作为上海证券交易所、上海期货交易所、上海黄金交易所、上海航运交易所的所在地，也拥有金融发展上的比较优势。

5. 综合评价结果

定义各因子的方差贡献率占总方差贡献率的比例为该因子的权重，方差贡献率如表8-14所示。

表8-14 方差贡献率

Factor 1	Factor 2	Factor 3
4.500219	4.278267	2.446562

则各因子权重应为：

$$\omega_1 = \frac{4.5002193}{4.5002193 + 4.2782673 + 2.4465624}$$

$$\omega_2 = \frac{4.2782673}{4.5002193 + 4.2782673 + 2.4465624}$$

$$\omega_3 = \frac{2.4465624}{4.5002193 + 4.2782673 + 2.4465624}$$

经过加权后，各城市金融发展得分及排名（前20名）如表8-15所示。

表8-15 各城市金融发展得分排名（前20名）

城市	得分	排名
北京	1.000000	1
天津	0.852467	2

（续表）

城市	得分	排名
石家庄	0.532436	3
唐山	0.434507	4
太原	0.431013	5
大同	0.396785	6
呼和浩特	0.378727	7
包头	0.366721	8
沈阳	0.365343	9
大连	0.362904	10
长春	0.341457	11
吉林	0.330913	12
哈尔滨	0.328601	13
大庆	0.323547	14
上海	0.315983	15
南京	0.312296	16
无锡	0.295429	17
苏州	0.291867	18
杭州	0.291823	19
宁波	0.290897	20

（三）对城市环境指标的实证分析

1. 计算因子方差贡献率

由 SAS 计算可知，前 4 个主因子 f_1、f_2、f_3、f_4 的方差贡献率分别达到 43.68%、17.43%、9.38% 和 7.76%；前 4 个因子的方差累计贡献率接近 80%，11 个核心指标中 78.25% 的信息可以由这 4 个因子来解释。第 5 个及以后的因子解释能力都比较小。可以选择前三个因子表示城市环境的影响（见表 8-16）。

表 8-16 相关矩阵特征值

	特征值	差值	比例	累计
1	4.80492861	2.888018	0.4368	0.4368
2	1.91691049	0.884757	0.1743	0.6111
3	1.03215389	0.178138	0.0938	0.7049

(续表)

	特征值	差值	比例	累计
4	0.85401637	0.224909	0.0776	0.7825
5	0.62910741	0.085434	0.0572	0.8397
6	0.54367359	0.155244	0.0494	0.8892
7	0.38842961	0.064426	0.0353	0.9245
8	0.32400399	0.042774	0.0295	0.9539
9	0.28123002	0.079934	0.0256	0.9795
10	0.20129622	0.177046	0.0183	0.9978
11	0.02424981		0.0022	1.0000

2．因子载荷矩阵

因子载荷矩阵如表 8-17 所示。

表 8-17 因子载荷矩阵

	Factor 1	Factor 2	Factor 3	Factor 4
科学技术支出	0.91548	0.09329	0.07219	0.14628
教育支出	0.90854	-0.02053	0.27795	0.04200
民用航空客运量	0.88371	0.06295	0.10912	0.10754
文化城市竞争力	0.80966	0.17873	0.15985	-0.09391
每百人公共图书馆藏书	0.68469	0.40836	-0.08032	0.16395
人均城市道路面积	-0.13457	0.81575	-0.03338	0.06733
宜居城市竞争力	0.26545	0.7435	0.15836	0.20018
和谐城市竞争力	0.43587	0.70985	0.08346	-0.16563
生态城市竞争力	0.02268	0.4503	0.7415	0.23297
国际互联网用户数	0.50333	-0.21399	0.69564	-0.07881
建成区绿化覆盖率	0.12679	0.09759	0.08578	0.94609

f_1 主要与科学技术支出、教育支出、民航客运量、文化竞争力指数、每百人公共图书馆藏书有关，可以认为 f_1 为城市科教文实力因子。f_2 主要与人均城市道路面积、宜居城市竞争力指数、和谐城市竞争力指数有关，可以认为是城市宜居性因子。f_3、f_4 分别与互联网用户数、生态城市竞争力指数、建成区绿化覆盖率相关，可以认为是基础设施与生态因子。

3. 计算因子得分矩阵

由表 8-18 可计算 3 个主因子的因子得分,表达式为:

$$f_1 = (0.25874)x_{25} + (0.22434)x_{26} + (0.24445)x_{27} + (0.20686)x_{28}$$
$$+ (0.19305)x_{29} + (-0.1046)x_{30} + (-0.01929)x_{31}$$
$$+ (0.06464)x_{32} + (-0.19932)x_{33}$$
$$+ (0.02605)x_{34} + (-0.01658)x_{35}$$

$$f_2 = (-0.05155)x_{25} + (-0.1084)x_{26} + (-0.06165)x_{27}$$
$$+ (0.02925)x_{28} + (0.13852)x_{29} + (0.42912)x_{30}$$
$$+ (0.3287)x_{31} + (0.3514)x_{32} + (0.15662)x_{33}$$
$$+ (-0.18418)x_{34} + (-0.09379)x_{35}$$

$$f_3 = (-0.14722)x_{25} + (0.08832)x_{26} + (-0.09533)x_{27}$$
$$+ (-0.00937)x_{28} + (-0.27712)x_{29} + (-0.0623)x_{30}$$
$$+ (0.03935)x_{31} + (-0.03094)x_{32} + (0.71517)x_{33}$$
$$+ (0.6389)x_{34} + (-0.05542)x_{35}$$

表 8-18 因子得分系数

	Factor 1	Factor 2	Factor 3	Factor 4
科学技术支出	0.25874	-0.05155	-0.14722	0.09514
教育支出	0.22434	-0.10840	0.08832	-0.01667
民用航空客运量	0.24445	-0.06165	-0.09533	0.05754
文化城市竞争力	0.20686	0.02925	-0.00937	-0.16147
每百人公共图书馆藏书	0.19305	0.13852	-0.27712	0.09485
人均城市道路面积	-0.10460	0.42912	-0.06230	-0.03640
宜居城市竞争力	-0.01929	0.32870	0.03935	0.06998
和谐城市竞争力	0.06464	0.35140	-0.03094	-0.28429
生态城市竞争力	-0.19932	0.15662	0.71517	0.08127
国际互联网用户数	0.02605	-0.18418	0.63890	-0.14657
建成区绿化覆盖率	-0.01658	-0.09379	-0.05542	0.90980

4. 各城市的因子得分情况

由表 8-18 可以计算出每个城市在不同因子上的得分情况,可考虑每个城市在方差贡献最大的两个因子 f_1、f_2 上的得分,以 f_1 为横轴,以 f_2 为纵轴的各城市得分情况如图 8-13 所示。

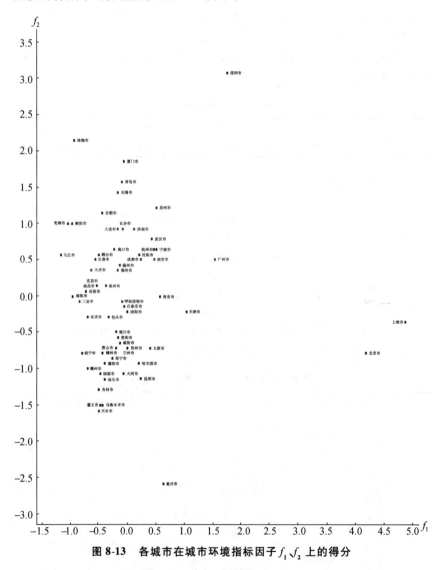

图 8-13 各城市在城市环境指标因子 f_1、f_2 上的得分

由图 8-13 可知,各城市在城市科教文实力因子 f_1 和城市宜居性因子 f_2 上的得分分布相对均匀,在科教文实力方面表现特别突出的城市主要有上海、北京、广州、天津、西安等市,在宜居性方面表现特别突出的城市

主要有深圳、珠海、厦门、青岛、无锡、苏州等市。在城市科教文实力因子 f_1 和城市宜居性因子 f_2 上得分都较高的城市分布在图 8-13 的右上角，主要包括深圳、苏州、厦门、青岛、无锡、武汉、宁波、广州等市。

5. 综合评价结果

定义各因子的方差贡献率占总方差贡献率的比例为该因子的权重，方差贡献率如表 8-19 所示。

表 8-19 方差贡献率

	Factor 1	Factor 2	Factor 3	Factor 4
贡献率	4.117339	2.192006	1.200634	1.098031

则各因子权重应为：

$$\omega_1 = \frac{4.117339}{(4.117339 + 2.192006 + 1.200634 + 1.098031)}$$

$$\omega_2 = \frac{2.192006}{(4.117339 + 2.192006 + 1.200634 + 1.098031)}$$

$$\omega_3 = \frac{1.200634}{(4.117339 + 2.192006 + 1.200634 + 1.098031)}$$

$$\omega_4 = \frac{1.098031}{(4.117339 + 2.192006 + 1.200634 + 1.098031)}$$

经过加权后，各城市环境得分及排名（前 20 名）如表 8-20 所示。

表 8-20 各城市环境得分排名（前 20 名）

城市	标准化城市环境指标	城市环境指标排名
上海	1.000000	1
北京	0.883667	2
深圳	0.762242	3
广州	0.555030	4
杭州	0.418821	5
苏州	0.415073	6
厦门	0.397697	7
青岛	0.396603	8
南京	0.386174	9
无锡	0.365714	10
大连	0.365043	11
天津	0.360757	12

（续表）

城市	标准化城市环境指标	城市环境指标排名
珠海	0.355364	13
武汉	0.347632	14
宁波	0.345469	15
成都	0.342987	16
重庆	0.342733	17
沈阳	0.341960	18
西安	0.314601	19
济南	0.297189	20

（四）对城市发展潜力与人才指标的实证分析

1. 计算因子方差贡献率

由 SAS 计算可知，城市发展潜力与人才指标的前3个主因子 f_1、f_2、f_3 的方差贡献率分别达到 52.94%、14.54% 和 10.36%；前3个因子的方差累计贡献率接近 80%，11 个核心指标中 77.84% 的信息可以由这 4 个因子来解释。第 5 个及以后的因子解释能力都比较小。可以选择前三个因子表示发展潜力与人才指标的影响（见表 8-21）。

表 8-21 相关矩阵特征值

	特征值	差值	比例	累计
1	6.35223113	4.60750547	0.5294	0.5294
2	1.74472566	0.50121345	0.1454	0.6747
3	1.24351221	0.31830774	0.1036	0.7784
4	0.92520447	0.27517245	0.0771	0.8555
5	0.65003202	0.23112024	0.0542	0.9096
6	0.41891178	0.19295537	0.0349	0.9446
7	0.22595641	0.07549960	0.0188	0.9634
8	0.15045681	0.02318338	0.0125	0.9759
9	0.12727343	0.05957454	0.0106	0.9865
10	0.06769889	0.01696700	0.0056	0.9922
11	0.05073190	0.00746659	0.0042	0.9964
12	0.04326530		0.0036	1

2. 因子载荷矩阵

因子载荷矩阵如表 8-22 所示。

表 8-22　因子载荷矩阵

	Factor 1	Factor 2	Factor 3
可持续竞争力	0.93863	0.15378	0.17556
信息城市竞争力	0.92188	0.04648	0.21423
易商城市竞争力	0.91958	0.21377	0.15071
知识城市竞争力	0.91579	0.25999	0.13708
高校毕业生人数	0.82451	0.16482	0.11381
高校在校学生数	0.65910	0.23201	−0.06307
专业技术人员	0.32180	0.81419	0.20541
金融从业人员	0.58874	0.66165	0.09363
就业人员人数	0.24396	0.65514	−0.21990
就业结构	−0.48076	0.57996	−0.05488
每万人在校大学生人数	0.14072	−0.11067	0.94962
普通高等学校教师数	0.28580	0.58456	0.62386

　　f_1 主要与可持续竞争力指数、城市信息竞争力指数、易商城市竞争力指数、知识城市竞争力指数、高校毕业生人数（经管类）、高校在校生人数有关，可以认为是城市发展潜力因子。这些指标有的度量城市发展的可持续性，有的度量城市对新技术的利用能力，有的度量城市的商业发展环境，实际上都从不同的方面代表了城市的发展潜力；高校毕业生人数（经管类）和高校在校生人数则度量一个城市在未来人才储备上的优劣，从人力资本上度量了城市发展潜力。f_2 主要与专业技术人员人数、金融从业人员人数、就业结构指数有关，度量了在构建金融中心过程中专业人才的可获得性，可以认为是人才因子；f_3 与每万人在校大学生人数、普通高校教师数，是城市的教育实力因子。

3. 计算因子得分矩阵

　　由表 8-23 可计算 3 个主因子的因子得分，表达式为：

$$f_1 = (0.19467)x_{36} + (0.20023)x_{37} + (0.18471)x_{38} + (0.17904)x_{39}$$
$$+ (0.17252)x_{40} + (0.14557)x_{41} + (-0.06346)x_{42}$$
$$+ (0.04327)x_{43} + (0.00025)x_{44} + (-0.19937)x_{45}$$
$$+ (-0.08385)x_{46} + (-0.09968)x_{47}$$

$$f_2 = (-0.06319)x_{36} + (-0.11706)x_{37} + (-0.02887)x_{38}$$
$$+ (-0.0042)x_{39} + (-0.03876)x_{40} + (0.02618)x_{41}$$

$$+ (0.36134)x_{42} + (0.24948)x_{43} + (0.30789)x_{44}$$
$$+ (0.36722)x_{45} + (-0.11366)x_{46} + (0.23302)x_{47}$$

表 8-23　因子得分系数

	Factor 1	Factor 2	Factor 3
可持续竞争力	0.19467	-0.06319	-0.00583
信息城市竞争力	0.20023	-0.11706	0.03038
易商城市竞争力	0.18471	-0.02887	-0.02449
知识城市竞争力	0.17904	-0.00420	-0.03620
高校毕业生人数	0.17252	-0.03876	-0.03726
高校在校学生数	0.14557	0.02618	-0.15179
专业技术人员	-0.06346	0.36134	0.07970
金融从业人员	0.04327	0.24948	-0.03830
就业人员人数	0.00025	0.30789	-0.22902
就业结构	-0.19937	0.36722	0.00421
每万人在校大学生人数	-0.08385	-0.11366	0.71216
普通高等学校教师数	-0.09968	0.23302	0.41458

4. 各城市的因子得分情况

由表 8-23 可以计算出每个城市在不同因子上的得分情况,可考虑每个城市在方差贡献最大的两个因子 f_1、f_2 上的得分,以 f_1 为横轴,以 f_2 为纵轴的各城市得分情况如图 8-14 所示。

由图 8-14 可知,各城市在城市发展潜力因子 f_1 和人才因子 f_2 上的得分分布相对均匀,在城市发展潜力上表现比较突出的城市有上海、北京、广州、深圳、天津、武汉、杭州、天津、济南、宁波、苏州、厦门等市;在城市人才资源上表现比较突出的主要有北京、西安、上海、兰州等市。

5. 综合评价结果

定义各因子的方差贡献率占总方差贡献率的比例为该因子的权重,方差贡献率如表 8-23 所示。

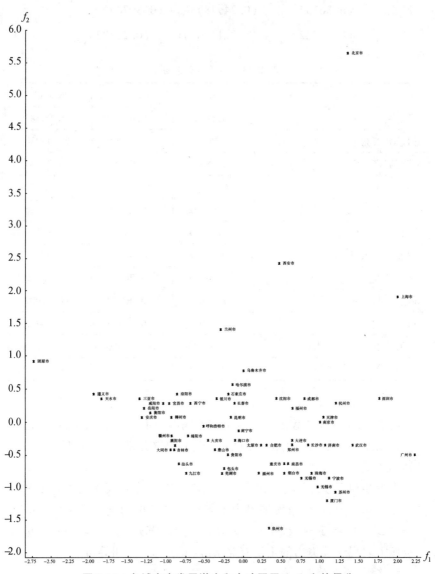

图 8-14　各城市在发展潜力和人才因子 f_1、f_2 上的得分

表 8-23　因子方差贡献率

	Factor 1	Factor 2	Factor 3
贡献率	5.3717153	2.4402943	1.5284594

则各因子权重应为：

$$\omega_1 = \frac{5.3717153}{(5.3717153 + 2.4402943 + 1.5284594)}$$

$$\omega_2 = \frac{2.4402943}{(5.3717153 + 2.4402943 + 1.5284594)}$$

$$\omega_3 = \frac{1.5284594}{(5.3717153 + 2.4402943 + 1.5284594)}$$

经过加权后,各城市发展潜力与人才得分及排名(前20名)如表8-24所示。

表8-24 各城市发展潜力与人才得分排名(前20名)

城市	标准化发展潜力与人才	发展潜力与人才指标排名
北京	1.000000	1
上海	0.806114	2
深圳	0.645104	3
南京	0.58152	4
广州	0.628389	5
杭州	0.521377	6
西安	0.485471	7
天津	0.472170	8
成都	0.509828	9
武汉	0.542262	10
青岛	0.365683	11
沈阳	0.480239	12
宁波	0.329169	13
苏州	0.314238	14
厦门	0.308864	15
福州	0.313324	16
济南	0.454014	17
大连	0.384731	18
合肥	0.394345	19
太原	0.365827	20

三、因子分析法实证结论

综合四个一级指标,将原得分加总后进行标准化,最终得到各城市金融发展综合排名如表 8-25 所示。

表 8-25 各城市综合得分及排名

城市	标准化金融发展综合指数	排名	城市	标准化金融发展综合指数	排名
上海	1.000000	1	呼和浩特	0.247251	33
北京	0.999959	2	乌鲁木齐	0.229446	34
深圳	0.724094	3	南宁	0.220126	35
广州	0.604757	4	贵阳	0.219066	36
天津	0.542451	5	大庆	0.188390	37
重庆	0.499472	6	温州	0.184514	38
杭州	0.487093	7	洛阳	0.180642	39
南京	0.471270	8	唐山	0.178960	40
成都	0.468166	9	银川	0.174845	41
大连	0.452645	10	包头	0.172750	42
苏州	0.443288	11	兰州	0.171580	43
武汉	0.440475	12	芜湖	0.161759	44
沈阳	0.421870	13	三亚	0.161281	45
青岛	0.403385	14	泉州	0.159927	46
宁波	0.380432	15	宜昌	0.157577	47
西安	0.379813	16	九江	0.150310	48
长沙	0.360037	17	西宁	0.141127	49
厦门	0.356004	18	绵阳	0.127759	50
济南	0.347688	19	柳州	0.126641	51
无锡	0.341340	20	汕头	0.115493	52
合肥	0.321702	21	吉林	0.113839	53
福州	0.317826	22	赣州	0.108464	54
郑州	0.312654	23	衡阳	0.104362	55
哈尔滨	0.299150	24	安庆	0.094896	56
昆明	0.293762	25	襄阳	0.092271	57
长春	0.288977	26	岳阳	0.091406	58
珠海	0.285972	27	大同	0.075765	59
石家庄	0.285594	28	咸阳	0.072052	60
南昌	0.279827	29	遵义	0.049820	61
太原	0.267576	30	天水	0.023853	62
烟台	0.259056	31	固原	0.000000	63
海口	0.258253	32			

从表 8-25 可知,金融发展综合排名最高的四个城市为上海、北京、深圳、广州。排名前 50 的城市在东部沿海地区的分布最为密集,占排名前 20 位城市最多的地区为长江三角洲经济区,这些城市的排名分别为上海(第 1 位)、杭州(第 6 位)、苏州(第 8 位)、宁波(第 5 位)、无锡(第 18 位)。中部地区和西部地区的省会城市的排名要远远高于副中心排名,省会城市在各指标上的评价均远高于副中心。西部地区排名前 20 的城市有重庆(第 9 位)、成都(第 10 位)和西安(第 16 位)。中西部地区的较不发达地区如新疆、甘肃、西藏、青海等省份的省会城市的指标评价明显好于省域副中心,是省内的金融中心,但城市排名普遍靠后。各省省会城市与省域副中心排名接近的有沈阳(第 14 位)与大连(第 11 位),南京(第 7 位)、无锡(第 18 位)与苏州(第 8 位),杭州(第 6 位)与宁波(第 15 位),福州(第 20 位)与厦门(第 17 位),济南(第 21 位)与青岛(第 12 位),广州(第 4 位)、深圳(第 3 位)与珠海(第 23 位);其中某些地区出现了占据绝对优势地位的金融中心,如珠江三角洲地区的深圳、长江三角洲地区的上海、京津唐地区的北京,还有些区域处于双核心城市的阶段,如沈阳—大连、济南—青岛、成都—重庆等。

四、熵值法实证分析及结论

使用标准化变换的改进的熵权法得到各城市在四个一级指标上的排名如表 8-26 所示。

表 8-26　四个一级指标的标准化得分排序前十名的城市

城市	经济支撑指标排名	城市	金融发展指标排名	城市	城市环境指标排名	城市	成长发展指标排名
上海	1	北京	1	上海	1	北京	1
深圳	2	上海	2	北京	2	上海	2
北京	3	深圳	3	深圳	3	西安	3
苏州	4	广州	4	广州	4	深圳	4
天津	5	杭州	5	重庆	5	南京	5
重庆	6	天津	6	天津	6	杭州	6
广州	7	重庆	7	杭州	7	成都	7
大连	8	南京	8	南京	8	天津	8
厦门	9	成都	9	苏州	9	宜昌	9
无锡	10	昆明	10	成都	10	兰州	10

五、灰色关联度法实证分析及结论

（一）确定参考系数 X_0

在选择 X_0 时，依据不同的数据有如下处理方法：取最大值、取最小值、取前5%数据平均值、取后5%数据平均值、取全国均值。

（二）计算关联系数及灰色关联度

通过计算，可得到各城市四个一级指标的灰色关联度，进行标准化处理后的得分与排名如表8-27所示。

表8-27 基于灰色关联度分析的标准化得分排序前十名的城市

城市	经济支撑指标排名	城市	金融发展指标排名	城市	城市环境指标排名	城市	成长发展指标排名
上海	1	北京	1	上海	1	北京	1
北京	2	上海	2	北京	2	深圳	2
天津	3	深圳	3	深圳	3	上海	3
深圳	4	昆明	4	广州	4	广州	4
重庆	5	广州	5	珠海	5	南京	5
大连	6	杭州	6	青岛	6	武汉	6
苏州	7	宁波	7	厦门	7	杭州	7
广州	8	成都	8	重庆	8	成都	8
成都	9	太原	9	大连	9	济南	9
厦门	10	南京	10	杭州	10	沈阳	10

第三节 中国金融中心的排名结果及北京定位

前文的三种方法均能在一定程度上反映各城市的金融发展水平，不同的方法各有优劣，因子分析能够最大程度上反映不同子指标包含的信息，但方法较为复杂；熵权法与灰色关联分析原理简单但是易受极端值的影响。此处将熵权法与灰色关联分析作为因子分析的补充，采用 Kendall 协同系数检验法对三种方法的评价结果的一致性进行检验，熵权法和灰色关联分析关于因子分析的关联性结果如表8-28所示。

表 8-28　三种方法评价一致性的 Kendall 协同系数检验

	经济支撑	金融实力	城市环境	城市潜力与人才
因子分析法与熵权法	0.88018	0.78392	0.68868	0.74194
	<.0001	<.0001	<.0001	<.0001
因子分析法与灰色关联分析	0.76139	0.83922	0.82386	0.84332
	<.0001	<.0001	<.0001	<.0001
熵权法与灰色关联分析	0.71531	0.46904	0.59037	0.79826
	<.0001	<.0001	<.0001	<.0001

注:输出结果分别为 Kendall 的 $\tau-b$ 统计量与检验 p 值。

Kendall 的 $\tau-b$ 统计量是一种度量数据评价结果一致性的非参数检验方法,$\tau-b$ 统计量公式为:

$$\tau = \frac{\sum_{i<j}[\mathrm{sgn}(x_i-x_j)\mathrm{sgn}(y_i-y_j)]}{\sqrt{(T_0-T_1)(T_0-T_2)}}$$

其中,

$$T_0 = n(n-1)/2$$
$$T_1 = \sum_k t_k(t_k-1)/2$$
$$T_2 = \sum_l u_l(u_l-1)/2$$

t_k 是待比较序列 x 在评价项第 k 项上的数值,u_l 是待比较序列 y 在评价项第 l 项上的数值,n 为观测值数量,$\mathrm{sgn}(z)$ 为:

$$\mathrm{sgn}(z) = \begin{cases} 1 & \text{if } z>0 \\ 0 & \text{if } z=0 \\ -1 & \text{if } z<0 \end{cases}$$

由表 8-28,Kendall 的 $\tau-b$ 统计量值均较大,p 值较小,可以在 1% 显著性水平上拒绝原假设,认为三种方法的评价结果一致。

应用 SAS 9.3 中类平均聚类法(Average Linkage Cluster)对各城市在

四项一级指标的排名进行聚类分析,结果如图 8-15 所示。

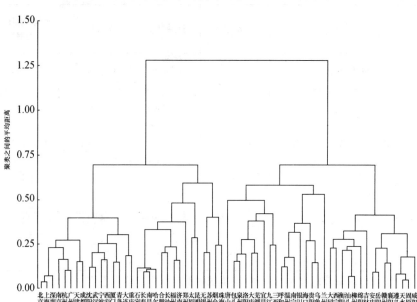

图 8-15　各城市在四项一级指标的排名聚类结果

可以看到排名在最前的三个城市为北京、上海、深圳,这三个城市是国内金融中心,也是中国构建国际金融中心的目标城市;平均距离小于等于 0.3 的簇中,排名靠前的一部分城市还有南京、杭州、广州、天津、成都、沈阳、武汉、宁波、西安、厦门、青岛、大连、重庆,这些城市分别是各地区的区域金融中心。

我国幅员辽阔,地区间经济发展不平衡,由于资源禀赋差异和历史原因,我国的经济发展在空间上呈现出较强的区域性特点,只在经济发达的东部地区建立金融中心远远不能满足广大地区经济发展的需要,政府在经济相对落后的地区扶持和建设区域性金融中心对平衡和协调区域经济发展有至关重要的意义。建设国际金融中心是我国推进对外开放、引进外资与技术、发展国内金融市场的必然选择,建立区域性金融中心则对促进金融资本和其他要素的有效配置,最大限度满足经济发展对金融服务的需求,最终促进区域经济健康发展有着重要意义。根据前文结论对我国各地区区域性金融中心进行甄选结果如表 8-29 所示。

表 8-29　各地区金融中心甄选结果

行政区域	城市	排名	行政区域	城市	排名
华北地区				大庆	44
北京	北京	2	华南地区		
天津	天津	5	广东	广州	4
河北	石家庄	30		深圳	3
河北	唐山	40		珠海	23
山西	太原	31		汕头	50
	大同	59	广西	南宁	36
内蒙古	呼和浩特	34		柳州	51
	包头	43	海南	海口	32
华东地区				三亚	49
上海	上海	1	华中地区		
江苏	南京	7	河南	郑州	24
	无锡	18		洛阳	42
	苏州	8	湖北	武汉	13
浙江	杭州	6		宜昌	45
	宁波	15		襄阳	56
	温州	37	湖南	长沙	19
安徽	合肥	22		衡阳	54
	芜湖	46		岳阳	58
	安庆	57	西南地区		
福建	福州	20	重庆	重庆	9
	厦门	17	四川	成都	10
	泉州	38		绵阳	53
江西	南昌	27	贵州	贵阳	35
	九江	47		遵义	61
	赣州	55	云南	昆明	25
山东	济南	21	西北地区		
	青岛	12	陕西	西安	16
	烟台	29		咸阳	60
东北地区			甘肃	兰州	41
辽宁	沈阳	14		天水	62
	大连	11	青海	西宁	48
吉林	长春	28	宁夏	银川	39
	吉林	52		固原	63
黑龙江	哈尔滨	26	新疆	乌鲁木齐	33

我国已经形成的，具有明显金融集聚优势的三个金融中心主要是上海、北京、深圳。上海和北京是国际性的金融中心，也是全国性的金融中心，同时也分别是华东地区和华北地区的金融中心；深圳是具有全国影响力的金融中心，同时也是华南地区的金融中心；上海、北京、深圳共同构成了我国金融中心体系的三大支柱。

在区域定位上，华北地区人口稠密，是中国重要的粮、棉、油产区，随着京津唐一体化不断发展，华北地区在将来会展现出新的面貌。华北地区为北京市提供源源不断的人力物力资源支持，北京也作为核心城市带动华北腹地经济发展。北京市作为金融中心的首要职责是以自身的经济发展为依托，带动华北区域的经济发展，再发挥其首都的特殊优势，带动全国其他区域发展。在区域内发展中，减少由于行政区划切割了自然资源和自然条件相似的地理单元之间的资源流通阻碍，增强资源的整合和合理利用，提高利用效率和实现集约发展。

在功能定位上，北京城市功能定位是国家首都、国际城市、文化名城、宜居城市，重点发展第三产业，以交通运输及邮电通信业、金融保险业、房地产业和批发零售及餐饮业为主。同时，充分发挥大学、科研机构林立，人才高度密集的优势，与高新技术产业园区、大型企业相结合，积极发展高新产业，以发展高端服务业为主，逐步向外转移低端制造业。

同时，华东地区的金融中心为上海，华南地区金融中心为深圳，华中地区金融中心为武汉和长沙，西南地区金融中心为重庆和成都，东北地区金融中心为大连，西北地区金融中心为西安。

综上所述，北京作为全国性金融中心和全国金融的决策中心无疑会对全国金融中心体系的建设发挥重要作用，同时其他区域性金融中心的发展也为北京金融中心的发展提供支撑。可以预见，未来的中国将会建立起分工明确、互动频繁、全方位、多层次的金融中心体系，为我国全面深化改革，提高经济发展水平的质量效益，建设一个经济运行更稳定、增长质量更高、增长前景更可持续的中国提供源源不断的动力。

第九章　金融中心的辐射效应

如第六章所述,北京市金融中心的形成及金融业的发展对本地经济有拉动作用。本章基于我国三大都市圈及国内新兴都市圈的金融业发展情况,在"中心—外围"理论的基础之上,我们采用向量自回归模型对北京金融中心、上海金融中心、深圳金融中心以及成渝经济区的金融辐射效应进行检验。从而进一步分析金融中心的形成及金融要素的集聚是否会对周边地区的经济也具有带动作用。若结构证明,区域内金融中心的形成对区域经济发展有促进作用,则金融中心的形成与建立是有好处、有必要的。

第一节　区域性经济圈金融业发展现状

一、京津唐经济圈金融业发展现状

随着北京市去工业化进程的展开,京津唐经济圈连成一片。京津唐经济圈是我国北方经济规模最大且最具活力的地区,越来越引起世界的瞩目。京津唐位于环渤海心脏地带,面积约为12万平方公里,约有人口9千万人,包括北京、天津和河北省的唐山、石家庄、秦皇岛、廊坊、保定、沧州、张家口和承德10个城市。近几年来,京津唐地区的经济发展迅猛,是我国继长三角、珠三角以后又一个新的经济增长极。2012年京津唐地区GDP总值达到67 598亿元,占全国的比重是11%。

京津唐经济圈的龙头功能是由北京和天津共同完成的。2012年京津唐金融产业快速发展,北京全年实现金融业增加值2 536.91亿元,比上年增长14.5%;天津全年金融业增加值1 001.59亿元,比去年增长32.4%;河北金融业增加值959.03亿元,增长25.1%。京津唐地区的银行、保险和证券业发展的具体情况如表9-1、表9-2和表9-3所示。

表 9-1　2012 年京津唐区域银行业和保险业发展情况表 1

	金融机构存款		金融机构贷款		人均存贷款（万元）
	总额（亿元）	增长率（%）	总额（亿元）	增长率（%）	
北京	84 837.3	13.1	43 189.5	8.9	61.87
天津	20 293.8	15.4	18 396.8	15.5	27.38
河北	34 013.0	15.0	20 850.9	14.9	7.53

资料来源：2013 年各省市国民经济和社会发展统计公报。

表 9-2　2012 年京津唐区域银行业和保险业发展情况表 2

	保费收入		保费支出	
	总额（亿元）	增长率（%）	总额（亿元）	增长率（%）
北京	923.1	12.5	286.2	22.9
天津	238.16	12.5	81.02	22.4
河北	766.2	4.5	223.9	22.0

资料来源：2013 年各省市国民经济和社会发展统计公报。

表 9-3　2011 年京津唐区域证券业发展情况

	上市公司数（家）	总资产（亿元）	净资产收益率 ROE(%)	A 股 IPO 筹资金额（亿元）	股票交易总额（亿元）
北京	194	5 005.94	16.40	480.75	1 002.59
天津	35	4 023.94	-1.11	10.00	126.96
河北	47	5 142.08	10.74	132.58	110.49

资料来源：《2012 年中国证券期货统计年鉴》。

表 9-2 显示，北京市集中了大量的银行业金融资源，无论是存贷款总量还是人均存贷款余额，北京市都远多于天津市和河北省；但是天津市和河北省银行业的发展速度要快于北京市。同样，北京的保险行业和证券业发展水平也处于该区域的最高水平。总体上来看，北京拥有最丰富的金融资源，是京津唐经济圈的金融集聚核心区。

二、长三角经济圈金融业发展现状

长江三角洲在三大经济圈中拥有最高的区域金融合作水平和深化程度，其金融产业发展也是最为成熟的。作为我国综合实力最强的经济中心,长三角致力于2018年建设成为世界第一大都市圈,其包含的城市有上海、南京、杭州、宁波、苏州、无锡、镇江、常州、南通、扬州、泰州、绍兴、湖州、嘉兴、舟山和台州。

上海是长三角经济圈的龙头,2012年实现金融业增加值2 450.36亿元,比上年增长12.6%;江苏省2012年金融业增加值3 136.51亿元,比上年增长20.6%;浙江省金融业增加值2 762.24亿元。长江三角洲区域银行、保险和证券行业发展的具体情况如表9-4至表9-7所示。

表9-4 2012年长三角区域银行业和保险业发展情况表1

	金融机构存款		金融机构贷款		人均存贷款（万元）
	总额（亿元）	增长率（%）	总额（亿元）	增长率（%）	
上海	63 555.25	9.2	40 982.48	10.2	43.92
浙江	66 679.08	9.5	59 509.12	11.8	23.04
江苏	78 109.00	14.8	57 652.84	13.7	17.14

资料来源:2013年各省市国民经济和社会发展统计公报。

表9-5 2012年长三角区域银行业和保险业发展情况表2

	保费收入		保费支出	
	总额(亿元)	增长率(%)	总额(亿元)	增长率(%)
上海	820.64	9.0	255.8	-1.9
浙江	984.58	12.0	378.0	33.7
江苏	1 301.28	8.4	342.6	19.3

资料来源:2013年各省市国民经济和社会发展统计公报。

表9-6 2011年长三角区域证券业发展情况

	上市公司数（家）	总资产（亿元）	净资产收益率ROE(%)	A股IPO筹资金额(亿元)	股票交易总额(亿元)
上海	199	105 711.41	12.05	156.67	1 142.70
浙江	224	11 678.70	11.53	348.21	710.20
江苏	214	12 773.55	10.39	476.83	548.09

资料来源:《2012年中国证券期货统计年鉴》。

表 9-7 2012 年上海证券期货市场基本情况

上海证券交易所				上海期货交易所		中国金融期货交易所	
成交额（亿元）	占沪深比重（%）	上市公司数（家）	总市值（亿元）	成交额（亿元）	占全国比重（%）	成交额（亿元）	占全国比重（%）
165 000	56.9	954	159 000	446 000	26.1	758 000	44.3

资料来源：《2013 年上海经济年鉴》。

表 9-4、表 9-5 显示了 2012 年长江三角洲区域银行业和保险业的基本情况，从银行业的存贷款资源总量和增长率来看，江苏省的银行金融机构资源最丰富，增长也最为迅猛，其次为浙江省和上海市；但从人均拥有信贷资源上比较，上海市的人均存贷款余额远高于浙江省和江苏省。对于保险行业，江苏省的保费收入远远高于上海市和浙江省，但其保费支出却低于浙江，可以看出浙江省的保险业发展水平较高。表 9-6 反映了长三角区域各省市的证券行业发展状况，从总资产、净资产收益率和股票交易总额上看，上海市的证券业发展遥遥领先，由此可窥见上海证券交易所对上海证券业巨大的带动作用。

三、珠三角经济圈金融业发展现状

被誉为"南大门"的珠江三角洲是我国南方对外开放的门户，它凭借具有全球影响力的制造业和服务业，成为我国参与经济全球化的主体区域，是我国三大重要的经济中心之一。珠三角位于广东省中南部，包括广州、深圳、珠海、佛山、惠州、东莞、中山、江门和肇庆 9 个城市，占地面积 2.4 万平方公里。2012 年珠三角 GDP 总量达到 47 897.25 亿元，比上年增长 45.8%。

珠三角位于广东省，以广州和深圳为核心。珠三角 2012 年实现金融业增加值 3 503.06 亿元，比上年增长 11.4%；其中，深圳金融业增加值 1 721.12 亿元，占珠三角的 49.1%，广州金融业增加值 971.27 亿元，占珠三角的 27.7%。由于珠三角 9 城市的保险和证券业详细信息难以获取，此处以广州深圳核心城市和广东省金融发展状况来概括珠三角的金融业发展水平，如表 9-8 至表 9-11 所示。

表9-8 2012年珠三角区域银行业和保险业发展情况表1

	金融机构存款		金融机构贷款		人均存贷款（万元）
	增长率（%）	总额（亿元）	增长率（%）	总额（亿元）	
广州	30 186.57	14.0	19 936.52	12.4	39.04
深圳	29 662.40	18.2	21 808.34	13.3	48.80
广东	105 099.55	14.8	67 077.08	14.4	16.25

资料来源：《2013年广东统计年鉴》、2012年各地区国民经济和社会发展统计公报。

表9-9 2012年珠三角区域银行业和保险业发展情况表2

	保费收入		保费支出	
	总额（亿元）	增长率（%）	总额（亿元）	增长率（%）
广州	420.80	5.9	125.46	16.1
深圳	401.27	11.5	107.71	25.6
广东	1 692.12	7.2	485.01	21.7

资料来源：《2013年广东统计年鉴》、2012年各地区国民经济和社会发展统计公报。

表9-10 2012年珠三角区域证券基金期货发展情况

	上市公司数（家）	总资产（亿元）	净资产收益率ROE(%)	A股IPO筹资金额（亿元）	股票交易总额（亿元）
广州	91	5214	275.45	3 586.42	29.07
深圳	—	—	—	—	—
广东	369	27 800	658.58	13 105.67	589 200

资料来源：2012年各地区国民经济和社会发展统计公报，"—"为数据缺失。

表9-11 2012年深圳证券交易所基本情况

上市公司数（家）	市价总值（亿元）	上市A股（只）	上市B股（只）	股票成交额（亿元）	基金成交额（亿元）	债券成交额（亿元）
1 540	71 659.18	1 528	53	150 122.41	4 952.49	23 584.79

资料来源：2012年各地区国民经济和社会发展统计公报。

广东省2012年年末共有证券公司22家，营业部709家，证券账户数2 462.67万户；基金公司21家，共管理426只公募基金；期货公司24家。

由表9-8、表9-9反映的珠三角地区的银行业和保险业发展现状可知,仅广东和深圳两市的存贷资源占据了整个广东省的57%,而保费收支也基本占整个广东地区的1/2左右,可见珠三角的金融资源主要集中在广东、深圳两市,金融产业的集聚效应明显。

第二节 三大经济圈金融集聚程度比较

以上主要对各大经济圈的金融产业集聚现状进行了描述,本节将针对长三角、京津唐和珠三角的金融集聚程度进行比较。

金融集聚以较高的经济发展水平为依托,在比较金融集聚程度前需要对各经济圈的经济发展状况做全面了解。如表9-12所示,2012年长三角的整体经济发展水平远远超过京津唐和珠三角城市群,其中实际利用外资额占据了全国的1/2。三个经济圈中经济发展水平最低的为珠三角,京津唐居中。

表9-12 2012年三大经济圈主要经济指标占全国比重 单位:%

	地区生产总值GDP	固定资产投资	社会消费品零售额	地方财政收入	实际利用外资	进出口总额
长三角	20.9	14.4	18.6	11.1	57.3	33.5
京津唐	11.0	9.4	6.7	6.1	25.9	14.8
珠三角	9.2	3.7	7.9	3.5	19.2	24.4
全国	100.0	100.0	100.0	100.0	100.0	100.0

资料来源:《2012年中国区域金融运行报告》。

在金融集聚度的比较中使用金融业增加值的区位熵来衡量金融集聚度。区位熵是衡量区域要素的空间分布的典型指标,它可以用来刻画某一产业部门的专业化程度和集聚程度。这里各经济圈金融业区位熵的具体计算公式为 $LQ_{ij} = \left(\dfrac{E_{ij}}{E_j}\right) / (E_i/E)$,其中 E_{ij} 为各经济圈金融业增加值,E_j 为各经济圈各行业总产值,E_i 为全国金融业增加值,E 为全国各行业总产值。各经济圈金融业增加值的区位熵计算结果如图9-1和表9-13所示。

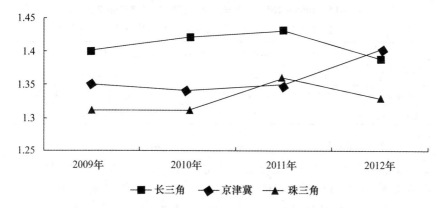

图 9-1 2009—2012 年三大经济圈金融集聚度变化趋势图

表 9-13 2008—2012 年三大经济圈金融集聚程度——金融业增加值区位熵一览

	2008 年	2009 年	2010 年	2011 年	2012 年
长三角	1.38	1.40	1.42	1.43	1.39
京津唐	1.42	1.35	1.34	1.35	1.40
珠三角	1.22	1.31	1.31	1.36	1.33

资料来源：中经网数据库计算整理所得，下表同理。

由表 9-13 可知，三大经济圈的集聚程度具有一定差异。总体上看，长三角的金融集聚程度最大，其次为京津唐和珠三角。而在 2012 年，当长三角经济圈的金融集聚度有相当程度的下降时，京津唐城市群则有大幅提升，并超越长三角地区，后发优势明显。珠三角的金融集聚程度最低。

由于金融产业具有集聚性和扩散效应，并会利用和影响周边的金融资源，因此当进一步考虑更大范围内的金融产业和人均数量时，会得到如表 9-14 所示的泛长三角、环渤海、泛珠三角金融集聚程度结果。泛长三角区域采用"3+2"模式，包括上海、江苏、浙江、安徽和江西 4 省 1 市；环渤海区域包括北京、天津、河北、山西、辽宁、山东和内蒙古 5 省 2 市；泛珠三角区域包括广东、福建、江西、广西、海南、湖南、四川、云南、贵州 9 省。

表 9-14　2008—2012 年泛长三角、环渤海、泛珠三角金融集聚程度——人均金融业增加值区位熵一览

	2008 年	2009 年	2010 年	2011 年	2012 年
泛长三角	6.13	6.39	6.40	6.48	6.29
环渤海	4.03	4.04	4.03	4.05	4.20
泛珠三角	2.48	2.55	2.53	2.44	2.48

根据上表的计算信息,从横向来看,泛长三角和环渤海经济圈的人均金融业增加值区位熵呈逐渐增加的趋势,而泛珠三角则5年来处于较平稳的状态。2012年,环渤海经济圈的人均金融业区位熵显著增长,泛长三角的金融集聚度则同比有所下降。但从纵向来看,扩大范围后的三个经济圈金融集聚差异整体拉大,泛长三角经济区域明显具有最高的金融集聚度,其次为环渤海,而泛珠三角的金融集聚程度在三个经济区域中最低。

第三节　区域性经济圈核心城市条件比较

金融中心的条件在很大程度上决定了其是否能够有效发挥金融中心的辐射功能。三大经济圈中的龙头城市上海、北京、深圳是我国最具竞争力的金融中心城市,在各经济圈金融集聚程度分析的基础上,进一步从区位、交通信息、经济发展水平、金融机构和资源集聚以及金融中心功能情况对其金融中心条件进行比较,可以更深入地分析三市的异同。

从地理位置上来看,上海位于长江入海口,面向东海并与日本九州岛相邻,南濒杭州湾,西接江苏、浙江两省,凭借其滨江滨海国际性港口的区位优势,其吞吐量和集装箱吞吐量居世界之首,也是我国的航运贸易中心和首个自由贸易试验区。北京位于华北平原东北部,背靠燕山,与天津和河北相邻,其区位与上海的天然地理环境不同;作为我国政治、金融的决策和管理信息集中地,北京具有天然信息腹地的区位特点,这是与上海金融中心区位优势的最大差异。而深圳为我国兼具开放与创新特点的南部滨海城市,位于珠江口东岸,是我国第一个经济特区以及重要的国际空海枢纽和外贸口岸,其与香港地理位置上的邻近是深圳金融中心发展的重要原因。

第九章 金融中心的辐射效应

从各城市的交通运输和信息通信水平上来看,上海具有最强的运输、信息通信优势,其次为北京。但北京作为金融中心,缺乏港口的天然优势,因此应加强与天津港的合作以弥补该不足(见表9-15)。

表9-15 2012年上海、北京、深圳交通运输和信息通信水平一览

	港口货物吞吐量（万吨）	机场邮行吞吐量（万吨）	邮电业务量（亿元）	年末固定电话用户数（万户）	年末移动电话用户数（万户）	国际互联网宽带用户数（万户）
上海	73 559.00	337.96	638.18	902.90	3 008.30	1 750.00
北京	—	134.10	547.30	883.20	3 168.00	572.00
深圳	22 806.94	85.49	563.58	551.35	2 570.60	304.35

资料来源:2012年各地区国民经济和社会发展统计公报。

从2012年各城市经济发展水平上来看,北京市和上海市均具有较高的经济实力,尤其上海拥有最强的经济水平。深圳的GDP总量上较上海、北京有一定差距,同时财政收入和固定资产投资明显不足,但人均可支配收入和人均GDP比另两大金融中心要高,对外贸易活动也使其经济发展具有特殊优势。近几年,北京市经济迅速发展,财政收入和进出口总额大大增加,固定资产投资和人均GDP反超上海,显示出较强的后发优势。综合各项经济指标,北京和上海更具备构建国际金融中心的条件(见表9-16)。

表9-16 2012年上海、北京、深圳城市经济发展水平一览

	GDP（亿元）	财政收入（亿元）	社会消费品总额（亿元）	固定资产投资（亿元）	进出口贸易总额（亿美元）	人均可支配收入（元）	人均GDP（元）
上海	20 181.7	3 743.7	7 412.3	5 254.4	4 367.6	40 188.3	85 373
北京	17 879.4	3 314.9	7 702.8	6 462.8	4 081.1	36 468.8	87 475
深圳	12 950.1	1 793.0	4 008.8	2 194.4	4 667.9	40 741.9	123 247

资料来源:各城市2013年统计年鉴,人均可支配收入数据来自中国经济网和深圳统计局。

从金融机构集聚程度上来看,上海聚集了最多的证券、基金和期货公司,北京拥有最多的银行机构总部,相比之下深圳的金融机构数量与上海、北京有一定差距(见表9-17)。

表 9-17　2012 年上海、北京、深圳金融机构集聚情况一览

	银行业金融机构（家）	保险机构（家）	证券公司（家）	基金公司（家）	期货公司（家）	金融机构从业人员（万人）
上海	69	49	20	37	30	30.1
北京	71	50	18	15	20	37.6
深圳	23	17	17	18	13	12.7

资料来源：2012 年中国人民银行各城市金融运行报告，其中金融机构数为法人数。

从金融资源规模、金融发展水平和金融中心功能来看，北京和上海作为金融中心的实力最为雄厚。北京依赖其银行业和保险业的发展，拥有最大的金融资产规模。而上海凭借其证券业发展优势和沿海的地理区位，得到了更多的金融交易和外商投资机会。深圳虽然在金融资源总量上相对不足，但在人均金融资源数量上也具有一定的竞争力（见表 9-18、表 9-19）。

表 9-18　2012 年上海、北京、深圳金融资源规模一览

	城乡居民储蓄存款（亿元）	本外币存款余额（亿元）	本外币贷款余额（亿元）	保费收入（亿元）	金融资源总额（亿元）	人均金融资源（万元）
上海	18 905.95	63 555.3	40 982.5	820.6	105 358.4	44.26
北京	21 644.90	84 837.3	43 189.5	923.1	128 949.9	62.32
深圳	8 132.16	29 662.4	21 808.3	401.3	51 872.0	49.18

资料来源：根据 2013 年各地区统计年鉴整理所得。

表 9-19　2012 年上海、北京、深圳金融发展水平和金融中心功能一览

	FIR	金融业增加值（亿元）	占 GDP 比重（%）	中外资银行本外币贷款余额（亿元）	实际直接利用外资（亿美元）
上海	5.22	2 450.36	12.1	40 982.5	151.85
北京	7.21	2 536.91	14.2	43 189.5	80.42
深圳	4.01	1 721.12	13.3	21 808.3	52.29

资料来源：根据 2013 年各地区统计年鉴整理所得。

综合运输通信、经济实力和金融资源集聚条件，上海和北京在建设中

国金融中心上具备最强的实力,也最可能成为国际金融中心;尤其北京的金融资源规模和金融发展水平 FIR 最高,比上海更胜一筹。但两者的金融集聚偏向不同:北京更加侧重银行业和保险业,而上海则在证券业和外商投资上更具优势。深圳金融中心较特殊,以对外贸易和高人均资源为最大特点。

第四节 西部新星——成渝经济圈

一、经济区规划情况

重庆市,与美丽的"天府之国"四川省,构成了我国西南地区核心经济区——成渝经济区。"水旱从人,不知饥馑",坐拥八大支柱产业,形成了"双核五带"的发展机制(见表9-20、表9-21)。成渝经济区的范围包括重庆市的万州、涪陵等 29 个区县及四川省的成都、德阳、绵阳、眉山、资阳、遂宁、乐山、雅安、自贡、泸州、内江、南充、宜宾、达州、广安 15 个市,区域面积 20.6 万平方千米。

表9-20 成渝经济区发展两步走战略

时间	战略内容
2011—2015	经济实力显著增强,建成西部地区重要的经济中心。GDP 占全国的比重达到 6.5%,人均 GDP 达到 32 000 元,城镇化率达到 52%,万元 GDP 能耗降低 18%,城乡居民收入差距由目前的 3.3∶1 缩小到 2.8∶1
2015—2020	人均 GDP 达到 4.7 万元,到 2020 年成渝经济区区域一体化格局基本形成,成为我国综合实力最强的区域之一,城市化率达到 60%

资料来源:《成渝经济区区域规划》,2011。

表9-21 双核五带格局

双核	
重庆发展核心	重庆主城九区,打造经济繁荣、社会和谐、环境优美的国际大都市
成都发展核心	包括成都五城区等,建设城乡一体化、全面现代化、充分国际化的大都市
五带沿长江发展带	以重庆主城区为中心,长江黄金水道、公路、铁路为纽带
渝成南(遂)发展带	培育成为连接双核的新型经济带

(续表)

	五带
成绵乐发展带	以成都为中心建成具有国际竞争力的产业和城市集聚带
渝广达发展带	建成东北部重要的经济增长带
渝内成发展带	以成渝铁路和高速路为纽带,要建成连接成渝的重要经济带

资料来源:《成渝经济区区域规划》,2011。

二、经济区发展情况

成都是西部重要的经济中心,拥有国家级高新技术产业开发区、径流系数开发区和成都高新综合保税区,已形成了电子信息、汽车机械、航空航天、石油化工、光伏光电、生物医药等优势产业,是全球重要的电子信息产业基地,国家新型工业化产业基地和国家新能源、新材料产业基地。

2012年,成渝GDP总量达到35 282.4亿元,比上一年提高12.9%。其中,重庆市GDP达到11 409.6亿元,比上一年提高13.6%;成都市GDP达到8 138.9亿元,比上年提高10.9%;四川省GDP达到23 872.8亿元,比上一年增加12.6%(见表9-22)。

表9-22　2012年成渝经济区综合经济情况

地区	GDP（亿元）	GDP增长率（%）	第一产业占GDP比重（%）	第二产业占GDP比重（%）	第三产业占GDP比重（%）
成都市	8 138.9	18.7	4.3	46.7	49.5
重庆市	11 409.6	13.6	8.2	52.4	39.4
四川省	23 872.8	12.6	13.8	51.7	34.5

资料来源:《中国城市统计年鉴》,2013。

从成渝经济区综合经济情况来看,四川省GDP高于重庆市GDP高于成都市GDP,但同时,成都市GDP增速最快。成都市GDP占四川省的34.1%。从三次产业占比来看,成都市第一产业占比最少,第三产业占比最大,是三个区域内产业结构最优化的地区。

重庆市出口总额与四川省总额几乎相同。从增速来看,重庆市的进口总额增速为82.2%,出口总额增速高达94.4%。成都市的进出口总额占四川省总额的80.4%,可见成都市在四川省经济中的引领作用(见表9-23)。

表 9-23 2012 年成渝经济区对外贸易情况

地区	出口总额（万美元）	进出口总额（万美元）	进口总额（万美元）	出口总额比上年增长（%）	进出口总额比上年增长（%）
四川	3 846 400	5 913 000	2 066 400	32.4	23.9
重庆	3 857 100	9 177 401	1 463 300	94.4	82.2
成都	3 036 446	4 753 872	1 717 763	32.3	14.9

资料来源：《中国城市统计年鉴》，2013。

在交通建设上，成都加速建设铁路、高速、空港，打造西南地区交通枢纽，到 2015 年，成都将形成至兰州、昆明、西安、武汉等地 4 小时交通圈，至京津唐、珠三角、长三角 8 小时交通圈，基本建成承接华南华中、连接西南西北、沟通中亚南亚的西部铁路交通枢纽。目前，成都已建成"一环+八射"共 437 公里高速公路。未来，从成都直接放射出去的高速公路将达到 12 条，并形成"三环十二射"高速路网。2012 年，成都双流国际机场国内进港货物达 8.6 万吨、出港 6.3 万吨；国际进港 1.0 万吨、出港 4.7 万吨。成都地区的交通枢纽地位日益突出。

第五节 金融中心对腹地辐射效应实证分析

依据增长极理论、AK 模型以及 LS 模型，金融中心是区域经济的增长极，在其形成的过程中会产生极化效应和涓流效应，尤其对核心城市周边腹地的经济增长作用更为明显。本章将采用 VAR 模型，对上文所述四个经济圈中金融中心对周边城市的辐射效应进行研究，以期发现金融中心与腹地城市之间的联系情况。

一、"中心—外围"理论分析

在研究经济空间格局形成的原因和演变规律的众多理论中，空间经济学中的"本地溢出模型"（LS 模型）重点研究了产业集中和资本流动的经济效应（Baldwin，Martin 和 Ottaviao，2011）。LS 模型将"资本溢出效应"引入模型，假设资本存量产生的溢出效应将对新资本形成的成本形成影响，且不同空间之间的形成成本具有显著差别，从而分析了溢出效应对经济空间分布的影响和对内生经济增长率的影响。该模型认为,资本的跨区流动是区域经济增长的一个内生因素。本章将运用"本地溢出模型"的相关理论,对上述三大区域的金融集聚与经济发展关系进行研究。

1. LS 模型的主要内容和理论逻辑

LS 模型认为,一国经济由"两区域"(南部和北部)、"两部门"(农业和工业)、"两要素"(资本和劳动)组成,在初始条件不存在空间禀赋差异,即资本分布在南部和北部是对称的。在资本形成过程中,知识的传播和溢出至关重要,而空间距离对知识传播具有重要影响——空间距离越近,溢出程度越高,资本形成成本越低。因此,具有本地化特征的知识溢出通过影响资本形成成本,导致资本存量和相对份额在区域间的差异,并最终影响两区域的经济增长率。

2. 金融集聚和资本溢出对"中心"和"外围"区域的效应分析

在"中心区域",存在一种"循环累积因果关系",它包括与需求关联的效应和与成本关联的效应。前者指资本分部的空间分布引起支出的空间变化,资本在北部的聚集导致了生产的扩大,而生产扩大引起支出(需求)扩大,从而放大了本地市场规模。后者指市场规模扩大将促使本地资本形成成本下降,同时本地知识的积累产生的溢出效应使得该区域劳动生产率更高、创新更活跃,这使该区域对资本形成更具吸引力,从而进一步促进资本聚集。两大效应互为因果关系,形成了促进中心形成的"聚集力"。同时存在一种"市场拥堵"效应,即资本过于集中导致的竞争加剧,从而形成阻碍资本聚集的"扩散力"。"聚集力"和"扩散力"相互作用决定了"中心"的形成与演变。可以证明,集聚后的"中心"区域的增长率高于集聚前对称区域的增长率。因此,金融集聚对"中心"区域具有增长效应。

而在"外围"区域,存在"中心"区域金融资源扩散导致的"涓流效应"。当"中心"区域"市场拥堵"效应占主导时,金融资源将向"外围"区域扩散,同时伴随信息和创新技术的扩散,形成技术进步效应;金融资源的扩散推动"外围"区域金融机构规模的扩大,形成更大交易网络,节约交易成本,促使储蓄主体形成(资本积累效应),并促进储蓄向投资转化(储蓄投资转化效应)。总之,金融集聚可以通过"涓流效应"促进"外围"区域的经济增长。

二、计量模型说明

本节选择时间序列数据对金融中心的区域经济增长效应和辐射效应进行动态研究。在时间序列模型中,向量自回归(VAR)将系统中每一个内生变量作为系统中所有内生变量的滞后值函数来研究多元时间序列变量之间的长期关系,并在经济学中受到越来越多的应用。在本书第六章有对 VAR 模型的详细阐述。

一个滞后 P 阶的 VAR(P) 模型的数学表达式为:

$$y_t = \Phi_1 y_{t-1} + \Phi_2 y_{t-2} + \cdots + \Phi_{t-p} y_{t-p} + H x_t + \varepsilon_t, \quad t = 1, 2, \cdots, T$$

其中,y_k 是 k 维内生变量列向量,x_t 是 d 维外生变量列向量,p 是滞后阶数,T 是样本个数。$k \times k$ 维矩阵 $\Phi_1, \Phi_2, \cdots, \Phi_{t-p}$ 和 $k \times d$ 维矩阵 H 是系数矩阵;ε_t 是 k 维随机扰动向量。若多个时间序列向量满足同时平稳或者同阶单整且协整,就可以引入格兰杰因果检验和脉冲响应来考察变量间的因果关系以及它们之间的影响方向和程度。

三、北京金融中心辐射效应的实证分析

为考察北京市对其周边地区的金融辐射效应影响,此处采用北京市的金融集聚对北京市的增长效应以及对天津市、河北省的辐射效应。本节数据选取时间段为 1970—2011 年。金融集聚程度指标为北京市年末金融机构存款余额占区域内金融机构存款余额总和的比例,经济增长指标采用了北京市、天津市、河北省的人均 GDP。为保持数据平稳性,各指标均进行了对数一阶差分。各指标含义为:

dfa——中心城市(北京市)金融集聚程度;

dbj——北京市经济增长;

dtj——天津市经济增长;

dhb——河北省经济增长。

为了避免可能出现的伪回归现象,利用 Dickey 和 Fuller(1981)提出的 ADF 检验法对各变量进行单位根检验,以确定各时间序列的平稳性和单整阶数。

由表 9-24 可知,虽然各统计量都不是平稳的,但其一阶差分都在 1% 水平上拒绝了存在单位根的原假设,可见选取的指标都是同阶(一阶)单整的,可以建立 VAR 模型。

表 9-24　变量平稳性检验结果

变量	ADF 检验		平稳性
	t 统计量	p 值	
d_bjfa	-7.03353	0.0000	I(0)
d_lbjy	-4.41379	0.0009	I(0)
d_lhby	-5.19498	0.0001	I(0)
d_ltjy	-5.56224	0.0000	I(0)

为了避免滞后期太小而误差项的自相关很严重导致参数的非一致性估计以及滞后期过大导致自由度减小直接影响模型参数估计量的有效性从而可能导致虚协整的情况,需要为 VAR 模型选择合适的滞后期 k 值,对此使用多个信息准则进行判定(见表 9-25)。

表 9-25　最优滞后阶数确定

lag	LogL	LR	FPE	AIC	SC	HQ
0	255.3126	NA	2.12E-11	-13.22698	-13.05460*	-13.1657
1	276.4946	36.78996*	1.62E-11*	-13.49972*	-12.63783	-13.19307*
2	282.1477	8.628271	2.88E-11	-12.95514	-11.40374	-12.4032
3	301.9469	26.05158	2.55E-11	-13.1551	-10.91419	-12.3578
4	308.6141	7.36901	4.88E-11	-12.6639	-9.73348	-11.6213

用赤池信息准则(AIC)和施瓦茨准则(SC)确定 p 值原则是在增加 p 值的过程中,使 AIC 和 SC 值同时最小。由以上输出结果来看,虽然 AIC 和 SC 结果不同,但是当阶数为 1 时,为四种检验下的最优结果。所以可以认为,最优滞后阶数为 1。

为了说明中长期情况下,金融中心的集聚与区域内 GDP 增长的因果关系,对变量间进行两两格兰杰因果检验。H_0:Group 1 仅受自身影响而不受 Group 2 影响;H_1:Group 1 受 Group 2 影响。检验结果如表 9-26 所示。

表 9-26　格兰杰因果检验结果

格兰杰原因(Group 2)	格兰杰结果(Group 1)			
	dfa	dbj	dtj	dhb
dfa		4.76424 [0.0353]	2.2453 [0.1209]	3.66818 [0.0358]
dbj	0.07003 [0.7927]		0.73224 [0.3975]	0.0345 [0.8536]
dtj	0.727 [0.32181]	4.24446 [0.0463]		0.03626 0.85
dhb	1.07601 [0.352]	4.51866 [0.0401]	2.74004 0.1061	

表 9-26 中显示的是 F 值，方括号内显示的是对应的 t 值。由结果可知，dfa 分别对 dbj 和 dhb 的检验可以在 5% 的显著性水平下拒绝原假设，即可以认为北京市的金融集聚程度对北京市的经济增长有显著影响。对于 dbj、dtj、dhb 对 dfa 的检验中，在 10% 显著性水平下均不能拒绝原假设，可以认为经济的增长对于金融中心的集聚程度没有显著影响（见表 9-27）。

表 9-27　VAR(1)模型估计结果

	dfa	dbj	dtj	dhb
dfa(-1)	-0.102210 (0.12654) [-0.80770]	0.469168 (0.16824) [2.78875]	0.257986 (0.19967) [1.29206]	0.115506 (0.21109) [0.54718]
dbj(-1)	0.194447 (0.15451) [1.25848]	-0.111026 (0.20541) [-0.54050]	0.034060 (0.24379) [0.13971]	0.065246 (0.25774) [0.25314]
dtj(-1)	0.359974 (0.13451) [2.67621]	0.253295 (0.17882) [1.41645]	0.329645 (0.21224) [1.55320]	-0.051868 (0.22438) [-0.23116]
dhb(-1)	-0.549476 (0.14734) [-3.72939]	0.321169 (0.19588) [1.63964]	0.353335 (0.23248) [1.51987]	0.546068 (0.24578) [2.22179]

（续表）

	dfa	dbj	dtj	dhb
c	-0.001366 (0.01498) [-0.09118]	0.076472 (0.01992) [3.83883]	0.038127 (0.02364) [1.61260]	0.059447 (0.02500) [2.37830]

其中，( )内代表标准误差，[ ]内代表 t 统计量的值。即：

$$\begin{bmatrix} dfa_t \\ dbj_{t-1} \\ dtj_{t-1} \\ dhb_{t-1} \end{bmatrix} = \begin{bmatrix} -0.102210 & 0.194447 & 0.359974 & -0.549476 \\ 0.469168 & -0.111026 & 0.253295 & 0.321169 \\ 0.257986 & 0.034060 & 0.329645 & 0.353335 \\ 0.115506 & 0.065246 & -0.051868 & 0.546068 \end{bmatrix}$$

$$\cdot \begin{bmatrix} dfa_{t-1} \\ dbj_{t-1} \\ dtj_{t-1} \\ dhb_{t-1} \end{bmatrix} + \begin{bmatrix} -0.001366 \\ 0.076472 \\ 0.038127 \\ 0.059447 \end{bmatrix}$$

图 9-2 中的脉冲响应函数刻画了某变量的随机扰动项一个标准差冲

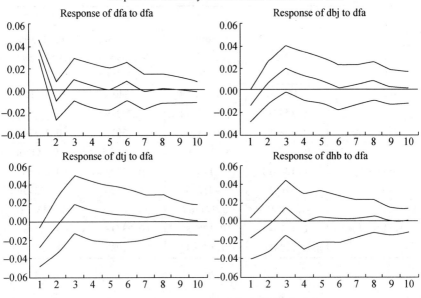

图 9-2　dfa、dbj、dtj、dhb 对 dfa 的脉冲响应

击对其他变量当前和未来取值的影响轨迹,直观地刻画了变量间的动态交互作用。图中横轴代表追溯期数,此处为10;纵轴表示因变量对自变量的响应大小。

图 9-2 显示了 dfa 的随机扰动项一个标准差的冲击对变量 dbj、dtj、dhb 及自身的脉冲响应。dbj 对 dfa 的响应在第一期开始增长,到第三期有些回落,至第六期将至 0,再有些回升,随后逐渐在 0 以上波动,最终保持在 0 附近。可以认为北京市金融中心的建立对北京市的经济增长有正向作用。dtj 对 dfa 的响应在第一期逐渐增大到第三期达到顶峰,随后逐渐下降并保持在 0 以上,可以认为中心城市的金融集聚对天津市的经济增长有正向影响。dhb 对 dfa 的响应在开始时增大,第三期达到最大值,在第四期迅速下降至 0,第五期之后保持在 0 附近。

通过上述实证分析,可以得出结论,北京市作为区域性中心的集聚对自身以及周边区域都有良好的辐射效应。当北京市的金融集聚程度增加时,北京市的经济也随之增长,辐射期约为九年。在北京市金融集聚程度增加的前两年,天津市和河北省的经济出现负增长,主要原因是部分资源由天津市和河北省向北京市流动。但是在第三年过后,经济呈现正增长。所以从长期来看,经济资本要素向北京市的集中有助于北京市、天津市及河北省的经济增长。从长远角度来看,北京市构建金融中心是必要的。

四、上海金融中心辐射效应的实证分析

为了考察上海市对其周边地区的金融辐射效应影响,此处建立上海市的金融集聚对周边区域的辐射效应模型。普遍意义上长三角地区包括上海市、江苏省和浙江省。其中,江苏省省会南京市、苏州市、浙江省省会杭州市无论从经济总量上还是人均 GDP 增长上看,都与其他区域不同(见表 9-28)。

表 9-28 2011 年长三角部分区域 GDP 总量及占比情况

浙江省 GDP(亿元)	杭州市 GDP(亿元)	杭州市 GDP 占比(%)
32 318.85	7 019.058	21.7182
江苏省 GDP(亿元)	南京市 GDP(亿元)	南京市 GDP 占比(%)
49 110.27	6 145.52	12.5137
	苏州市 GDP(亿元)	苏州市 GDP 占比(%)
	10 716.99	21.8223

资料来源:浙江省、江苏省 2012 统计年鉴。

如表 9-28 所示,杭州市占比达到江苏省的 21.7%,南京市和苏州市占浙江省 GDP 比重达到 34.3%,对当地经济有较大的贡献及影响力。

如表 9-29 所示,各省份的人均 GDP 都低于核心城市的 GDP。杭州市人均 GDP 达到浙江省的 1.71 倍,南京市人均 GDP 达到江苏省的 1.22 倍,苏州市人均 GDP 达到江苏省的 1.34 倍。考虑到三个城市占各自省份的 GDP 比重情况,当将三个城市从各自省份剔除后,对比更加明显。

表 9-29　2011 年长三角部分区域人均 GDP 情况　　　　　　单位:元

浙江省	杭州市	江苏省	南京市	苏州市
59 249	101 370	62 290	76 263	102 129

资料来源:浙江省、江苏省 2012 统计年鉴。

所以,根据"中心—外围"理论,本节拟将杭州市、南京市、苏州市三个城市设立为副中心城市,浙江省、江苏省剔除三个城市后,视为外围区域。

依据数据连续性原则以及考虑数据的可获得性,本节数据选取时间段为 1978—2011 年。金融集聚程度指标为上海市年末金融机构存款余额占长三角区域金融机构存款余额比,增长数据选取上海市、副中心城市的人均 GDP 以及外围城市的人均 GDP。为保持数据平稳性,各指标均进行了对数一阶差分。各指标含义为:

dfa——中心城市(上海市)金融集聚程度;

dsh——上海市经济增长;

dww——副中心经济增长;

dsy——外围区域经济增长。

为了避免多重共线性,本节所有数据均取对数。为了避免可能出现的伪回归现象,可利用 Dickey 和 Fuller(1981)提出的 ADF 检验法对各变量进行单位根检验,以确定各时间序列的平稳性和单整阶数(见表 9-30)。

表 9-30　变量平稳性检验结果

变量	ADF 检验		平稳性
	t 统计量	p 值	
dfa	−3.65274	0.0112	I(0)
dsh	−2.99620	0.0467	I(0)
dsy	−3.63286	0.0112	I(0)
dww	−2.78115	0.0730	I(0)

由表 9-30 可知,dfa、dsh、dsy 一阶差分均在 5% 水平上拒绝了存在单位根的原假设,dww 在 10% 水平上拒绝了存在单位根的原假设。可见选取的指标都是同阶(一阶)单整的,可以建立 VAR 模型。

为了避免滞后期太小而误差项的自相关很严重导致参数的非一致性估计以及滞后期过大导致自由度减小直接影响模型参数估计量的有效性从而可能导致虚协整的情况,需要为 VAR 模型选择合适的滞后期 k 值,对此使用多个信息准则进行判定。

由表 9-31 可知,除 SC 准则外,所有信息准则均在 AR(1) 时得到最小值,这表明应该使用的滞后期为 $k=1$。

表 9-31　最优滞后阶数确定

Lag	LogL	LR	FPE	AIC	SC	HQ
0	195.7218	NA	7.99E-12	-14.2016	-14.00964*	-14.1445
1	218.5755	37.24319*	4.89E-12*	-14.70930*	-13.7494	-14.42388*
2	224.9137	8.450954	1.09E-11	-13.9936	-12.2658	-13.4799
3	234.1847	9.614369	2.29E-11	-13.4952	-10.9995	-12.7531

为了说明中长期情况下,金融中心的集聚与区域内 GDP 增长的因果关系,对变量间进行两两格兰杰因果检验。H_0:Group 1 仅受自身影响而不受 Group 2 影响;H_1:Group 1 受 Group 2 影响。检验结果如表 9-32 所示。

表 9-32　格兰杰因果检验结果

格兰杰原因(Group 2)	格兰杰结果(Group 1)			
	dfa	dsh	dsy	dww
dfa		3.31601 [0.0397]	1.70421 [0.1967]	2.58693 [0.0802]
dsh	0.48863 [0.6939]		1.17208 [0.3561]	1.96098 [0.1728]
dsy	1.42419 [0.2431]	2.34644 [0.0935]		2.8179 [0.1048]
dww	0.73084 [0.5451]	3.57316 [0.0695]	6.22325 [0.019]	

表 9-32 中显示的是 F 值,方括号内显示的是对应的 p 值。由结果可知,dfa 对 dsh 的检验可以在 1% 显著性水平下拒绝原假设,dsh 对 dfa 在 10% 显著性水平下不能拒绝原假设,所以 dfa 与 dsh 具有单向格兰杰因果

关系。dfa 对 dww 的检验可以在1%显著性水平下拒绝原假设,dww 对 dfa 在10%显著性水平下不能拒绝原假设,所以 dfa 与 dww 具有单向格兰杰因果关系。dfa 与 dsy 在10%显著性水平下无格兰杰因果关系,dsy 与 dsh 在1%显著性水平下有单向格兰杰因果关系,dsy 与 dww 在1%显著性水平下有单向格兰杰因果关系,dsh 与 dww 在1%显著性水平下有单向格兰杰因果关系,所以可以建立 VAR 模型(见表9-33)。

表9-33 VAR(1)模型估计结果

	dfa	dsh	dsy	dww
dfa(-1)	-0.468244 (0.19120) [-2.44894]	0.121125 (0.45286) [0.26747]	0.320789 (0.47828) [0.67071]	0.094495 (0.53070) [0.17806]
dsh(-1)	0.100509 (0.11050) [0.90959]	0.283126 (0.26171) [1.08181]	-0.364812 (0.27641) [-1.31984]	-0.230922 (0.30670) [-0.75292]
dsy(-1)	-0.231505 (0.11484) [-2.01593]	-0.128706 (0.27199) [-0.47320]	0.302496 (0.28726) [1.05304]	-0.319413 (0.31874) [-1.00210]
dww(-1)	0.112162 (0.10215) [1.09806]	0.414985 (0.24193) [1.71531]	0.622706 (0.25551) [2.43711]	0.977441 (0.28352) [3.44757]
c	-0.001429 (0.01021) [-0.13997]	0.055155 (0.02419) [2.28046]	0.064160 (0.02554) [2.51179]	0.085745 (0.02834) [3.02524]

其中,( )内代表标准误差,[ ]内代表 t 统计量的值。即:

$$\begin{bmatrix} dfa_t \\ dsh_t \\ dsy_t \\ dww_t \end{bmatrix} = \begin{bmatrix} -0.468240 & 0.100509 & -0.231510 & 0.112162 \\ 0.121125 & 0.283126 & -0.128710 & 0.414985 \\ 0.320789 & -0.364810 & 0.302496 & 0.622706 \\ 0.094495 & -0.230920 & -0.319410 & 0.977441 \end{bmatrix} \cdot \begin{bmatrix} dfa_{t-1} \\ dsh_{t-1} \\ dsy_{t-1} \\ dww_{t-1} \end{bmatrix} + \begin{bmatrix} -0.001430 \\ 0.055155 \\ 0.064160 \\ 0.085745 \end{bmatrix}$$

图 9-3 中的脉冲响应函数刻画了某变量的随机扰动项一个标准差冲击对其他变量当前和未来取值的影响轨迹,直观地刻画了变量间的动态交互作用。图中横轴代表追溯期数,此处为 10;纵轴表示因变量对自变量的响应大小。

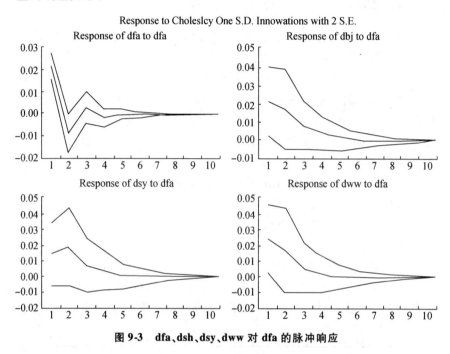

图 9-3　dfa、dsh、dsy、dww 对 dfa 的脉冲响应

图 9-3 显示了 fda 的随机扰动项一个标准差的冲击对变量 dgd、dgz、dsz 及自身的脉冲响应。dgd 对 dfa 的响应在第一期逐渐下降,至第二期达到最低。随后至第三期回升到正值,逐渐波动至 0 附近。dsy、dsh、dww 对 dfa 的响应情况比较相似。在第一期达到最高值,随后逐渐下降,并分别在第六、五、四期后保持在 0 附近。

通过上述实证分析,可以得出结论,上海市作为区域性中心的集聚对自身以及周边区域都有良好的辐射效应。当上海市的金融集聚程度增加时,上海市的经济也随之增长,辐射期约为五年。同时,上海市的金融积聚对副中心的正辐射期约为三年,对外围区域的辐射期约为四年。同时依据格兰杰因果检验可知,副中心城市的经济增长与外围区域的经济增长互为格兰杰原因,可以认为,江苏省、浙江省除杭州、南京、苏州三个城市外的经济增长与这三个城市更加密切相关。综上所述,上海市作为长三角区域的核心,作为区域性金融中心对周边区域的辐射效应是多层次的。从长远角度看,区域内经济资本要素向上海市的流动与集中有助于区域内整体的经济增长,上海市构建金融中心是有必要的。

五、深圳金融中心辐射效应的实证分析

为了考察深圳市对其周边地区的金融辐射效应影响,此处建立深圳市的金融集聚对深圳市的增长效应以及对广东省辐射效应。依据数据连续性原则以及考虑数据的可获得性,本节数据选取时间段为1980—2011年。金融集聚程度指标为深圳市年末金融机构存款余额占广东省金融机构存款余额比,增长数据选取深圳市、广州市以及广东省除掉深圳市、广州市的人均GDP。为保持数据平稳性,各指标均进行了对数一阶差分。各指标含义为:

dfa——中心城市(深圳市)金融集聚程度;

dgd——广东省经济增长;

dgz——广州市经济增长;

dsz——深圳市经济增长。

为了避免多重共线性,本节所有数据均取对数。为了避免可能出现的伪回归现象,可利用 Dickey 和 Fuller(1981)提出的 ADF 检验法对各变量进行单位根检验,以确定各时间序列的平稳性和单整阶数(见表9-34)。

表9-34 变量平稳性检验结果

变量	ADF 检验		平稳性
	t 统计量	p 值	
dfa	-4.867420	0.000400	I(0)
dgd	-2.996918	0.046200	I(0)
dgz	-3.427547	0.015600	I(0)
dsz	-2.812554	0.068500	I(0)

由表9-34可知,虽然各统计量都不是平稳的,但其 dfa、dgd、dgz 一阶差分均在5%水平上拒绝了存在单位根的原假设,dsz 在10%水平上拒绝了存在单位根的原假设。可见选取的指标都是同阶(一阶)单整的,可以建立 VAR 模型。

为了避免滞后期太小而误差项的自相关很严重导致参数的非一致性估计以及滞后期过大导致自由度减小直接影响模型参数估计量的有效性

从而可能导致虚协整的情况,需要为 VAR 模型选择合适的滞后期 k 值,对此使用多个信息准则进行判定。

由表 9-35 可知,所有信息准则均在 AR(1)时得到最小值,这表明应该使用的滞后期为 $k=1$。

表 9-35 最优滞后阶数确定

lag	LogL	LR	FPE	AIC	SC	HQ
0	117.074	NA	3.65E-09	-8.07671	-7.8864	-8.01853
1	158.3337	67.78379*	6.10E-10*	-9.880977*	-8.929402*	-9.590071*
2	165.2598	9.399714	1.26E-09	-9.23284	-7.52001	-8.70921
3	186.6131	22.87856	1.07E-09	-9.61522	-7.14113	-8.85887
4	204.3593	13.94342	1.51E-09	-9.73995	-6.50459	-8.75087

为了说明中长期情况下,金融中心的集聚与区域内 GDP 增长的因果关系,对变量间进行两两格兰杰因果检验。H_0:Group 1 仅受自身影响而不受 Group 2 影响;H_1:Group 1 受 Group 2 影响。检验结果如表 9-36 所示。

表 9-36 格兰杰因果检验结果

格兰杰原因(Group 2)	格兰杰结果(Group 1)			
	dfa	dgd	dgz	dsz
dfa		12.1785 [0.0016]	6.13819 [0.0068]	2.70307 [0.1113]
dgd	1.8594 [0.1836]		23.4654 [0.0000]	0.7792 [0.3849]
dgz	1.96125 [0.1617]	0.0487 [0.8269]		0.28306 [0.5989]
dsz	0.23548 [0.6313]	2.98296 [0.0952]	0.01347 [0.9084]	

表 9-36 显示的是 F 值,方括号内显示的是对应的 p 值。由结果可知,dfa 分别对 dgd 和 dgz 的检验可以在 1% 的显著性水平下拒绝原假设,即可以认为深圳市的金融集聚程度对广东省和广州市的经济增长有显著影响。在 15% 显著性水平下,可认为深圳市的集聚程度对深圳市的经济发展有显著影响。对于 dgd、dgz、dsz 对 dfa 的检验中,在 10% 显著性水平下均不能拒绝原假设,可以认为区域经济的增长对于金融中心的集聚程度没有显著影响(见表 9-37)。

表 9-37 VAR(1)模型估计结果

	dfa	dgd	dgz	dsz
dfa(-1)	0.153354 (0.19637) [0.78096]	1.466142 (0.42122) [3.48067]	0.934990 (0.82127) [1.13847]	3.850460 (2.72328) [1.41390]
dgd(-1)	-0.050638 (0.07782) [-0.65071]	0.420210 (0.16693) [2.51726]	1.464631 (0.32547) [4.50007]	0.285223 (1.07924) [0.26428]
dgz(-1)	-0.027131 (0.03561) [-0.76187]	0.029819 (0.07639) [0.39035]	-0.788226 (0.14894) [-5.29237]	0.108746 (0.49387) [0.22019]
dsz(-1)	-0.003069 (0.01289) [-0.23807]	-0.048209 (0.02765) [-1.74351]	-0.060092 (0.05391) [-1.11465]	-0.398390 (0.17877) [-2.22856]
c	0.018864 (0.01022) [1.84575]	0.078922 (0.02192) [3.59985]	0.037492 (0.04275) [0.87709]	0.144202 (0.14174) [1.01736]

其中,( )内代表标准误差,[ ]内代表 t 统计量的值。即:

$$\begin{bmatrix} dfa_t \\ dgd_t \\ dgz_t \\ dsz_t \end{bmatrix} = \begin{bmatrix} 0.153354 & -0.050638 & -0.027131 & -0.003069 \\ 1.466142 & 0.420210 & 0.029819 & -0.048209 \\ 0.934990 & 1.464631 & -0.788230 & -0.060090 \\ 3.850460 & 0.285223 & 0.108746 & -0.398390 \end{bmatrix} \cdot \begin{bmatrix} dfa_{t-1} \\ dgd_{t-1} \\ dgz_{t-1} \\ dsz_{t-1} \end{bmatrix} + \begin{bmatrix} 0.018864 \\ 0.078922 \\ 0.037492 \\ 0.144202 \end{bmatrix}$$

图 9-4 中的脉冲响应函数刻画了某变量的随机扰动项一个标准差冲击对其他变量当前和未来取值的影响轨迹,直观地刻画了变量间的动态交互作用。图中横轴代表追溯期数,此处为 10;纵轴表示因变量对自变量的响应大小。

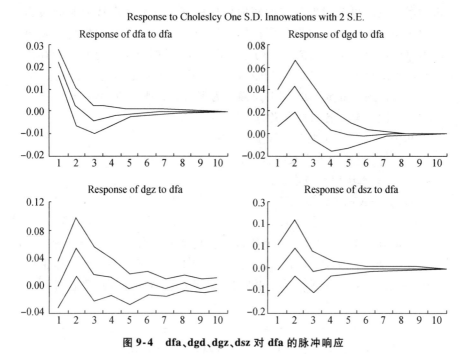

图 9-4 dfa、dgd、dgz、dsz 对 dfa 的脉冲响应

图 9-4 显示了 fda 的随机扰动项一个标准差的冲击对变量 dgd、dgz、dsz 及自身的脉冲响应。dgd 对 dfa 的响应在第一期逐渐增加,到第二期达到最高峰,随后逐渐下降,至第五期之后保持在 0 附近;dgz 对 dfa 的响应在第一期逐渐增大,到第二期达到顶峰,随后逐渐下降,并在第五期时转为负值,随后均在 0 附近波动;dsz 对 dfa 的响应在开始时增大,第二期达到最大值,第三期下降至负值,第三期之后保持在 0 附近。

关于珠三角区域的金融中心,曾经出现过深圳与广州作为双中心之争。通过上述实证研究发现,深圳市作为金融中心对区域内的经济带动作用非常好。当深圳市的金融集聚程度增加时,深圳市经济增长,辐射期大概为三年。对广东省与广州市的辐射期大概为四年。可以认为,区域内经济资本要素向深圳市的流动与集中有助于区域内整体的经济增长,深圳市构建金融中心是有必要的。

六、成渝经济区双核辐射效应的实证分析

为了考察成渝经济区两个核心城市——重庆以及成都对周边区域的金融辐射效应影响,此处建立重庆市、成都市的金融集聚对重庆市、成都

市的增长效应以及对四川省的辐射效应模型。本节数据选取时间段为1962—2011 年。金融集聚程度指标分别为重庆市年末金融机构存款余额占重庆市及四川省总金融机构存款余额比,成都市年末金融机构存款余额占重庆市及四川省总金融机构存款余额比,增长数据选取重庆市、成都市以及四川省除成都市 GDP 总额。为保持数据平稳性,各指标均进行了对数一阶差分。各指标含义为:

dfa——重庆市金融集聚程度;

dfaa——成都市金融集聚程度;

dcq——重庆市经济增长;

dcd——成都市经济增长;

dsc——四川省经济增长。

为了避免多重共线性,本节所有数据均取对数并进行差分处理。为了避免可能出现的伪回归现象,可利用 Dickey 和 Fuller(1981)提出的 ADF 检验法对各变量进行单位根检验,以确定各时间序列的平稳性和单整阶数。

由表 9-38 可知,各统计量均在 5% 水平上拒绝了存在单位根的原假设,可见选取的指标都是同阶单整的,可以建立 VAR 模型。

表 9-38 变量平稳性检验结果

变量	ADF 检验		平稳性
	t 统计量	p 值	
dfa	-6.866620	0.0000	I(0)
dfaa	-5.471929	0.0001	I(0)
dcq	-5.018179	0.0001	I(0)
dcd	-5.573131	0.0000	I(0)
dsc	-3.091195	0.0338	I(0)

为了避免滞后期太小而误差项的自相关很严重导致参数的非一致性估计以及滞后期过大导致自由度减小直接影响模型参数估计量的有效性从而可能导致虚协整的情况,需要为 VAR 模型选择合适的滞后期 k 值,对此使用多个信息准则进行判定(见表 9-39)。

表 9-39 最优滞后阶数确定

Lag	LogL	LR	FPE	AIC	SC	HQ
0	305.3270	NA	2.40E-11	-13.10117	-12.94216*	-13.04161*
1	323.8696	33.05420*	2.16E-11*	-13.21172*	-12.41666	-12.91389
2	338.5346	23.59157	2.32E-11	-13.15368	-11.72257	-12.61758
3	349.6978	16.01667	2.99E-11	-12.94338	-10.87622	-12.16901
4	365.8643	20.38386	3.23E-11	-12.95062	-10.24741	-11.93798

由表 9-39 可知,三个信息准则在 AR(1)时得到最小值,表明应该使用的滞后期为 $k=1$。

为了说明中长期情况下,金融中心的集聚与区域内 GDP 增长的因果关系,对变量间进行两两格兰杰因果检验。H_0:Group 1 仅受自身影响而不受 Group 2 影响;H_1:Group 1 受 Group 2 影响。检验结果如表 9-40 所示。

表 9-40 格兰杰因果检验结果

格兰杰原因(Group 2)	格兰杰结果(Group 1)				
	dfa	dfaa	dcq	dcd	dsc
dfa		1.11435 [0.3575]	1.02525 [0.3917]	0.53607 [0.6603]	0.61851 [0.6071]
dfaa	0.56617 [0.5811]		0.49422 [0.6211]	1.17388 [0.3399]	0.77894 [0.4792]
dcq	2.85020 [0.0494]	0.08805 [0.9163]		2.15456 [0.1283]	0.61851 [0.6071]
dcd	5.44915 [0.0031]	0.37096 [0.6971]	1.23730 [0.3003]		3.01220 [0.0597]
dsc	1.66391 [0.1901]	9219626 [0.8242]	1.66391 [0.1901]	5.94617 [0.0052]	

表 9-40 中显示的是 F 值,方括号内显示的是对应的 p 值。由结果可知,dcq 对 dfa 可以在 5% 显著性水平下拒绝原假设,dcd 对 dfa 可以在 1% 显著性水平下拒绝原假设,dsc 对 dfa 可以在 20% 显著性水平下拒绝原假设,可以认为,dcq、dcd、dsc 对 dfa 有单向格兰杰因果关系。同时,dfaa 对 dcq、dcd、dsc 在 20% 显著性水平下均不能拒绝原假设。dfaa 与 dfa 没有格兰杰因果关系。所以,可以认为成都市的金融集聚程度对区域并没有

显著影响,可在建模时不考虑成都市的集聚程度(见表9-41)。

表 9-41 VAR(1)模型估计结果

	dfa	dcq	dcd	dsc
dfa(-1)	-0.013185 (0.15017) [-0.08780]	0.432489 (0.95733) [0.45177]	-0.349756 (1.18764) [-0.29450]	0.848245 (0.63348) [1.33902]
dcq(-1)	0.007497 (0.02813) [0.26651]	-0.068131 (0.17934) [-0.37991]	0.129157 (0.22248) [0.58053]	0.064243 (0.11867) [0.54136]
dcd(-1)	-0.016678 (0.02498) [-0.66769]	0.295108 (0.15923) [1.85331]	0.049818 (0.19754) [0.25219]	0.171790 (0.10537) [1.63039]
dsc(-1)	0.020047 (0.03307) [0.60626]	0.771473 (0.21080) [3.65976]	0.561868 (0.26151) [2.14853]	0.319959 (0.13949) [2.29378]
c	0.001460 (0.00431) [0.33898]	-0.000862 (0.02746) [-0.03140]	0.052053 (0.03407) [1.52793]	0.048642 (0.01817) [2.67684]

其中,( )内代表标准误差,[ ]内代表 t 统计量的值。即:

$$\begin{bmatrix} dfa_t \\ dcq_t \\ dcd_t \\ dsc_t \end{bmatrix} = \begin{bmatrix} -0.013185 & 0.007497 & -0.016678 & 0.020047 \\ 0.432489 & -0.068131 & 0.295108 & 0.771473 \\ -0.349756 & 0.129157 & 0.049818 & 0.561868 \\ 0.848245 & 0.064243 & 0.171790 & 0.319959 \end{bmatrix} \cdot \begin{bmatrix} dfa_{t-1} \\ dcq_{t-1} \\ dcd_{t-1} \\ dsc_{t-1} \end{bmatrix} + \begin{bmatrix} 0.001460 \\ -0.000862 \\ 0.052053 \\ 0.048642 \end{bmatrix}$$

图 9-5 中的脉冲响应函数刻画了某变量的随机扰动项一个标准差冲击对其他变量当前和未来取值的影响轨迹,直观地刻画了变量间的动态交互作用。图中横轴代表追溯期数,此处为 10;纵轴表示因变量对自变量的响应大小。

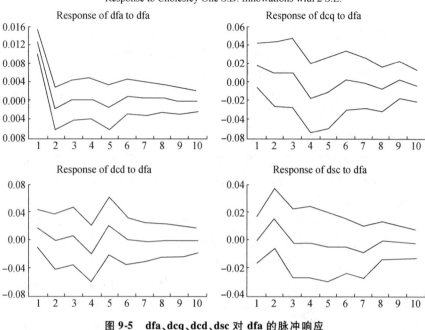

图 9-5　dfa、dcq、dcd、dsc 对 dfa 的脉冲响应

图 9-5 显示了 dfa 的随机扰动项一个标准差的冲击对变量 dcq、dcd、dsc 及自身的脉冲响应。dcq 对 dfa 的响应在第一期逐渐下降,到第三期转为负值,第四期开始上升,并在第六期达到 0 附近,随后在 0 附近波动。dcd 对 dfa 的响应在第一期至第四期逐渐下降,第三期转为负值,第四期后逐渐上升,并在第五期之后 0 附近波动。dsc 对 dfa 的响应在第一期有一个短暂上升后,逐步下降,一直在 0 以下。

《成渝经济区区域规划》明确指出,重庆与成都作为区域性中心的双核,共同带动经济区发展。通过上述实证分析的前半部分得出结论,"双核效应"并没有得到体现,成都市的金融集聚与区域内的经济增长没有明显的因果关系,重庆市的金融集聚可以带动区域内的发展。虽然成都市坐落在平原地区,相比重庆来说开展了诸多更具创新形式的金融业务,但是成都市的经济总量不敌重庆。从重庆市历史来看,重庆市的发展受到了较多的政治影响与政策安排,某些产业向重庆市的转移并不是市场竞争的结果。所以,即使从本章以及上章的实证结果来看,重庆市略胜成都作为成渝经济区的金融中心,但其金融辐射效应只有两年左右。

七、实证结论

构建金融中心要考虑金融中心地位的问题和金融中心功能的问题，从国家角度来讲要构建的是全方位、多层次的金融体系。

从我国区域性金融中心的辐射功能上来看，北京、上海、深圳金融中心实现了与周边经济发展较好的互动，其中上海的辐射效应更具层次性，上海金融中心已进入成熟阶段并逐步向扩散阶段发展。重庆市金融中心对周边区域的辐射效应较为欠缺，与成渝经济区的起步晚不无关系。随着时间的推移，区域内产业结构不断优化、经济不断发展，核心城市作为金融中心的作用会逐步体现。不同区域的数据也显示，发展金融中心对区域经济增长有促进作用。

根据前文所述，金融集聚在北京已经产生，构建金融中心是必要的和必然的选择。应顺应经济发展的规律，大力发展金融业，努力提高金融发展水平，使北京发挥金融中心应有的作用。

目前来看，我国金融中心的构建存在部分问题。根据金融集聚的含义可以很容易地认识到金融资源流动对于金融集聚发展的重要性。无论是在我国全国层面上还是区域范围内，由政绩目标和政府竞争导致的金融分割严重都阻碍了金融资源的自由流动，成为我国金融集聚发展的障碍。主要体现于以下两方面：

在全国层面上，由于无整体功能的划分，政府竞争造成了各地区对金融资源的无序和恶性竞争。据不完全统计，我国提出要建立金融中心的城市已达28个，除上海、北京、深圳外还有天津、重庆、成都、大连、哈尔滨等，国家对各城市的定位非常模糊，但各地区对国内金融资源的争夺已是显而易见，由此造成的金融控制和金融分割问题已在我国金融集聚中极为凸显。

在区域范围内，虽然区域金融一体化作为发挥金融集聚辐射效应的有效途径，但地方政府因竞争多对区域合作持博弈态度。魏清（2011）和卢颖等（2009）曾研究了政府竞争在金融资源分布中的作用，认为我国地区范围内金融要素分布和流动不畅通也与地方政府竞争导致的金融分割密切相关，并详尽分析了长三角金融一体化中江苏、浙江和上海三方政府对资源争夺的博弈过程。政府竞争使得金融要素流入容易流出困难，进一步加剧了"黑洞效应"，不利于金融业集聚发展。

针对以上问题，有如下建议：

首先，政府竞争能够干预金融资源流动和区域金融一体化的根本原因是融资结构单一。目前我国企业的资金融通仍然依赖银行中介，而银行和政府的关系使得政府能够以政策或施压方式控制金融资源流动。若通过创新金融工具或跨区业务使企业融资途径多样化，则能加速金融一体化进程，促进金融集聚发展。

其次，截至目前，国内提出打造金融中心的城市已有20多个，但是由于国内金融资源存量的有限性，依靠政府对金融资源的争夺已经不是金融中心建设的最好出路。随着人民币国际化、利率汇率市场化以及金融信息技术快速发展，多从离岸金融以及互联网金融发展（尤其是云计算的应用方面）机遇中争取更多的国际金融资源才是健康推进我国金融集聚的正确方式。

再次，北京、上海、深圳都具有全国金融中心的实力，但这三个城市及其腹地的特点显示，三大金融中心的建设应避免同质化。虽然目前中国城市金融中心之争的话题引人注意，但在当前金融体制深化、资本项目开放以及人民币国际化都不完全的情况下，不同层级金融中心间的合作与借鉴应多于竞争（吴念鲁、杨海平，2008），金融中心之间应实现优势互补。

最后，我国金融市场体系存在诸多不完善之处，金融生态环境的国际差距也较大。我国金融市场以银行为主导，直接融资与间接融资不均衡以及金融结构单一严重降低了金融效率。因此，首先应进一步完善金融市场体系，优化金融组织结构，鼓励多种金融实体参与金融竞争，促进民营金融企业创新与运行规范化，拓宽中小企业融资渠道，吸引民间金融机构集聚。其次要大力发展金融中介和金融服务机构。借鉴国际经验，推动金融集聚区内金融辅助企业与金融机构的共同发展，鼓励国内外金融机构多元化合作，健全金融市场体系加速多样金融资源集聚。

第六节　金融试点案例介绍——深圳前海特区

前海地区位于深圳南山半岛西部，伶仃洋东侧，珠江口东岸，由双界河、月亮湾大道、妈湾大道、宝安大道和西部岸线合围而成。前海紧邻香港国际机场和深圳机场两大空港，深圳—中山跨江通道、深圳西部港区和深圳北站、广深沿江高速公路贯通其中，未来可在10分钟内抵达深港两地机场，半小时内抵达香港中环，是未来中国的"曼哈顿"，预计2020年全面建成。

一、深圳前海战略定位

1. 现代服务业体制机制创新区

积极探索促进现代服务业发展的体制机制,营造符合国际惯例的产业发展环境,为全国现代服务业的创新发展探索新路径,为建立开放型经济体系创造新经验。

2. 现代服务业发展集聚区

集中优势资源,汇聚高端要素,发展总部经济,促进现代服务业的集聚发展,增强资源配置和集约利用能力,建成全国现代服务业的重要基地和具有强大辐射能力的生产性服务业中心,引领带动我国现代服务业的发展升级。

3. 香港与内地紧密合作先导区

积极落实 CEPA 有关安排,先行先试,不断探索香港服务业与内地合作的新模式,不断拓展合作领域,联手开拓国际市场,在全面推进香港与内地服务业合作中发挥先导作用。

4. 珠三角产业升级引领区

深港联手打造现代服务业高地,不断提升服务水平,完善服务功能,增强辐射能力,引领带动珠三角地区产业结构优化升级,加快构建现代产业体系。

二、深圳前海地区比较优势

1. 毗邻香港的区位优势

借助毗邻香港的独特区位优势,不断深化港深合作,充分借鉴香港国际通行行业规则,营造公正、透明、高效、廉洁、诚信的商业环境;充分发挥香港在前海开放中的独特作用,在粤港合作框架下,形成两地产业互补、经济一体和社会共融的发展格局。

2. 突出的综合交通优势

前海位于珠三角区域发展主轴与沿海功能拓展带的十字交汇处,紧邻深港两个机场,深圳—中山跨江通道、深圳四部港区和深圳北站,广深沿江高速公路贯通其中,在珠三角一小时和香港半小时交通圈内,具备良好的海陆空交通条件和突出的综合交通优势,在粤港商区具有重要的战略地位。

3. 创新的体制机制优势

凭借着深圳创新精神的文化积淀，前海立足体制机制创新，已成为国家级开发区中开放程度最高、体制机制最新、先行先试空间最广、产业发展潜力最大、支持保障措施最优的开发区。深圳探索建立了有利于改革创新的体制机制，形成了鼓励创新的浓厚氛围，培养聚集了一批勇于创新、善于创新的人才，是我国产业创新最为活跃的地区之一，为前海现代服务业的创新发展奠定了良好基础。主要囊括以下四点：

（1）创新型法定机构管理模式。深圳前海深港现代服务业合作区管理局是内地第一个真正意义上的法定机构，并被国家授予相当于计划单列城市的非金融行业管理审批权限，按照充分授权，封闭运作的原则，提供便捷的一站式服务，构建"公平、透明、高效、廉洁、诚信"的服务管理机构。

（2）国家级政策扶持平台。2010年10月28日，《前海深港现代服务业合作区总体发展规划》出台。随后，深圳前海于2011年3月被纳入"十二五"纲要。前海开发建设部际联席会议制度是由国务院授权，国家发改委牵头，24个部委与广东省政府、香港特区政府和深圳市政府共同参与的国家级政策扶持平台，形成了国务院各部门，各相关地区联动推进前海开发开放的强大合力，构建了在国务院领导下统筹的前海开放的国家平台。

（3）高层次咨询机构。前海合作区咨询委员会是与前海建设部际联席会议制度配套衔接的一项重要制度安排，是提供前海开发开放有关决策咨询意见的一个重要平台。咨询委员会由来自内地与香港具有较高社会知名度和行业影响力的人士组成，将对前海下一步开发开放发挥重要的推动作用。

（4）雄厚的产业基础优势。前海所在城市深圳是珠江三角洲和中国大陆经济最活跃的地区之一；深圳经济总量位居全国大中城市前列，是中国大陆经济效益最好的城市之一；深圳市人均GDP、外贸出口额、专利申请量、人均专利拥有量等多项指标均居中国各大城市之首，产业基础雄厚，为在前海投资的企业提供了丰富的合作伙伴、广阔的市场空间，为金融业发展提供了坚实的基础。其中，180家世界500强企业扎根深圳。截至2014年3月31日，入驻前海企业已经超过5 871家，注册资本超过4 600亿元，其中港资企业接近300家。

4. 良好的法律环境

全国人大常委会授予深圳经济特区立法权。深圳根据授权在金融、专业服务等现代服务业领域率先进行了立法探索，积累了立法经验。前海可充分利用经济特区立法权，进行先行先试和制度创新，营造适合服务业开放发展的法律环境。

三、深圳前海产业布局

根据《前海深港现代服务业合作区总体发展规划》中对深圳前海产业布局所做的规划：根据前海的基础条件和产业发展要求，积极发挥前海口岸联通深港的优势，沿前海湾形成特色鲜明、有机关联的"三片一带"布局。其中，三片一带分别为商务中心片区、保税港片区、综合发展片区和滨海休闲带。

1. 商务中心片区

商务中心片区位于双界河以南、海滨大道以北，借鉴世界先进城市中心区建设和国际化管理的经验，重点发展金融、信息、贸易、会计等现代服务业，吸引企业总部集聚发展，打造集中展示深港都会区形象的核心区。

2. 保税港片区

保税港片区位于铲湾路以南，以前海湾保税港区为依托，重点发展现代物流、航运服务、供应链管理、创新金融等服务业。

3. 综合发展片区

综合发展片区位于海滨大道以南、铲湾路以北，承接商务中心片区和保税港片区的功能拓展，实现与保税港片区、商务中心片区的协调发展，成为集聚性强、功能复合的综合型产业发展区。

4. 滨海休闲带

滨海休闲带位于听海路以西的滨海地区，大力推进环前海湾滨海生活岸线建设，打造集生态性、景观性、文化性为一体的高品质滨海公共活动区。

四、深圳前海金融业

根据国家金融业对外开放的总体部署，按照开放合作原则，广东省先行先试范围内研究推进深港金融合作，适当降低香港金融机构和金融业务准入门槛，支持金融改革创新项目在前海先试先行。营造良好的金融生态环境，吸引各类金融机构在前海集聚发展。主要包括以下三方面

举措:

1. 推动以跨境人民币业务为重点的金融领域创新合作

继续扩大跨境人民币业务试点,发挥深圳作为跨境人民币业务试点地区的区位优势,促进香港人民币离岸市场的发展。探索资本项目对外开放和人民币国际化路径,在 CEPA 框架下,由有关部门制订深港银行跨境贷款业务试点方案,在风险可控条件下,尝试开展试点。按照有关外商直接投资管理原则,开展外商投资企业的外方股东以人民币跨境直接投资试点。鼓励符合 CEPA 关于"香港服务提供者"定义的金融机构在前海设立国内总部、分支机构。支持设立融资租赁公司、汽车金融公司、消费金融公司以及小额贷款公司等有利于增强市场功能的机构。促进以金融机构战略转型和深港金融深度合作为核心的银行领域创新合作。鼓励银行业金融机构在前海通过金融产品、业务流程及内部管理机制等方面的创新支持现代服务业发展,加大对高科技产业的信贷支持。支持设立担保、再担保机构和为中小企业服务的金融机构,加快建立多领域、多层次融资方式相互配套的中小企业融资服务体系,探索建立中小企业金融服务监管新机制。

2. 稳步推进深港资本市场合作

根据国家金融业对外开放总体规划,循序渐进地推动深圳资本市场对外开放,逐步扩大和深化深港两地证券市场合作,优势互补,互利双赢。支持符合条件的在香港上市的内地企业到深圳上市;支持深港两地证券交易所分别推出跟踪对方指数的交易型开放式指数基金(ETF)等产品。支持符合条件的香港金融机构在前海设立合资证券公司、合资证券投资咨询公司和合资基金管理公司;支持在深圳设立的符合条件的合资证券公司扩大业务范围。积极探索在深圳设立的证券公司、基金管理公司在香港的分支机构开展境内证券投资业务。加强深港两地金融业高端专业人才的培训、业务交流和创新合作。支持深圳高新区进入股权代办转让系统扩大试点范围,支持深圳科技型中小企业加快改制上市步伐,进入市场融资。

3. 大力推进保险创新发展试验区建设

支持保险改革创新项目在前海先行先试。根据国家保险监督管理政策法规,研究支持香港保险机构进入前海的政策,研究适当放宽香港居民及机构进入前海保险中介市场的准入限制。探索在前海开展自保公司、相互制保险公司等新型保险公司试点,大力发展再保险市场。继续推进科技保险试点工作,为科技企业提供风险保险服务。支持在前海开展商业车险定价机制和保险营销体制改革试点。鼓励有条件的深港两地保险机构在产品开发、渠道开拓和理赔服务等方面开展资源整合与业务合作。

五、深圳前海实际成效

1. 进驻企业增多

2014 年上半年与 2013 上半年相比,进驻企业从 593 家增至 10 000 家,增幅达 1 255%,注册资本从 867 亿元增至 5 225 亿元。金融企业从 434 家增至 4 920 家,增幅达 1 241%;世界 500 强企业从 17 家增至 47 家,要素交易平台从 4 家增至 10 家;合同利用外资从 19.3 亿美元增至累计 62.6 亿美元;固定资产投资从 27 亿元增至 129 亿元。

2. 跨境人民币贷款业务发展迅速

2013 年 1 月 28 日,共有 15 家香港的银行在深圳参与首批跨境贷款签约,签署了总金额 20 亿元人民币的贷款协议,提供给 26 个项目,用于前海地区开发建设。另有两家深圳的银行向香港企业提供了 6.2 亿元贷款。截至 2014 年 6 月末,已有 74 家前海企业办理了 135 笔跨境人民币贷款备案,备案总金额超过 360 亿元人民币。

3. 政策支持进一步深化

商务部率先授权前海计划单列市的外资审批权限,在前海注册外资企业,在审批权限范围内,对符合条件的企业一天内就批复外商批准证书。《前海深港合作区外商投资企业准入特别管理措施(2014)》于 2014 年 6 月底发布,涉及 11 个行业部门、23 个行业领域,59 条对外商投资保留的特别管理措施,更加精简便捷。

第十章 国际金融中心的变迁及比较分析

第一节 国际金融中心的变迁

国际金融中心在历史上随着时代的变迁迁移。早期金融中心的形成、发展与没落伴随着当地经济实力在区域内的兴衰。金融中心在历史上的变迁与全球产业的升级在时间上存在很大程度的吻合。根据大事件的划分,可将世界经济体系分为五个阶段(见图10-1)。

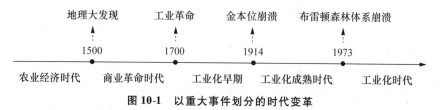

图 10-1 以重大事件划分的时代变革

一、农业经济时代金融中心的萌芽——佛罗伦萨

在中世纪,金融中心的发展主要密切与商业活动有关。中世纪,大规模远程贸易与两个中心密切相关,分别是意大利南部的佛罗伦萨和北部的布鲁日。两个区域由相对独立发展,逐步演变为两个区域发挥优势互补并共同繁荣。

13世纪初,意大利的佛罗伦萨通过商品贸易实现国际金融中心的领先地位。在中世纪,地中海区域处于欧洲、亚洲、非洲三大洲之间,地理位置重要,水上交通便利,成为东西方贸易世界的纽带。东西方的贸易推动了欧洲封建经济的发展。意大利依靠地理位置上的优势,长期在贸易中保持垄断地位。

意大利的威尼斯、热那亚、佛罗伦萨等城市都依靠贸易成为当地民生繁荣的城市,其中,佛罗伦萨的金融业发展更为完善。佛罗伦萨早期主要依靠银行业起家,13世纪起,有大量的家族式银行在佛罗伦萨兴起(见表10-1)。家族式银行与封建政权的联系十分紧密,他们将钱借给当局者,以期获得权力和政治庇护。他们可以对一些庄园征租,免除一定的税收,有权提名教会的候选人。然而在后期,封建君主并不及时还钱,对银行的财政状况造成致命打击。同时,政权的更替也影响银行的地位。

表10-1 佛罗伦萨早期家族银行及其组织管理模式

时间	银行名称	组织管理模式
1272年	巴尔迪(Bardi)家族银行	集权化
1310年	佩鲁齐(Peruzzi)家族银行	集权化
14世纪	阿切沃利(Acciaiuoli)家族银行	集权化
15世纪	达蒂尼(Datini)银行	非集权化
15世纪	美蒂奇(Medici)银行	非集权化

佛罗伦萨在金融上具有深远意义的创新是发明了汇票。欧洲早期,贸易的支付与结算采用货币进行。每个商人都有一个账本来记录他的收款和别人的欠款。汇票是指"用一个方向所欠款的债务冲销另一个方向所欠的债务,或者更精确地说,冲销任何另一方向所欠的债务,汇票减少了易货贸易、当面清算或用大量硬币、金银器皿或者金银块支付的必要"。此举降低了交易的成本,提高了交易的效率,使交易更加便捷。当汇票普遍使用后,商人们就可以仅带着汇票进行交易,而不需要准备过多的黄金等等价物。

同时,汇票还具有远期交易功能。在一次集市中,新产生的债权关系可以通过汇票转移到下一次集市中,很大程度上活跃了市场。当相互交易的双方对彼此的信誉产生怀疑时,一方就会请具有良好声誉的银行家开具汇票。中世纪时,由于教会的规定,汇票只能出售,无法贴现,因此,汇票购买者通常按低于受票人最终向持票人付款的兑换率购买汇票,此举可认为得到了利息等价金额,也提供了信用。汇票的出现很大程度上推动了银行业的发展。

二、商业革命时代金融中心的初步发展——阿姆斯特丹

商业革命大致发生在1500—1750年,从地理大发现发端至工业革命前夕。随着商业革命时代的到来,阿姆斯特丹逐渐繁荣。阿姆斯特丹位

于大西洋沿岸,连接大西洋、北海、波罗的海,倒灌进陆地的海水通过纵横交错的河道将城市分割成大小不一致的岛屿。由于可支配土地少,阿姆斯特丹尽力提高土地的生产率,发挥海港的优势。荷兰在政策上宗教宽容,扶持商业的发展。荷兰从欧洲贫困地区获得了大量的补充劳动力,从实施宗教迫害的国家和地区获得了资本和商业人才。同时,其将商业利益置于高于一切的位置,并不十分受宗教情感和民族情感的牵制。

荷兰的繁荣归功于以下三个因素。

1. 商业资本优势

16世纪末,荷兰建立了荷兰共和国,是世界上第一个资产阶级共和国。荷兰是商业资本主义国家,商业资本在经济生活中处于主导地位。17世纪上半叶,荷兰开始了全球扩张。1602年3月20日,原有的多个公司合并,成立了荷兰东印度公司。它是一家国家控股、独享垄断的贸易公司。东印度公司通过武力征服其他竞争者,垄断了东方的香料,在东南亚拥有了大规模的种植园。1621年西印度公司成立,垄断了非洲西海岸、美洲东海岸以及太平洋各岛屿的贸易特权。东印度公司和新印度公司进行商业掠夺,为本国的发展源源不断地输送着原料。

2. 海上称霸

为了发展海上贸易,荷兰大力发展航运和造船业。彼时荷兰的船只技术全球领先,成本低廉,居世界首位。17世纪中期,荷兰人的商船数约占全世界商船数的二分之一,被誉为"海上马车夫"、"大海的女儿"、"人民在海上比在陆地上更得其所"、"世界的运货人、贸易的中间人和欧洲的经纪人"。据法国驻阿姆斯特丹的领事统计,1786年共有1504艘船只到达阿姆斯特丹,其中1460艘属于荷兰。

3. 制度变换

荷兰的交易制度的转变促进了经济的发展。16世纪,荷兰改变了原有的交易制度,降低了交易成本。以市场信息成本来说,荷兰的阿姆斯特丹从16世纪开始公布行情,使商人便于获取市场信息。商人逐渐开始采用复式记账本。在合同谈判时,经纪人制度得到推广;在合同履行时,公证人制度得到推广。这些因素都促进了荷兰的发展。

随着荷兰的繁荣,作为荷兰的首都也在国际上处于非常重要的地位。在商业贸易极为发达、资本积累充足的情况下,阿姆斯特丹超越了佛罗伦萨成为真正意义上的金融中心。阿姆斯特丹作为金融中心表现在以下几个方面。

（1）创立了第一家证券交易所。16—17世纪的荷兰有着充裕的资本。1609年,阿姆斯特丹证券交易所成立。这是世界上第一个证券交易所(见图10-2)。第一家证券交易所的出现标志着金融市场的形成。阿姆斯特丹的股票市场非常活跃,股票具有较好的流动性,交易数额大,同时并存的还有股票的投机和赌博倒卖。股票交易所中,有超过1 000名股票经纪人,大资本家和普通的市民都参与到股票的买卖中。仅英国国债一项,荷兰每年就可获得超过2 500万荷兰盾的收入,价值相当于200吨白银。

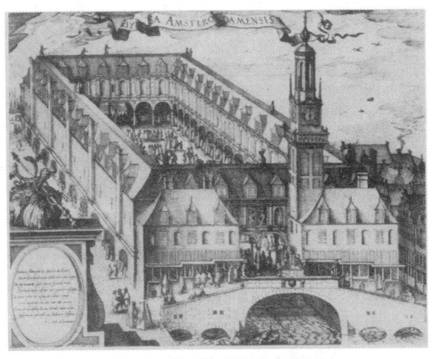

图10-2　1611年的阿姆斯特丹证券交易所

（2）创立了第一家通过证交所发行股票的公司。1602年,荷兰成立了联合东印度公司,采用联合股份制,是现代股份制公司的先导。为了融资,它发行了股票,也是世界上第一家通过证券交易所向公众发行股票融资的公司。早期的股票是记名的,人们来到公司的办公室,在本子上记下自己借出的钱,公司承诺对这些股票分红,后来为了便于股票的交易,荷兰人又发明了不记名股票。通过向全社会融资的方式,东印度公司成功地将分散的财富变成了对外扩张的资本。

（3）创立了第一家现代商业银行。1609年,于阿姆斯特丹证券交易所成立的同一年,阿姆斯特丹银行成立。普遍意义上,阿姆斯特丹银行被认为是第一家具有现代意义的银行。它当时统一了度量衡,便利了存款、兑换、贷款等业务;采用了汇票支付的方式,建立了商业银行的票据业务,解决了国际票据交换与清算的问题。阿姆斯特丹市要求超过600弗罗林的汇票兑付必须在阿姆斯特丹银行进行,所以几乎每一个商人都在银行开有账户。阿姆斯特丹银行负责各账户之间的转账;除此之外,该银行还可以兑换货币、购买金银外国货币并将其铸成合法货币,因此该银行还以"威塞尔银行"(即外汇银行)而闻名。该行经常根据硬币存款以银币的形式发放贷款,使借款人能够获得清偿力。通过这些途径,阿姆斯特丹银行发展成为欧洲经营外汇、黄金和白银的中心。

（4）创立了操纵股市的技术。由于买方和卖方实际上从未见到真实的货物,而是在空对空地进行交易,因此期货和期权交易被称为"风中的交易"。诸如卖空、卖空袭击、对敲、逼空股票等操纵股市的技术应运而生。投机的存在,为市场提供了很好的流动性,使阿姆斯特丹证券交易所保持了高度的活跃性和生机。投资的狂热产生了巨大的风险,最终由于"郁金香泡沫"的崩溃,导致了阿姆斯特丹金融市场的江河日下。

三、工业化早期国际金融中心的形成——伦敦

以瓦特发明蒸汽机为开端的工业革命的到来,使以伦敦为首的资本主义城市生产力大大提高,英国实现了世界霸主的地位,伦敦成为当仁不让的国际金融中心,其统治地位长百余年。

根据伦敦市的发展,将伦敦成为国际金融中心的原因归纳如下:

1. 工业革命后英国的强盛

1688年英国建立了资本主义共和国。政治制度的变革促进了经济制度的变革,两次工业革命后,英国资本主义制度得到稳固。第一次工业革命首先在英国爆发,典型特征是"机器对手工的取代",关键性的技术创新是蒸汽机、纺织机、鼓风机的发明,促进了以钢铁为主要原料的冶金业、铁路业的兴起。第二次工业革命几近同时发生在几个先进的资本主义国家,特点是"用机器生产机器",核心技术是电力技术、内燃机技术、化学技术等。工业革命的推进让英国的生产力大大提高,各行业都大幅增长,国民收入逐步提高。

作为英国的首都伦敦,伦敦为英国贡献了 30% 的经济产值,同时也获得了英国大量的资源以致可以更进一步地发展。随着英国在国际上地位的提高,伦敦也逐渐强盛,成为欧洲的商业贸易产业中心以及欧洲的金融中心(见图 10-3、表 10-2)。

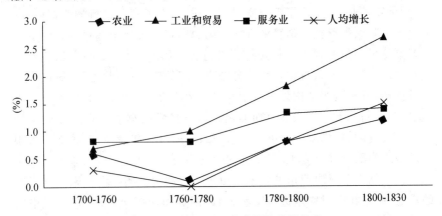

图 10-3　1700—1831 年英国估计增长率

资料来源:查尔斯·P.金德尔伯格:《世界经济霸权 1500—1900》,2003。

表 10-2　1855—1975 年英国国民收入　　　　单位:百万英镑

时间	收入	时间	收入	时间	收入
1855	636	1900	1 750	1945	10 784
1860	694	1905	1 776	1950	15 511
1865	822	1910	1 984	1955	20 809
1870	936	1915	2 591	1960	28 807
1875	1 113	1920	3 664	1965	39 567
1880	1 076	1925	3 980	1970	82 179
1885	1 115	1930	3 957	1975	107 990
1890	1 385	1935	4 109		
1895	1 447	1940	4 671		

资料来源:查尔斯·P.金德尔伯格:《世界经济霸权 1500—1900》,2003。

2. 地理位置优越

英国是一个岛国,拥有伦敦、利物浦、纽卡斯尔、桑德兰等多个港口,其中,伦敦港是其中最大的港口。1702 年,伦敦港口注册船只量为 140 千吨,排名第二的布里斯托注册量为 17.3 千吨;至 1788 年,伦敦港口注册船只量为 315.3 千吨,排名第二的纽卡斯尔注册量为 106.1 千吨。从总量上看,伦敦港口的繁荣程度远超其他港口。英国大量的对外贸易从伦敦港进行,如图10-4、图10-5、表10-3所示。

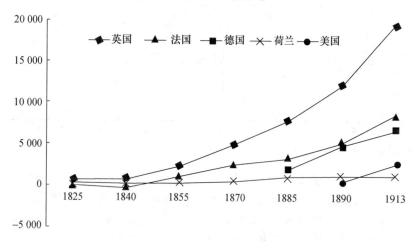

图 10-4　欧美主要工业化国家对外投资对比

资料来源:查尔斯·P.金德尔伯格:《西欧金融史》,2007。

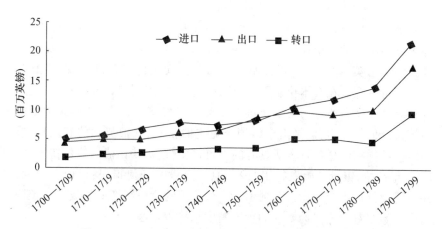

图 10-5　1700—1799 年英国进出口状况(每十年平均值)

资料来源:Cook C., Stevenson J., *The Longman handbook of modern British history*[M], Longman, 1996.

表 10-3　1701—1798 年英国出口的地理分布　　单位:百万英镑

时间	欧洲	北美	西印度群岛
1701	3.7	0.3	0.2

(续表)

时间	欧洲	北美	西印度群岛
1731	3.9	0.4	0.4
1751	6.3	1	0.4
1773	3.8	2.5	1.2
1781	3.3	1.4	1.3
1790	5.3	3.3	1.7
1798	3.8	5.7	4.6

资料来源：Cook C., Stevenson J., *The Longman handbook of modern British history* [M], Longman, 1996.

伦敦在1830年后形成的全国铁路网中居于中心地位，便利了资金和信息在伦敦交流，加强了国内和腹地在经济和金融方面对伦敦的依赖。1850年后蒸汽船的出现，大大缩短了世界其他地区和伦敦之间的距离，进一步强化了伦敦港口城市的贸易功能，提高了伦敦的国际化程度，强化了伦敦的经济实力，稳固了伦敦作为国际金融中心的地位。

3. 英镑的稳定以及金本位制的确立

英镑是现今所有币种中最为稳定、最能抵御经济波动的币种之一。许多欧洲国家的货币在国家政策主导下或者不利经济的影响下，比值几经波动。但英镑从1560年开始由伊丽莎白女王稳定后，比值直到1930年都保持不变。在银本位制下，一英镑等价于4盎司纯银或半马克白银，三百年间保持直线。历史上英国多次受到了经济的冲击，政府频频面临将英镑贬值的压力，但是出于维护企业主的权利、维护契约的有效性、维护提供给国家的房款资金所具有的不可侵犯性，英镑比值始终保持不变。1797年开始，银行开始发行银行券，原则上没有任何担保，但照旧流通，并与铸币保持不变的比价。到1821年，英国的货币制度最为成熟。英国的群众始终对以稳定为要务的货币制度保持着信心。

随着英镑的稳定，以英镑为核心的世界货币体系逐渐建立起来，第一次世界大战前半个世纪，60%的货币支付均由英镑完成。1844年，英国通过《比尔条例》正式确立金本位制。1870年前后，德、美、日等国家均形成了以英国为核心的国际金本位制度。强大的黄金储备以及稳定的英镑吸引了全球各地的投资人和外资机构将业务在伦敦开展，伦敦的国际金融中心地位不可取代。

四、工业化成熟时代的金融中心——纽约

第一次世界大战爆发,金本位制崩溃,美国逐渐蓬勃发展,美元地位逐渐上升。随着伊利运河的开通,纽约成为与伦敦并驾齐驱的两个国际金融中心。中心的发展分为如下阶段:

当前,纽约是世界上最为重要的国际金融中心之一。通过回顾纽约国际金融中心的形成历程,可以发现,纽约作为市场主导型国际金融中心的代表,其形成和发展与纽约的独特经济、地理位置、两次世界大战等密切相关。

1. 初现雏形阶段:港口贸易创造基础

自19世纪开始,纽约的商贸活动已经在美国境内占据重要地位。纽约拥有一个天然优势,那就是曼哈顿海港。曼哈顿海港是当时美国与欧洲大陆进行贸易往来的最主要海港。此外,1817年纽约市市长德·威特·克林顿开始主持修建伊利运河,从而使得纽约成为美国商品入海的便捷通道。此后,纽约的商贸活动更为繁华,贸易量占全国的比重不断攀升。据资料统计表明,19世纪30年代纽约的贸易总量已经占到美国贸易总量的15%以上。凭借着优良的港口优势,商贸活动繁华,以及纽约在1838年为鼓励银行发展建立的"自由银行制度",纽约在1860年后超越费城,正式成为美国的贸易中心及金融中心。

2. 逐步确立阶段:两次战争提供机遇

进入20世纪,纽约开始朝着国际金融中心的地位逐步迈进。这其中最主要的推动因素就是第一次与第二次世界大战的爆发。第一次世界大战期间,英国作为主要的参战国之一,其国内经济受到严重打击。这使得当时的国际货币——英镑的汇率波动变得非常频繁,英国的金融环境变得较为脆弱。正因如此,当时的国际金融中心——伦敦,其在世界金融体系中的地位遭到削弱与动摇。与此相反,美国作为中立国,并未参与第一次世界大战,其经济发展并未受到多大影响。期间,美国还开始建立了联邦储备制度,国内的金融制度开始朝规范化、合理化、市场化方向完善。同时,由于美元币值较为稳定,使得当时国际上大量的黄金及资本纷纷流入美国,这为纽约成为国际性金融中心提供了良好的机遇和条件。一战过后,美元也逐步成为国际贸易结算中的主要货币之一。据此,纽约也逐步发展成为一个具有世界影响力的国际性金融中心。

3. 最终确立阶段:金融自由化的有力促进

20世纪30年代,尽管经济危机的出现,使得美国纽约的国际金融中心地位受到一定影响,但是在第二次世界大战后,纽约国际金融中心的地位得到了进一步巩固。二战后,美国的经济、金融、军事实力大幅增长,成为当时的一个超级大国。美国的工业总产值已经占全球总产出的50%以上,其国际贸易总量也占到全球贸易量的30%以上,黄金储备更是达到了全球央行储备的59%。正因有了如此雄厚的经济金融实力,美国召开了布雷顿森林国际货币会议,最终建立起以美元为主要国际贸易结算及储备货币的布雷顿森林体系。布雷顿森林体系的确立,强化了美元在国际贸易结算及世界货币体系中的地位,纽约由此也成为世界上最主要的贸易结算清算中心。至此,纽约的国际金融中心地位进一步巩固。

20世纪50年代末期,由于受到美国国内经济危机影响,国际投资者对美元的信心不断下降。为了防止经济危机进一步蔓延,美国政府宣布实施"利息平衡税",通过税收手段控制资金外流。政府的行政干预,降低了投资者及国际资金对纽约的信心,这在一定程度上削弱了纽约国际金融中心的地位。而此时,欧洲与东南亚的离岸金融中心却不断兴起,纽约金融中心的发展遭受到第二次挑战。直至70年代中期,美国宣布取消"利息平衡税",并颁布相应措施积极发展离岸金融市场,才使得国际资金重新回流美国,从而稳固了纽约的国际金融中心地位。此后,纽约凭借其强大的金融创新能力,以及世界各地金融人才的聚集,使其无论是在金融产品创新、金融市场建设、金融制度完善,还是在金融机构、金融服务配套、基础设施等方面均处于世界领先地位,其国际金融中心的地位更是不可动摇。

五、后工业化时期金融中心的多元化——香港、新加坡、东京

布雷顿森林体系崩溃后,世界经济格局愈发多元。以日本东京为首的亚洲城市飞速发展,中国的经济也呈腾飞之势。

(一)香港金融中心的形成与发展

目前,在亚洲范围内,香港依然是一个重要的国际金融中心之一。香港的国际金融中心地位,主要是形成于20世纪70年代后期。作为一个由市场主导而形成的国际金融中心,香港金融中心的形成与政府不介入经济活动的传统有着紧密关系。20世纪60年代,香港已经初步发展成为亚洲地区一个重要的转口贸易集散地。至70年代,香港的贸易规模不断扩大,与之相应的金融资本也逐步聚集香港,使得香港也逐渐成为亚太地区的一个金融中心。

1. 初现雏形阶段:贸易地位较为突出

20世纪60年代,港英政府在推进国际金融中心方面并没有太多作为。一方面,香港并未由于贸易规模扩大、金融资本逐步聚集而放弃收取外币利息税的意愿;另一方面,港英政府也不愿意给外资银行发放经营牌照,因此该时期进入香港的金融机构并不多。随后,由于香港在亚洲甚至全球贸易链条中的地位愈加突出,对跨国金融服务的需求更为迫切,港英政府才开始逐步放松管制,为香港国际金融中心的确立创造条件。1973年,香港首先是放开了外汇管制,实现港元汇率的自由浮动;1978年,香港又放宽了对外资银行在港设置分支机构的限制条件,放开了外资金融机构进港的大门;1983年,香港取消了对外币存款征收利息所得税。上述措施的颁布实施,有效地吸引了境外金融机构、投资者向香港聚集,大大推动了香港离岸金融业务的发展。

2. 逐步确立阶段:经济金融发展支撑

20世纪70—80年代,欧美经济陷入疲软,而亚洲地区经济却迎来了迅速发展的有利时期。这一阶段,国际金融资本纷纷把目光投向亚洲,寻找新的投资机会,实现资本保值增值。正是在这样一种背景下,大量的国际金融机构开始涌入香港。至1976年,全球规模最大的50家商业银行中,已经有超过40家在香港设置分支机构;至1980年,在香港的商业银行构成体系中,外资商业银行的比重已经超过80%。这些外资银行通过吸收国际金融市场上的资金,大量开展跨国信贷的离岸金融业务,从而使得香港的货币市场得到了显著发展。此外,在这一时期,香港的商业银行及财务公司的资产负债总额共增长了19倍;境外商业金融机构存放于香港同业金融机构的资金增长了63倍;香港对境外其他国家的贷款数量增加了49倍。这些数据也表明,香港参与国际金融活动的规模及业务量显著扩大,这也逐步确立了香港作为新兴国际金融中心的地位。

3. 最终确立阶段:金融自由化推动

20世纪80年代以后,随着香港金融业国际化步伐的加快,香港的金融市场也开始走上了国际化道路。80年代以来,香港不仅向世界开放了黄金市场、外汇市场,而且还开放了股票市场、保险市场、期货市场等。香港的金融市场层次更加丰富,对国际金融机构及投资者的吸引力不断增强。至2002年,香港已经发展成为世界第三大银行中心,共拥有来自世界各地的银行机构224家;同时,香港也是全球第四大黄金交易中心、第七大外汇交易中心、第五大金融衍生品交易中心和第九大股票市场。此外,香港还是亚洲最大的保险市场,及第二大基金管理中心。

(二)新加坡金融中心的形成与发展

新加坡国际金融中心也是在政府推动下形成的典型金融中心之一,也是亚洲重要的国际金融中心之一。新加坡国际金融中心与日本东京较为相似,均是在政府部门的大力推动下形成与发展。

1. 初现雏形阶段:政府明确支持

新加坡于1965年正式获得独立,其经济结构也逐步发生改变。1967年,新加坡的转口贸易在整个国家的经济结构中已不占首要地位。政府逐渐把工业、金融服务业、旅游业等发展提上日程,通过经济结构调整,促进经济持续增长。同时,新加坡提出要充分发挥本国优越的地理位置、便利的港口交通、完善的基础设施等优势,将新加坡打造成为一个国际金融中心。正是在政府政策的支持下,新加坡经济、金融、贸易等方面有了显著发展,成为亚洲"四小龙"之一,这为新加坡国际金融中心的确立奠定了经济基础。

2. 逐步确立阶段:利用亚元市场契机

20世纪60年代,既是亚洲经济快速发展的时代,也是亚洲经济体对资金存在迫切需求的年代。当时,美国经济疲弱不振,美元出现严重危机,投资者出现抢购黄金的风潮。在这种背景下,美国政府采取紧缩货币政策,同时控制美元外流。为了满足亚洲市场对美元的需求,美洲银行计划在亚洲成立一个类似欧洲美元市场的资金市场,调配亚太地区对美元的供需状况。当时,美洲银行是将香港作为该"亚洲美元"市场的首选地。但是,由于香港政府不愿意取消外币利息所得税,亦不愿意对境外银行金融机构发放经营牌照,因此在香港成立"亚洲美元市场"的计划只能作罢。此时,新加坡政府积极做出回应,希望能够在新加坡建立"亚洲美元"市场,推动新加坡国际金融中心建设。为此,新加坡及时地取消了外币的利息所得税,并放宽了境外金融机构入驻新加坡的门槛,鼓励境外金融机构进入新加坡金融市场。新加坡抓住这一有利的时机,于1968年正式设立"亚洲美元市场",简称"亚元市场",这为新加坡最终发展成为具有国际影响力的金融中心创造了基础。1970年,新加坡正式出台了《银行法》《外汇管理法》等一系列法律法规,放宽了亚元市场上对存款的限制,并实施了更为优惠的税收政策。

3. 最终确立阶段:金融自由化支持

在成功建立亚元市场后,新加坡开始在金融市场领域寻找突破。一方面,新加坡不断完善本国的金融市场体系;另一方面,适时推动金融市场的国际化,适应经济金融全球化的趋势。1972年,新加坡宣布放宽对银行性金融机构的外汇管制政策;六年后,也就是1978年,新加坡全面取消了外汇管制措施,促进外汇市场的发展。至1994年,新加坡已发展成为全球第四大的外汇交易中心。

此外,新加坡在期货市场上的金融创新,也有力地强化了其在世界金融体系中的地位。1982年,新加坡将原先的黄金交易所改组为新加坡国际金融交易所,并于1983年9月正式推出金融期货产品。该交易所创新性地建立欧元、马克、日元与英镑相互抵消期货交易系统,成为世界期货交易的一个创举。这个市场的创立,也弥补了亚洲在金融期货市场上的空白,使得新加坡能够在与东京、香港的竞争中继续巩固自身的金融中心地位。

(三) 东京金融中心的形成与发展

东京国际金融中心是在政府部门大力推动下而形成的,是政府主导型发展模式的典范。同时,从金融自由化的角度上看,东京国际金融中心也是日本金融业逐步实现自由化的产物。

1. 初现雏形阶段:主银行制度支持

二战后,日本经济得到了迅速发展。经济发展的同时,也催生了对金融资源的需求。为此,日本建立了主银行制度,通过政府扶持的形式建立几家具有相当实力的银行,为经济发展提供金融支持。在主银行制度下,东京当时建立起多家具有实力的商业银行,这为它们发展成为国际性商业银行奠定了基础。

2. 逐步确立阶段:金融自由化助推

20世纪70年代,随着世界性石油危机的到来,日本经济的高速增长也宣告结束。企业和居民的资金需求下降,储蓄率不断提高,人们对金融投资产品的需求更加丰富与多样化。但在当时日本主银行体制下,政府部门对银行实施严格管制,金融创新受到压抑。然而,此时国际金融市场上却经历着全球金融市场一体化、金融自由化、资产证券化等浪潮。在内外因素共同冲击下,日本政府于 20 世纪 70 年代初期开始实施了以金融自由化、国际化为主要内容的金融改革。

1973 年日本政府开始放松对外汇的管制,允许境内外资金自由出入;1975 年,日本政府采取一系列措施,大力发展债券市场,大量发行政府债券;1978 年,日本向非居民部门发行欧洲日元债券,也称"武士债券"。80 年代后,日本政府推进金融自由化的步伐明显加快。1984 年,日本政府颁布《金融自由化与日元国际化的状况与展望》,正式取消银行性金融机构的利息限制和银行业务范围限制。此后,日本金融市场逐步实现利率自由化、业务自由化和金融产品创新的自由化;并且,日本政府开始向国际金融机构开放本国金融市场,实施日元国际化战略。在政府的多项举措下,东京离岸金融市场于 1986 年 12 月 1 日正式开业运营。

3. 最终确立阶段:发达证券市场支撑

此外,日本的金融自由化改革还有力地促进了日本证券市场的发展,并借此建立起一个多层次的证券市场体系(见图 10-6)。1985 年,日本东京的国际借贷合约份额、债券市场交易规模均超越了纽约,成为世界第一。1987 年,东京证券交易所中上市公司股票市值总额达 2.7 万亿美

图 10-6 世界金融中心地理变迁

注:实线表示迁移,虚线表示共存。
① 农业经济时代向商业革命时代的金融中心变迁:佛罗伦萨—阿姆斯特丹;
② 商业革命时代向工业化早期的金融中心变迁:阿姆斯特丹——伦敦;③ 工业化早期向工业化成熟阶段的金融中心变迁:伦敦与纽约共存;④、⑤、⑥ 工业化后期金融中心的多元化:香港、新加坡、东京。

元,超过纽约居世界首位。至此,东京国际金融中心也继伦敦和纽约之后,成为世界三大国际金融中心之一。

第二节 基于机构统计指标的金融中心比较分析

一、总体描述性统计分析

鉴于目前行业内评价最高的指标为 GFCI 指标,现根据自 2007 年 3 月至 2014 年 3 月 15 期报告,对曾经出现在全球前 15 名金融中心的城市进行了统计(见表 10-4、表 10-5)。

表 10-4 基于 GFCI 指数的前 15 名金融中心统计表 1

城市	2007.3	2007.9	2008.3	2008.9	2009.3	2009.9	2010.3	2010.9
伦敦	1	1	1	1	1	1	1	1
纽约	2	2	2	2	2	2	1	2
香港	3	3	3	4	4	3	3	3
新加坡	4	4	4	3	3	4	4	4
苏黎世	5	5	5	5	5	6	7	8
东京	9	10	9	7	15	7	5	5
芝加哥	8	8	8	8	7	8	6	7
日内瓦	10	7	7	6	6	9	8	9
多伦多	12	13	15	12	11	13	12	12
法兰克福	6	6	6	9	8	12	13	11
波士顿	14	12	11	11	9		14	13
旧金山	13	14	12				15	14
悉尼	7	9	10	10		11	9	10
上海						10	11	6
首尔								
华盛顿								
深圳						5	9	14
都柏林		15	13	13	10			
卢森堡				15	14			
巴黎	11	11	14					
泽西岛			14	13		14		
根西岛					12	15		

(续表)

城市	2007.3	2007.9	2008.3	2008.9	2009.3	2009.9	2010.3	2010.9
北京							15	
爱丁堡	15							

资料来源:根据 Global Financial Centres Index 1—15 期报告整理所得。

表 10-5　基于 GFCI 指数的前 15 名金融中心统计表 2

城市	2011.3	2011.9	2012.3	2012.9	2013.3	2013.9	2014.3
伦敦	1	1	1	1	1	1	2
纽约	2	2	2	2	2	2	1
香港	3	3	3	3	3	3	3
新加坡	4	4	4	4	4	4	4
苏黎世	8	8	6	5	5	6	5
东京	6	6	5	7	6	5	6
芝加哥	7	7	7	8	11	14	15
日内瓦	9	13	14	9	7	8	9
多伦多	10	10	10	10	12	11	13
法兰克福	14		13	13	10	9	11
波士顿	12	12	11	11	8	7	8
旧金山	13	9	12	12	13	12	10
悉尼	11	15		15		15	
上海	5	5	8				
首尔		11	9	6	9	10	7
华盛顿		14	15	14	14		13
深圳	15						
都柏林							
卢森堡						13	12
巴黎							
泽西岛							
根西岛							
北京							
爱丁堡							

资料来源:根据 Global Financial Centres Index 1—15 期报告整理所得。

现根据以下三个指标对这些城市进行排名。排名第一条件是在 15 期中出现在前 15 名中的频率,出现频率高的城市在表 10-6 中排在前面;第二条件是平均排名的先后,在出现相同频率的情况下,平均排名越靠前的城市,在表 10-6 排名中越靠前;第三条件是出现在前 15 名的时间先后,当前两个指标都相同时,出现高排名的时间越晚,在表 10-6 中排名越靠前。

第十章 国际金融中心的变迁及比较分析

表 10-6 基于 GFCI 指数的前 15 名金融中心统计

排名	城市	出现频率	平均排名	排名波动
1	伦敦	15	1.07	0.07
2	纽约	15	1.87	0.12
3	香港	15	3.13	0.12
4	新加坡	15	3.87	0.12
5	苏黎世	15	5.93	1.50
6	东京	15	7.20	7.17
7	芝加哥	15	8.60	6.97
8	日内瓦	15	8.73	5.21
9	多伦多	15	11.73	2.07
10	法兰克福	14	10.07	7.92
11	波士顿	14	10.93	4.84
12	旧金山	12	12.42	2.81
13	悉尼	11	11.09	7.49
14	上海	6	7.50	6.70
15	首尔	6	8.67	3.47
16	华盛顿	5	14.00	0.50
17	深圳	4	10.75	21.58
18	都柏林	4	12.75	4.25
19	卢森堡	4	13.50	1.67
20	巴黎	3	12.00	3.00
21	泽西岛	3	13.67	0.33
22	根西岛	2	13.50	4.50
23	北京	1	15.00	0.00
24	爱丁堡	1	15.00	0.00

资料来源：根据 Global Financial Centres Index 1—15 期报告整理所得。

由表 10-6 可知，共有 24 个城市曾经被评为全球前 15 名金融中心，主要分布在欧洲、北美和亚洲。伦敦是数年来榜单的第一名，平均排名为 1.07 名，样本排名方差只有 0.07，只有一次不是全球金融中心榜首。纽约紧随其后，数年都排在全球金融中心第二名，曾经在 2010 年 3 月与伦敦并列成为金融中心第一名，并在最近一次（2014 年 3 月）排名中超越伦敦成为新的全球首位金融中心。

金融中心的排名总体上比较稳定，有 9 个城市 7 年来都居于全球金融中心前15名,14名之后的11个城市结合表10-6可以发现,出现在榜单上的时间是阶段性的。因为某些原因会有一段时间排名连续走高,经济形势稳定后,会有所回落。金融中心的长期稳定性排名依旧依靠稳定的经济实力。

中国共有3个城市排名进全球金融中心前15名,分别是上海、深圳和北京。上海出现在排名上的时间是2009年9月至2012年3月。深圳和北京出现在排名上的时间也在这个区间内。

二、基于金融中心表现的分类别分析

通过总体排名情况,可以明显发现全球金融中心可被分为如下几类。

第一类为稳定城市,包括伦敦、纽约、香港、新加坡。

四座城市排名稳定在全球前四名,无论何种金融危机的影响,四个城市受到不同程度的冲击,但是依旧在排名上保持领先地位(见图10-7)。

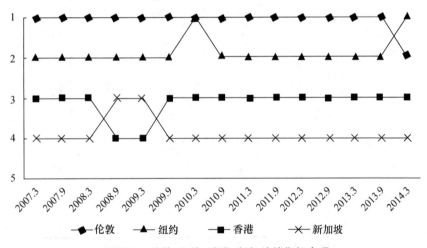

图10-7 伦敦、纽约、香港、新加坡的指标表现

资料来源:根据 Global Financial Centres Index 1—15期报告整理所得。

第二类为较第一类更波动,但总体依旧在国际上保持领先地位的城市。包括苏黎世、东京、芝加哥、日内瓦和多伦多。

这5个城市排名15期来都没有超出前15名,其中有2个城市来自欧洲,2个城市来自北美,1个城市来自亚洲。结合伦敦、纽约、香港、新加坡4个城市分别来自欧洲、北美、三个区域,可见国际金融中心的分布还是比较平衡的。5个城市中,受2008年金融危机影响最大的是东京,但其恢复速度快,总体上呈上升趋势。芝加哥近年来排名持续走低,日内瓦受欧元危机波动较大(见图10-8)。

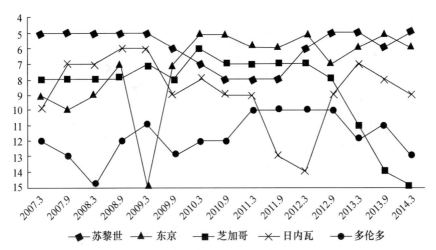

图10-8 苏黎世、东京、芝加哥、日内瓦、多伦多的指标表现
资料来源:根据 Global Financial Centres Index 1—15 期报告整理所得。

第三类为中国的三个城市,包括北京、上海、深圳。

在2009年9月第6期前,深圳做调查问卷的人员较少(第5期有25人),数据不足,无法进行排名估计。2009年之前,北京和上海的金融中心排名一直呈现下降趋势。至第6期,北京和上海排名陡升,深圳排至了第五名,与北京达到了历史排名最高值。其后除上海外,深圳和北京都呈下滑趋势。三个城市分别在2013年3月及2013年9月降至最低值,随后缓慢上升。

中国三个城市总体上变动趋势一致,与国际环境及中国在国际金融市场上的地位相关。中国相对于欧洲及北美金融中心,更少地受到2008年世界金融危机的波及。排名的上升也因为中国在国际贸易中表现比以前更好。

中国三个城市在排名指数上的异军突起,也暴露出 GFCI 指数忽略成长性的问题。新兴金融中心在某些指标,尤其是增长性指标上,远超过大部分老牌金融中心。在世界经济危机发生后,中国三个城市的金融效率比率、金融中介效率比例等指标都对指标的上升做出了贡献。但金融中心的建立不是一蹴而就的,无论数据上发生怎样的变化,一个国际性金融中心无论从功能的完善程度上,还是世界影响力上,并不可能在半年内发生质的变化。对于中国三个城市国际化金融中心地位的考量,还要参考指标,且跳出指标,全面考量(见图10-9)。

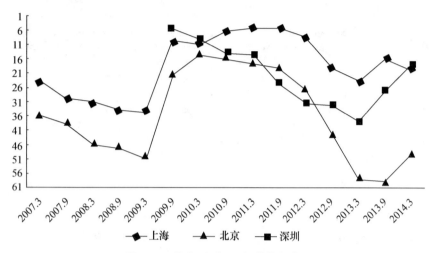

图10-9 北京、上海、深圳的指标表现

资料来源:根据 Global Financial Centres Index 1—15 期报告整理所得。

第四类为在时间上前后出现的城市。2009 年之前,都柏林、卢森堡、巴黎、英属泽西、英属根西排名不是很高,但都在全球前 15 名中(见图10-10),在2009年之后退出前15名。2009之后,旧金山、悉尼、上海、首

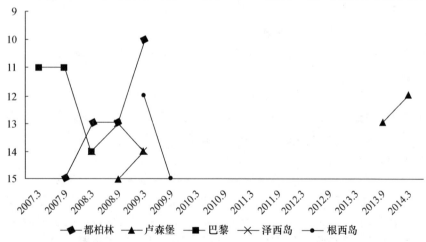

图10-10 都柏林、卢森堡、巴黎、泽西岛、根西岛的指标表现

资料来源:根据 Global Financial Centres Index 1—15 期报告整理所得。

尔、华盛顿出现在前15名中(见图10-11)。

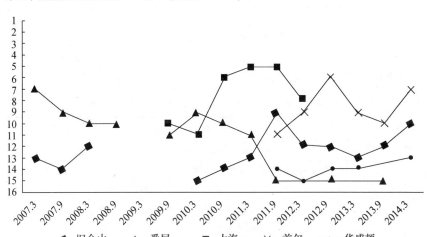

图 10-11　旧金山、悉尼、上海、首尔、华盛顿的指标表现
资料来源：根据 Global Financial Centres Index 1—15 期报告整理所得。

前5个城市均来自欧洲,后5个城市分别来自北美、亚洲、大洋洲,说明欧洲金融中心在世界的统治力下降,北美与亚洲的实力逐渐增强。

第三节　基于比较优势理论的国际金融中心比较分析

无论从发展的历史概况看,还是从普遍的金融中心排名情况来看,目前在国际上享有较高声誉并有雄厚经济实力的金融中心包括伦敦、纽约、香港、新加坡和东京。从上文对国际金融中心形成与发展历程的回顾中可以发现：城市或区域的经济、地理、政治、市场环境,以及金融产业、金融市场、金融机构和金融制度等因素,均在推动国际金融中心形成与发展的过程中发挥关键作用。本节主要运用前文国际金融中心形成与发展的关键因素及指标体系,分别从外部环境和发展现状两个层面出发,对五个典型金融中心进行比较分析,提炼出各个金融中心的比较优势。同时,本节及以下两节将对北京市与以上5个国际金融中心进行对比,发现北京市的比较弱势,同时对北京市构建国际金融中心提出建议。

一、外部环境对比

1. 经济发展环境方面的对比

区域经济的增长与发展,是金融中心形成与发展的基础。四个典型国际金融中心在经济发展环境方面的对比情况,具体如表10-7所示。

表10-7 国际金融中心对比结果——经济发展环境

	经济地位
伦敦	18世纪成为欧洲乃至国际金融中心
纽约	19世纪60年代成为美国经济和贸易中心
香港	20世纪60年代成为亚洲重要的转口贸易中心之一
东京	东京作为首都,一直都是日本的政治、经济、文化中心
新加坡	亚洲"四小龙"之一,同时也是全球重要的贸易中转基地
北京	中国北方贸易中心,全国金融中心但不居统治地位
	经济增速
伦敦	18世纪起,经济增速高于全国平均增速,幅度趋同
纽约	19世纪后,经济增速高于同期全国平均增速
香港	20世纪70—80年代,作为亚洲"四小龙"之一,经济保持高速增长
东京	20世纪60年代后,日本经济开始走上复苏,经济维持高速增长
新加坡	20世纪70—80年代,作为亚洲"四小龙"之一,经济保持高速增长
北京	20世纪90年代后,经济维持高速增长
	第三产业发展
伦敦	金融业、贸易、服务业是经济增长的核心,增加值占比超过20%
纽约	贸易、金融、服务产业是纽约经济增长的支柱
香港	一直是以第三产业作为经济的主要增长点,2011年服务业占香港GDP比重为91.3%
东京	20世纪70—80年代,东京第三产业占GDP的比重已经超过80%
新加坡	以第三产业立国,重点发展贸易、旅游、金融、物流产业
北京	产业结构逐渐优化,第三产业目前GDP占比76%

资料来源:根据公开资料整理所得。

2. 地理位置环境方面的对比

地理位置方面,根据指标体系,可以采用是否属于交通枢纽、是否具有经济辐射力、是否具备时区优势这三个指标来进行评价。具体如表10-8所示。

第十章 国际金融中心的变迁及比较分析

表 10-8　国际金融中心对比结果——地理位置环境

	伦敦	纽约	香港	东京	新加坡	北京
是否属于交通枢纽	全国性	全国性	全球性	全国性	全球性	全国性
经济辐射范围	全球	全球	大陆及东南亚	全国	东南亚	全国
是否具备时区优势	是	是	是	否	是	否

资料来源：根据公开资料整理所得。

3. 政治稳定环境方面的对比

政治稳定方面，一个城市（或国家）的政局的稳定性，以及城市的宜居程度将是吸引金融机构、金融投资者进入的重要影响因素。具体如表10-9所示。

表 10-9　国际金融中心对比结果——政治稳定环境

	伦敦	纽约	香港	东京	新加坡	北京
政局的稳定性	非常稳定	比较稳定	比较稳定	稳定	非常稳定	非常稳定
城市的宜居程度	比较适宜	比较适宜	比较适宜	非常适宜	非常适宜	适宜

资料来源：英国经济学家信息社。

4. 市场商业环境方面的对比

市场与商业环境方面，主要可以运用商品市场交易状况、上市公司数量、执业律师数量这三个指标进行衡量。具体如表10-10所示。

表 10-10　国际金融中心对比结果——市场商业环境（2012年）

	伦敦	纽约	香港	东京	新加坡	北京
商品市场交易状况	17 428 百万英镑	16 524 百万美元	3 862 775.8 百万港元	182 211 十亿日元	87 343.0 百万新元	31 737 204 万元
上市公司数量情况（家）	2 121	2 238	1 413	2 293	792	196
执业律师数量情况（人）	6 995	41 693	4 733	12 438	3 028	21 215

资料来源：英国统计局；美联储纽约州分局；香港政府统计处；东京都统计年鉴；新加坡统计局；中国统计年鉴。

二、发展现状对比

在发展现状方面,根据前文指标体系,国际金融中心的形成与发展过程中,主要受到金融产业基础、金融市场发展、金融机构数量,以及金融制度情况这四个方面因素的影响,并且可以用金融产业增加值、商业银行贷款规模等 11 个指标进行评价。

1. 金融产业基础方面的对比

金融产业基础是国际金融中心形成的重要基础性条件。根据指标体系,以下将用金融产业增加值占 GDP 的比重、商业银行存贷款规模占 GDP 的比重、金融从业人员数量三项指标对四个典型金融中心的金融产业基础进行对比分析(见表 10-11)。

表 10-11　国际金融中心对比结果——金融产业基础(2012 年)

	伦敦	纽约	香港	东京	新加坡	北京
金融产业增加值/GDP(%)	20.5	23.6	19.3	11.8	11.9	14.2
银行存贷款规模/GDP(%)	—	2.93	2.73	2.02	2.56	4.83
金融从业人员数量情况 占比(%)	325 100 10.1	800 000 12	190 000 5.5	400 000 6.8	120 000 7.5	328 700 4.8

资料来源:英国统计局;美联储纽约州分局;香港金融监管局;东京都统计年鉴;新加坡统计局;中国统计年鉴。

2. 金融市场发展方面的对比

金融市场的发展程度及完善程度,是国际金融中心形成的又一个重要影响因素。根据前文的指标体系,以下将用银行存贷款规模、保险市场规模、证券市场规模三项指标对四个典型金融中心的金融市场发展情况进行对比分析(见表 10-12)。

表 10-12　国际金融中心对比结果——金融市场发展(2012 年)

	伦敦	纽约	香港	东京	新加坡	北京
银行存贷款规模	—	395	333	434	206	145
保险市场规模	128	167	97	112	50	64
证券市场规模 (万亿美元)	10.21	14.086	2.83	3.67	0.7602	1.39

资料来源:英国统计局;美联储纽约州分局;香港金融监管局;东京都统计年鉴;新加坡统计局;中国统计年鉴。

3. 金融机构数量方面的对比

金融机构的聚集,在推动国际金融中心形成和发展的过程中起到关键性作用。以下将用银行性金融机构数量、保险机构数量、证券机构数量三项指标进行对比分析(见表10-13)。

表10-13 国际金融中心对比结果——金融机构数量(2012年) 单位:家

	伦敦	纽约	香港	东京	新加坡	北京
银行性金融机构数量	376	779	274	462	284	313
保险机构数量	178	465	128	284	168	101
证券机构数量	832	1 352	500	791	250	662

资料来源:英国统计局;美联储纽约州分局;香港金融监管局;香港保险业协会;东京都统计年鉴;新加坡统计年鉴;中国统计局。

4. 金融制度建设方面的对比

国际金融中心的发展历程表明,拥有一个规范的金融监管体系及较为开放的金融国际化、自由化环境,是国际金融中心最终确立的重要基础。因此,根据指标体系,表10-14将用金融监管体系是否规范、是否有效推进金融国际化与自由化这两项指标进行对比分析。

表10-14 国际金融中心对比结果——金融制度建设

	伦敦	纽约	香港	东京	新加坡	北京
金融监管体系是否规范	非常规范	非常规范	比较规范	比较规范	非常规范	规范
是否有效推进金融国际化与自由化	非常有效	非常有效	非常有效	比较有效	非常有效	有效

资料来源:许少强,《国际金融中心建设的决定因素:经济实力抑或金融政策》,《上海金融》,2013及公开资料。

三、五个国际金融中心的比较优势分析

(一)伦敦国际金融中心的比较优势

1. 伦敦地理位置优越

英国地处西欧,四面环海,拥有多处优良港口,与欧洲大陆及北美贸易接界。英国处于英格兰中心部位,拥有广阔腹地,是英格兰的交通枢纽,大量的人才和物资便于在伦敦进行沟通,使伦敦一直以来都是英国最活跃的区域。伦敦发达的陆路交通和水路交通有助于国内外货物的

集散。

2. 英镑币值保持强势且稳定

自英镑币值确认以来，银本位制下，英镑维持三百年稳定。在几次面对经济危机的波折中，英国政府始终以维持英镑稳定为首任，并没有通过过度发行货币来刺激经济以及救市。此举也避免了恶性通货膨胀以及群众对政府信誉相信力的丧失。时间也证明了英国的这个决策非常正确，在近代几次经济危机对西方资本主义国家的冲击下，英国群众对英镑的稳定非常有信心，有利于货币政策的顺利实施。

3. 金融体制创新

英国货币市场共分为贴现市场、英镑货币市场和欧洲货币市场。在贴现市场上，金融机构以折价形式买卖未到期债券和票据。英国各种票据贴现和再贴现都在贴现市场上通过贴现公司进行。英国贴现市场的主要职能是集中银行暂时剩余资金，在最大限度内加以运用，同时消化国库券和公债，达到相互融通资金的目的。英国货币市场的主要特点是，货币可以在机构、公司和银行之间借贷，没有货币当局的管制，英格兰银行在这些货币市场上不承担最后贷款人的角色。该市场由货币经纪人进行买卖货币。主要的英镑市场工具包括地方当局市场、英镑银行同业市场和英镑存单市场。

4. 伦敦城市设施和市场环境发达

伦敦具有全球首屈一指的硬件环境。随着产业的不断发展和金融资本的不断积累，伦敦的城市建设与硬件环境不断更新换代，区位条件、交通网络、通信网络、专业人才和相关辅助产业都达到国际一流水平。同时，伦敦是英国乃至欧洲、全球的金融人才蓄水池，很大程度上保证了伦敦作为国际金融中心的稳定性。

5. 政局的稳定保障了英国金融业的发展

英国目前依旧有王室制度。从英国目前的文化来看，英国民众对王室有非常深厚的感情。尤其在第二次世界大战期间，英国王室提出了"保持镇定，继续前进"（KEEP CALM AND CARRY ON）的口号，给予英国人民非常大的鼓舞。英国民众对王室的情感体现在英国式西方现代民主政治制度和自由经济制度的发源地，多年来政局稳定，法律、经济、社会制度健全。

(二)纽约国际金融中心的比较优势

1. 优越的地理位置条件是纽约成为金融中心的天然优势

纽约不仅拥有港口优势,而且在伊利运河开通后,地理位置的优越性更加明显。伊利运河的开通,使纽约超过费城,成为美国最大的贸易港口。纽约商旅云集,成为各种货物流转国内市场、国外市场的集散中心。纽约利用这一优势,从中收取运费、仓储费、保险费、船只通行税等。

2. 商业贸易的繁华是纽约成为金融中心的经济基础

伊利运河开通还扩大了纽约的经济腹地,使以纽约为中心的经济圈扩大到了美国中部的俄亥俄河流域,提升了纽约的经济实力,为金融中心的形成和发展提供强大的经济基础。经济的发展,促使大量的金融机构开始聚集纽约。据统计,1855 年美国全部的 700 多家银行里,就有 600 家将其经常性存款放置于其在纽约市的分支机构,总量达到 1 700 万美元。此外,纽约还吸引了来自欧洲的境外存款。据统计,1860 年欧洲人在纽约的存款已经超过了 3 000 万美元。全国甚至是来自世界各地的资金流向纽约,不仅增强了纽约的金融实力,而且还促使纽约逐步形成一个庞大的货币市场,吸引投资者前往投资或融资。

3. 持续不断的金融创新能力是推动纽约金融中心持续发展的源泉

19 世纪中期,纽约就通过多种创新手段对原有的纽约证券交易所进行了革新,正式启用第一个证券报价机;同时,建立了一个高效、安全、便捷的清算制度,并成立了纽约清算公司。20 世纪初期,纽约作为全国性金融中心,充分利用公司制在美国的推行这一契机,推进纽约证券市场由债券交易为主向股票交易为主转变,从根本上改变了纽约证券市场的结构。二战后,纽约在金融领域的创新更是层出不穷,其中包括成立现代经纪公司、培育机构投资者成为市场投资主体、推出电子竞价交易方式、资产证券化等。持续的金融创新能力,使得纽约金融中心在不同历史时期均能吸引全世界投资者的目光,来自世界各地的资金都涌入这一市场,试图获得更丰厚的回报。

4. 美元国际化是纽约在激烈的国际金融中心竞争中确立霸主地位的关键

通过布雷顿森林体系,美元成为世界上最主要的清偿手段和储备货币。世界上绝大多数的美元交易必须在美国进行,这就促使了纽约成为世界美元交易的中心。通过美元,纽约紧密地联系着各国金融市场,成为世界资本聚集和供应中心。

5. 政府对金融业的规范管理是纽约金融中心健康发展的重要保证

纽约国际金融中心尽管是由市场自发推动形成的,但期间政府仍起到了非常关键的作用。这一点最主要地体现于:一是1913年美国确立了中央银行体系,确立了美联储的最后贷款人地位,提高了银行系统的抗风险能力;二是实施分业监管,强化政府对金融的监管职责;三是通过多项立法,维护金融市场稳定发展。

(三) 香港国际金融中心的比较优势

1. 独特的地理区位优势

香港在20世纪70年代,凭借其能较便利地连接东亚各国的独特位置,大力发展其港口贸易。港口贸易的发展,不仅为香港成为金融中心奠定了经济基础,也使得大量国际资金进入香港,并催生出相应的国际金融业务需求,吸引大量国际金融机构进驻香港,推动了香港金融中心的形成。此外,从时区位置上看,香港与伦敦、纽约三分全球,是全球24小时金融的链条之一。最后,香港有着中国内地这片广阔的经济腹地作为其金融中心的强大支撑。

2. 多层次的金融市场体系

当前,香港已经建立起较为完善且多层次的金融市场体系。其中,银行业是香港金融市场的强项,2007年香港的银行机构总数为200家,其中外资银行机构总数为132家;股票市场的市值规模在2010年时就已排名全球第七;金融衍生品市场也得到迅速发展,2010年其金融衍生品交易额为5 430亿美元,居全球各交易所首位。

3. 完善的金融制度优势

香港的制度优势主要体现在:一是对金融业实施审慎而又稳健的监管制度;二是资金可以自由流通;三是税制简单且税率较低;四是公正、有效的司法体系。正是基于这样的制度优势,使得香港在与伦敦、纽约、东京等国际金融中心的竞争中,依然能够保持自己在全球金融体系中的独特地位。

(四) 东京国际金融中心的比较优势

1. 政府对银行机构的扶持

二战后,日本大力推进工业化进程,经过二十多年的快速发展,实现了经济的腾飞。持续的经济增长,使企业对资金的需求持续增加。政府为了满足企业对资金的旺盛需求,通过实施主银行制度,以政府扶持的形式造就了一批具有相当实力的银行,且这些银行大都在东京聚集。

2. 金融的自由化及国际化

20世纪70年代初期,日本政府为适应全球金融自由化的发展趋势,缓解国内金融压抑状况,开始实施金融自由化政策。政府采取了放松汇率管制,建立外汇交易市场,加快日元国际化等措施,吸引国际金融机构、资金及投资者聚集东京,为东京成为国际金融中心创造了良好条件。

3. 经常项目的巨额贸易顺差

在20世纪70年代后,日本在经常项目方面一直保持了巨额的贸易顺差。经常项目下的贸易顺差,在资本项目下则变成了贸易逆差,日本成为世界范围内重要的资本输出国之一。持续的巨额资本输出,活跃了东京的外汇、期货等金融市场,确立了东京的国际金融中心地位。

(五) 新加坡国际金融中心的比较优势

1. 政府大力支持,使国际金融中心建设上升为国家战略

在脱离殖民统治之后,为推动经济的可持续增长,新加坡政府在金融方面出台了一系列优惠政策,以吸引外资机构与资金。随后,新加坡还确立了"金融立国"战略,提出要将新加坡建设成为一个国际金融中心。

2. 政府善于抓住机遇,适时构建"亚洲美元"市场

新加坡抓住了亚太地区对美元存在巨大需求的历史机遇,创立了"亚洲美元"市场,这奠定了新加坡在国际金融中心体系中的特殊地位。

3. 政府适时推进金融自由化与国际化,促进金融中心发展

新加坡在建立"亚洲美元"市场后,积极适应国际金融自由化趋势,推出相应的金融自由化政策及配套措施,降低外资金融机构及资金进入新加坡的成本,积极推进新加坡国际金融中心的建设步伐。

4. 既鼓励推进金融创新,又实施有效监管

持续的金融创新是国际金融中心发展的动力之一;而实施有效监管,确保金融系统的稳健运行,则是国际金融中心持续发展的重要保障。新加坡政府鼓励金融创新,这体现在其创造性地推出亚洲美元、期货交易等方面;在稳健金融监管方面,新加坡根据本国经济金融运行特点,设计出一套审慎、有效的离岸金融监管体系。

第四节 城市新金融中心的崛起
——以伦敦金丝雀码头为例

随着伦敦金融机构的集聚,传统金融中心在空间上达到饱和。从1980年起,一些国际银行和其他从事金融业务的公司逐渐将办公地点延伸到附近区域,金丝雀码头逐渐兴起,成为另一个金融服务中心。

一、金丝雀码头的地理位置

金丝雀码头是20世纪后期伦敦最大的城市更新项目,目标是建成伦敦新的金融中心区和城市中心区。金丝雀码头距离伦敦城(City of London)3英里,位于伦敦老城区边缘道格兰区(The Dock Lands)(见图10-12)。

码头区中心位置,在由泰晤士河的一个U转弯围起的"狗岛"(Isle of Dogs)上,总面积逾六十公顷。金丝雀码头所在的"狗岛"地理位置很特殊,该岛位于伦敦市东部,三面环水,泰晤士河在此形成一个字母U形结构,水流由自北向南流动转变为由南向北流动,水流湍急,长期的泥土冲刷形成了两个天然码头(见图10-12)。

20世纪以前,金丝雀码头很繁华,是接收世界各地货运的重要集散地。然而,随着贸易集装箱化,港口逐渐外移,到了20世纪60年代,码头区开始没落。20世纪80年代的码头区还是伦敦东部的典型贫困区。然而随着政府将其规划为新型金融区,码头区已焕然一新,成为伦敦扶贫计划的成功案例。时至今日,金丝雀码头已经发展成为拥有几十幢办公大楼、几百家餐厅、商店的综合性商务服务区。

二、金丝雀码头的发展历程

1. 码头实际作用的衰败:19世纪初至1980年

金丝雀码头区一度是全球最为繁忙的港口之一,是整个伦敦的工业中心和就业中心。由于道克兰区的航运、码头工业和交易的繁荣,伦敦金融城蓬勃兴起。20世纪30年代,伦敦码头区发展到了鼎盛时期,港口区雇员超过3万人,相关业务的就业人口超过10万人。

20世纪六七十年代,英国制造业、运输业衰落,大伦敦地区失业人口

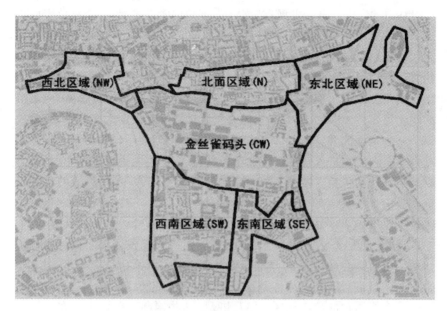

图10-12 金丝雀码头区平面图

资料来源：杨滔：《城市空间网络与大规模城市更新后的社会整合——伦敦金丝雀码头的启示》。

达到50多万人，高度依赖码头运输的行业受到极大冲击。此间，随着集装箱及大型货轮兴起，码头逐个关闭，导致缩减了15万个工作岗位，流失20%就业人口。码头区人口从1976年的近6万降至1981年的3.9万，其中近40%居民没有任何专业技能，少数族裔的比例显著增加，受教育程度也降至伦敦最低水平，码头地区的失业率一度高达17.8%，成为伦敦地区最为贫穷、社会问题最多的区域。1981年，码头区最后一个也是最大的"皇家码头"也宣告关闭了，至此，伦敦码头区名存实亡。

2. 码头一期建设：1980—1995年

1980年，英国经济跌入低谷，城市衰败、工厂倒闭，失业人数自大萧条以来首次超过了300万。英国首相撒切尔夫人为刺激经济发展，执行自由市场政策，即"国退民进"。政府将城市开发、基础设施建设投资、航空运输乃至邮政电信等传统垄断行业逐步向私人资本开放。这一时期，英国政府发现码头区的独特潜力，将其规划为自由经济区，免除该区域内的固定资产投资10年的税务。金融城由于历史原因很难进一步扩张，无法满足经济发展要求，政府开始规划发展金丝雀码头以吸引金融从业人员。

1981年,伦敦码头发展有限公司,即 LDDC 正式成立,全权负责码头港口区重建项目。码头开发资金来自财政部,LDDC 也获得了土地强制获取和规划批准权。在第一个10年内,伦敦码头区的公共投资为十亿英镑,但却吸引了百亿的私人投资。

码头区改造工程覆盖面积共22平方千米,西起伦敦金融城,向东沿泰晤士河延伸10.8公里。码头区开发区规划没有设定太多限制,只是提出了一些宽泛的开发意向,完全放手给市场,以期使用较少的国有资本撬动大量私人资本进入投资。在金丝雀码头区10年免税期内,所有投资可以抵消此后的税负。截至1998年,政府仅仅使用18.6亿英镑的公共投资就吸引到了高达72亿的私人资本,其中四分之三的投资来自海外,私人投资范围涵盖了办公楼、商店、工厂、娱乐设施甚至公共交通设施。

1985年,码头区开发渐入佳境,金丝雀码头开发启动。成功运作了纽约的曼哈顿金融中心的开发商奥林匹亚和约克(O&Y)公司与 LDDC 合作为项目进行融资。其将金丝雀码头不仅仅定位成一个中心商务区,更是一个高质量的城市社区,并以此吸引那些国际性跨国企业在此设立总部。金丝雀码头致力于成为伦敦金融城的一个延伸,就像曼哈顿成为华尔街的延伸一样。当时包括瑞士信贷第一波士顿银行的伦敦行纷纷入驻码头。一期开发计划中,涵盖了全英最高的三栋超高层建筑。

3. 码头二期建设:1995—2001年

20世纪90年代,新一轮全球的经济萧条使伦敦金融城的金融和商业服务业减少了9万个岗位,伦敦周边办公区空置近六分之一,多家美国银行撤离。至1992年上半年,伦敦金融城和码头区的办公楼的空置率已接近20%,在码头区空置了将近一半,其中金丝雀码头空置40%,多个正在开发的项目不得不暂停,开发商纷纷破产。1992年下半年,金丝雀码头建成,但半数的办公楼和几乎所有的零售商业面积闲置,使得过于依赖短期贷款的 O&Y 资金链断裂,申请破产,工程搁置。

不过从另一方面看来,码头区也证明了自由经济区模式的可行性,环境得以改善,就业机会得以增多,人口得以增长。在1981—1990年,码头区虽然失去了2万个传统工作岗位,但却赢得了4.1万个新型工作岗位,其中银行和保险等金融服务业岗位占比上升到了近60%。

1995年,金丝雀码头改造的二期工程启动。到1998年止,开发公司创造了广泛的经济和社会效益。住宅不仅数量有所增加,并且呈现出多元化趋势;就业人口增加3倍,企业数也增加了5倍(见表10-15)。

表 10-15 码头二期建设自己使用比例　　　　单位:%

用途	资金比例
道路设施建设	44
社区设施的改善	11
土地收购	8
行政管理	8
改善环境	7
维护保养	4
宣传	2
其他	16
总计	100

资料来源:英国统计局。

至2001年,金丝雀码头最终得以完工。码头区重现繁荣,常住人口增加了两倍,就业增加了30%,成为英国经济发展最为活跃的区域之一。几经波折的码头区重生的同时也带动了整个伦敦向高新创意产业和高端服务业全面跃迁。

金丝雀码头之中,银行从业人员数量超越金融城,成为欧洲城市中银行业雇员最多的区域。根据英国《金融时报》的调查,英国境内最大的16家银行在金丝雀码头拥有雇员数为4.45万,而在伦敦金融城,这一数字为4.33万(见表10-16)。

表 10-16 金丝雀码头的就业人员对比　　　　单位:人

产业部门	2001 年	2012 年
小学和公共事业		
手工业	300	100
建筑业	1 200	1 200
批发和机电行业	800	700
零售业	300	1 400
运输和存储部门	2 000	600
住宿饮食服务	1 200	3 600
信息和沟通	3 500	9 200
金融及保险业	14 300	58 500
房地产	500	1 200

(续表)

产业部门	2001 年	2012 年
专业、科学及技术	900	7 800
行政	1 700	12 600
公共管理和国防		
教育	100	100
人类健康及社会工作	100	500
艺术娱乐	100	2 200
其他服务业	300	300
家庭作为雇主的工作	0	0
区域外组织活动	0	0
所有部门	27 400	100 500

资料来源：英国统计局。

4. 码头的新发展：2002 年至今

金丝雀码头作为伦敦的新兴金融区吸引了全球范围内大量的银行和企业入驻，诸如汇丰、花旗、英格兰、渣打、摩根大通等银行业巨头，以及每日电讯、独立报、路透社、明镜报等媒体巨头纷纷落户于此。码头已成为新型商业金融 CBD。

不同于伦敦金融城，金丝雀码头的建筑均是近二十年内新建而成，设计更为现代化、规划也更为人性化。金丝雀码头地面以上区域以高档商务、办公、酒店为主，地面以下空间则以零售为主，商场连商场，餐厅接餐厅，地下空间又同多条地铁连接。

金丝雀码头可以算作英国就业人口最高的二十大"城镇"之一。预计未来二十年内，金丝雀码头区员工数量将再增加一倍，达到 20 万人，媲美康沃尔整个郡的就业人口。根据当前伦敦金融城和金丝雀码头区的进一步发展规划，到 2016 年时，金丝雀码头将会容纳约 20 万就业人口，伦敦金融城办公面积将增至 2 500 万平方英尺，吸引就业人口 40 万。未来码头区规划希望能吸引到信息技术、媒体以及电信业企业。目前，码头集团正试图吸引那些在旧街和小硅谷发展起来的企业搬入金丝雀码头，以推动码头区下一阶段发展。

第十章
国际金融中心的变迁及比较分析

三、金丝雀码头改造工程建设经验

1. 公私合作的开发模式为项目成功的开发打下坚实基础

金丝雀码头项目是由私人开发公司主导,政府职责有限。LDDC代表英国政府管理码头区项目开发,但只是负责项目招商,并不干涉具体的项目操作及市政交通配套设施的建设。O&Y作为开发商兼有开发与管理职能,使得风险和收益均达到最大。金丝雀码头项目启动于英国经济的历史性低谷之中,政府担心风险太大,因此为吸引投资,免除了投资者10年的地方税和开发过程的土地建设税,甚至还大大削弱了政府的规划控制权。

2. 一流的硬件设施建设能够顺应产业聚集要求

在规划和设计方面,O&Y公司充分利用政府的授权,在谋取利润最大化的同时,也承担了相应的社会责任,公司委托世界顶级建筑专家,针对伦敦的城市特征,对公共空间、城市景观甚至建筑细节等都进行了细致的研究,并在开发过程中始终贯彻这一理念。一流的硬件设施和良好的工作环境吸引了全球知名金融企业总部和金融监管机构的入驻,带动金融业聚集,形成了良性循环,为码头的进一步发展提供了空间。

四、金丝雀码头整体规划建设经验

金丝雀码头的重建进行了细致完整且目标宏达的规划,同时在建设过程中坚定地坚持规划。金丝雀码头建设中对区域内价值进行了整合,对泰晤士河码头区进行清理,获得大量可利用空间;规划中对区域准确定位,摆脱码头意义的禁锢,开发由社会问题引起的改造而带来了经济价值。

然而,在开发过程中,政府的一些做法并不恰当,也在一定程度上阻碍了码头区发展:在企业编制规划方案过程中,政府没有及时参与,未履行事先达成的一系列约定,特别是违背了交通方面的承诺,严重误导了开发商,连接伦敦市区的地铁修建工程拖延了将近6年,这就直接影响到了项目后期的销售。1992年时金丝雀码头恶化的交通状况是诱导项目危机的直接原因,根本原因是投资人没有交通改善的预期,而政府对此袖手旁观。

在金融CBD的建设过程中,每一个政府均应在发展的过程中把握"收"与"放"的力度,在可以市场主导的情况下放手市场,在项目出现危机时给予政策上的支持。做到引领而不强制,调动市场积极性,建设一个和谐可持续的 CBD。

第五节 北京建设国际金融中心的优势、差距及建议

一、北京市建设国际金融中心的优势

(一)外部环境方面优势

1. 强大的经济实力

从经济总量上看,2012 年北京 GDP 在全国城市排名中仅次于上海,位列第二。从经济增速上看,北京一直以来均保持着较高的经济增速,2012 年该数值为 7.7%,高于同期上海 3 个百分点。雄厚的经济基础以及持续快速的经济增长,为北京市构建国际金融中心提供了有力的支撑。

2. 稳定的政治环境

北京作为首都,维护其政治、经济、社会的持续稳定,一直都是政府的重要工作任务之一。此外,十八届三中全会以后,北京在各个领域的改革也开始逐步落实,未来北京将会拥有更利于激发市场活力的更宽松的政治环境。

3. 良好的商业发展环境

北京商业环境发达,近年来上市公司数量稳步增加,经济开放程度也不断提高。同时,北京还是中国最重要的高校及科研机构的聚集地,这无疑为北京构建国际金融中心提供了源源不断的人才支持。

(二)发展现状方面优势

1. 强大的金融机构实力

北京是我国金融机构竞争力最强的城市,全国各主要金融机构的总部均位于北京。根据国务院研究中心的研究,北京市金融机构竞争力在 2013 年得分为 196.09 分,远高于上海的 142.86 分,排名全国第一。金融机构的大量聚集,是北京构建金融中心的核心竞争力之一。

2. 显著的总部聚集效应

北京作为首都,不仅是诸多金融机构的总部所在地,同时还是中石油、中石化、中国移动、中国电信、中国联通、中海油等大型企业的总部所

在地。由于企业大多数采用总部集中资金管理模式,因此北京顺理成章地成为这些企业资金流动的聚集地。而资金的集中,又必然会对金融服务产生相应的需求,这对北京构建金融中心形成了有力支撑。

3. 便捷的信息获取渠道

除了上述金融机构和企业总部的优势之外,北京作为政治中心,还聚集了大量的党政机关,同时也是"一行三会"的所在地,这使得北京无可争议地成为我国的金融决策中心。金融机构、投资者等参与金融活动的过程中,会对各种信息有着多方面的需求,而北京则为满足这种需求创造了一个最便捷的渠道和环境。

二、北京市建设国际金融中心的差距

(一)外部环境方面差距

1. 地理区位优势不明显

从国际各大金融中心的形成过程来看,不难发现一个共同点,即纽约、香港和新加坡均位于国际主要航运线的重要节点。正是基于这样的地理位置,该地区(或城市)的经济发展得以保持较高的增速,并成为区域范围内甚至全国性的贸易中心。同时,国际航运线节点优势还有助于提高该区域内经济的国际化和自由化水平,这也对金融中心的形成有着重要影响。而北京作为一个内陆城市,在此方面不可避免地存在一定劣势。此外,从时区上看,北京处于东八区,与中国香港、新加坡、东京这三个相近时区的国际金融中心存在竞争。因此,北京构建国际金融中心,在地理区位上不具备比较优势。

2. 缺乏广阔的经济腹地

在典型国际金融中心形成过程中,地区(或城市)的发展是否拥有足够广阔的经济腹地进行支持,对于金融中心的最终形成发展有着重要作用。区域内的核心城市如果拥有广阔的经济腹地,就可以逐步增强自身对周边经济区的影响力、号召力和控制力,从而进一步吸引资金、金融机构和人才等资源向金融中心聚集,加速金融中心的形成。例如,纽约是以全美作为其经济腹地,东京是以整个日本作为其经济腹地,香港是以大陆作为其经济腹地,新加坡则是以马来西亚作为其经济腹地。而北京尽管是京津唐经济圈的核心城市,但由于其与周边城市在经济发展速度、经济政策等方面存在诸多差异,使得区域内部不同城市之间的经济沟通协调往往被各种条件所分割,难以打造彼此之间较为紧密的经济联系,因而限制了北京的经济辐射范围,阻碍了北京金融中心构建的进程。

3. 城市宜居程度较低

相比国内其他经济发达城市,北京的城市受高房价、重雾霾以及拥挤的交通状况等因素影响,导致宜居程度比较低,降低了北京对公司、人才、资金等资源的吸引力,不利于推进北京国际金融中心的建设。

(二)发展现状方面差距

1. 中资金融机构实力较弱

北京是我国主要金融机构总部的聚集地,同时也是外资金融机构的主要聚集地之一。目前,中资金融机构在体制、理念和技术方面均与外资金融机构存在较大差距。例如,体制方面,中资金融机构存在产权欠清晰、公司治理待规范、业务管理较混乱等问题;发展理念方面,中资金融机构在创新、服务和营销上仍与金融全球化的发展趋势存在一定差距;技术方面,中资金融机构在业务处理、信息系统管理和应用软件上仍有较大劣势。

2. 金融机构创新不足

当前,我国金融机构尤其是银行业金融机构,在产品与服务方面的同质化现象非常严重。以北京为例,大多数的商业银行仍然是以传统的存、贷、汇、代收、代付等业务为主,而在新兴业务方面的创新意识和创新动力严重不足。此外,从中资银行机构的金融产品种类上看,北京中资银行各类金融产品种类合计仅有60种左右,而大型国际性商业银行的金融产品却有近20 000种。其他非银行业金融机构,如基金公司、证券公司、理财中心等,其产品也大都陷入高度同质化的泥淖,普遍缺乏持续创新的意识及动力。从代表性金融中心的形成与发展过程可知,持续不断的金融创新是金融中心可持续发展的动力之源,因此,金融机构的创新不足无疑会成为北京构建金融中心的主要障碍之一。

3. 金融市场构建明显滞后

通过回顾代表性金融中心的发展历程可以发现,拥有一个完善的金融市场体系,是金融中心实现各种资源聚集的基础,也是金融中心进行金融创新的首要条件。就目前情况而言,北京缺乏期货交易市场、黄金交易市场和衍生品交易市场,而北京的证券交易所(即"新三板")也是于2013年1月才正式挂牌成立,因此金融市场体系仍不健全。北京金融市场发展的相对滞后,使得其在与上海、深圳的对比中处于明显劣势。根据国务院发展研究中心报告,2013年我国主要城市金融市场规模竞争力排名中,北京得分为3.11分,排名第五;上海、深圳位居前两名,得分分别为163.93分和59.18分,远高于北京。北京金融市场建设的滞后,导致金融市场体系和功能不健全,这是阻碍北京推进国际金融中心建设的主要瓶颈之一。

4. 金融制度建设有待健全

从上文分析中可知,北京作为首都,保持经济社会的稳定发展一直都是政府的重要任务。出于这一原因,北京市在金融开放和金融自由程度方面不可避免地与上海、深圳存在一定差距。金融国际化和自由化是国际金融中心得以形成与发展的重要基础,而北京在这方面的制度建设仍有很大改善空间。尽管北京聚集了大量外资金融机构,但由于在业务范围、资金流动等方面受到诸多限制,使得外资金融机构原有的创新优势缺乏施展空间,这无疑将对北京构建国际金融中心产生不利影响。

三、北京建设国际金融中心的模式选择及目标定位

(一) 模式选择

在国际金融中心的形成模式中,根据主导力量的不同可以划分为市场主导型与政府主导型。市场主导型的过程一般是地区经济发展到一定程度后,吸引大量金融机构和资金往核心城市聚集,从而刺激金融需求增加,推动金融产业发展,最终逐步形成金融中心。在当今世界范围内,美国纽约、英国伦敦以及中国香港的国际金融中心,是市场主导型国际金融中心的主要代表。政府主导型金融中心则更多的是强调政府在金融中心形成早期所起到的扶持、引导和规划等作用,在经济金融发展水平还未达到形成金融中心的条件时,政府出于经济发展考虑,通过实施相关政策,甚至采用超常规的方式,促进金融行业的跨越式发展,引导金融机构与资金等要素聚集,从而逐步发展成为金融中心,促进区域经济增长。东京和新加坡即是政府主导型国际金融中心的典型。

结合北京市构建金融中心的优势和差距,本书认为北京应采取政府主导模式,通过政府的引导与支持,促进金融产业的进一步扩张。具体原因如下:首先,北京在地理区位上并不具备优势,缺乏成为市场主导型国际金融中心的先天性条件。在纽约和香港金融中心的形成过程中,拥有

优越的地理位置，使之自然成为区域经济贸易活动的中心，这是市场主导型金融中心得以形成发展的条件之一。其次，北京在经济总量、人均GDP以及经济辐射能力方面，与市场主导型国际金融中心仍存在一定差距，缺乏成为市场主导型金融中心的经济基础；尤其是，北京由于缺乏足够广阔的经济腹地，致使其对周边区域的经济辐射能力和影响力均有待提高。再次，北京金融市场的发展相对滞后，缺乏多层次的金融市场体系，不利于活跃地区金融交易，并扩大金融产业规模；倘若缺乏政府扶持，在当前激烈的国内金融中心竞争中，北京难以占据优势。最后，从中国金融发展的历程来看，采用试点形式进行金融改革，并颁布相应的金融政策法规，促进金融产业发展，是中国金融业发展的特色之一。从上海金融中心的建设过程中，也可以看到政府在其中的关键作用。因此，本书认为，政府主导型模式是北京在建设金融中心过程中的最佳选择。

（二）目标定位

目前，国内大多数城市都热衷于打造区域性金融中心，以促进区域经济持续增长。其中，北京于2008年提出要将北京市金融街打造成为具有国际影响力的金融中心；2012年，国家发改委出台《"十二五"时期上海国际金融中心规划》，这两次金融中心构建的提出都是国家层面上的政策导向。此后，国内其他城市也相继提出建设金融中心的构想，并逐步出台了相应政策和措施。

但是，金融发展理论认为，国际金融中心的构建，既是区域金融产业发展的过程，也是对区域金融资源争取的过程。在一定范围内，由于资源有限，金融中心不可能出现多个，而当多个城市提出构建金融中心时，就必然会存在一定的竞争关系。因此，如何通过适当的定位，充分发挥自身优势，提高本城市对国内外金融机构、资金和人才等资源的吸引力，加快自身的金融中心建设步伐，就显得尤为重要。

目前，国内城市中金融业发展程度较高的当属北京和上海。在北京构建金融中心的过程中，上海无疑是最主要的竞争对手之一。因此，北京应该基于自身优势，通过合理规划，扬长避短，才能有效避免国内金融中心的重复建设，构建具有自身竞争优势的金融中心。当前，上海国际金融中心建设已经成为国家战略，而且上海也集中了我国大量的金融资源，尤其是在金融市场建设方面更是处于绝对领先地位。因此，鉴于上海在股票市场、外汇市场、黄金市场和银行间同业拆借市场等方面已具备无可争议的领导地位,北京应该立足于京津唐经济圈与环渤海经济圈,发挥自身在银行机构实力、总部效益、信息获取等方面的优势,以银行业发展为重点,以"新三板"市场建立为契机,扩大北京金融产业在全国的影响力;同时,进一步强化北京作为金融管理中心、金融信息中心和金融决策中心的地位,以打造国内金融中心为短期目标,并不断扩大其在国际金融体系中的影响力,最终发展成为在全世界范围内首屈一指的国际金融中心。

第四部分

国际金融中心：
开放、包容与创新

本部分将从理论与实证分析转向政策建议,依托之前章节的分析与论述,以及国际经验,对北京在构建国际金融中心的过程中可能遇到的问题提出解决方案。在当前形势下,北京在构建国际金融中心这一方面拥有很多优势与便利条件,与此同时。其不足也十分明显。如何基于现有环境,利用现有资源,突破现有约束,构建开放、包容与创新的在国际上有重要影响的金融中心,是北京今后一段时间面临的重大课题。

本部分共有两章:第十章通过对国际主要金融中心发展历程的回顾,基于上文分析,阐述了北京在构建国际金融中心过程的现实与潜在问题,包括市场、组织、服务体系的滞后与经济腹地、创新力的缺乏。针对这些问题,第十一章提出了一些可能的解决思路与发展目标,即在明确自身定位、作用的基础上创建宽松的金融政策环境,构建完善的法律制度,加强配套建设与增强横向经济联系。最后一章则对全书进行了总结,得出了结论。

第十一章 建立国际金融中心的一些约束条件与北京的潜在问题

第十章简要介绍了国际主要金融中心的变迁历史。其实金融业的发展不过是近几百年的事情,而金融中心的历史则更为短暂。但是就在这短暂的历史中,国际金融中心的名号数次易主,从最初的威尼斯、阿姆斯特丹,到之后的伦敦,20世纪后半叶的纽约,直至今日伦敦、纽约、东京、香港等多个国际金融中心在协同与竞争中共同推动金融业的发展,维护世界经济体系的稳定运行。

金融业从当初在欧洲大陆发轫之日到如今,大概走过了六个阶段,分别是1840年之前私营银行家的时期、1840—1875年资本聚集的时期、1875—1914年初次全球化的时期、1914—1945年战争与萧条的时期、1945—1980年发展与监管的时期以及之后全球化、金融创新与危机的时期。纵观这些发展迥异而又一脉相承的时期,可以归纳与总结出成为国际性金融中心的一些约束条件,即优秀的地理与区位条件、强大的国力基础、有深远意义的金融创新、对周边地区的辐射与带动等。

具体到如何将北京建设成有影响力的国际金融中心这一特定的课题,则会产生一些特殊的条件与制约。从总体上看,北京市的金融业具有较为良好的基础,并正处于快速发展的阶段。这为构建金融中心提供了许多基础条件上的优势,包括优越的地理位置、雄厚的经济实力、不断完善的金融市场制度建设和产品创新等。但若与伦敦、纽约等国际上已有的金融中心比较,北京在金融中心的构建过程中还需要解决诸多潜在的问题。

一、金融市场体系发展较为滞后

金融市场是一个相互联系、相互促进、功能互补的整体。按照交易的标的物划分,金融市场可以划分为货币市场、资本市场、外汇市场和黄金市场。一个成熟的国际金融中心应包括大批完备的金融机构,但是目前为止,北京的金融市场类型还不完全,仅拥有货币市场、资本市场和外汇市场的一部分,缺少期货交易所、证券交易所、黄金交易所等交易性金融场所与机构。这种部分金融市场的缺位说明北京作为金融中心市场体系健全度和功能完备性依然低于标准。

从交易方式看,目前中国的金融交易市场主要是现货市场,衍生品市场还没有真正建立,而根据其他国际金融中心的经验来看,衍生品市场都是不可缺少的重要部分。近几年,全球市场中金融衍生品交易的绝对量和相对量都不断上升,市场份额连续多年保持在90%以上,成为市场的主导。而欧美发达国家集中了全球绝大部分的交易所金融衍生品交易,全球80%以上的交易分布在北美和欧洲。据美国期货业协会统计,2005年全球期货和期权交易量达到99亿手,比2004年增长11.68%。按类别划分,股指、利率、单只股票、外汇、指数期货等金融类产品交易量累计为91.39亿手,占总交易量的92.32%。2002—2004年,上述金融类产品所占的比率分别为91.61%、91.62%和92.19%,金融类产品所占比率呈稳步扩大的趋势,其中尤其以股指期货最为突出。2006年全球股指期货期权和单只股票期货期权成交量达80.8亿张,占全球金融衍生品交易量的68%,其中股指期货及期权成交45亿张,占全球金融衍生品成交量的41%。相对而言,我国的衍生品市场则依旧处于萌芽阶段。2009年我国银行间场外衍生品市场利率互换交易量为4 616.4亿元。债券远期交易量为6 556.5亿元,外汇掉期交易量为8 018亿美元,总交易量只有67 053.4亿元。2009年全球场外衍生品市场交易总量超过600万亿美元。若按当时汇率折合。我国的交易量还不到1万亿美元,约占世界交易量的1/600。这种金融衍生品市场严重滞后的发展水平,成为北京构建国际性金融中心的一个重要的瓶颈。

二、金融组织体系限制了金融市场的发展

金融组织体系决定了各类金融机构在整个金融市场体系中的地位、职能和相互关系。其中重要的一个方面就是金融政策的制定与实行。一般而言,衡量金融政策的两个主要维度为金融市场自由度和开放度。对于一个金融中心而言,金融市场的自由度与开放度对经济、金融发展具有重要的影响。一国金融市场自由度和开放度越高,越容易促进金融业的发展,继而拉动本地区的经济快速发展;而一些金融市场自由度和开放度较低的国家和地区,其金融和经济的发展就受到较大的制约。

就自由度而言,由于北京是中国的政治中心,安全稳定是第一重要的任务,无论是经济改革还是金融改革都必须谨慎,以保持中国国内的稳定和国际上的大国形象。因此,北京金融业的开放较上海等城市滞后,金融市场自由度和开放程度较低,存在许多金融管制,使得北京金融企业跨地区、跨领域,金融活动及金融资源跨地区流动难以完全按市场规则流动和集聚。虽然资本项下可兑换已有试点,但审批手续非常烦琐,导致资金进出的非便利化,影响国际机构的资金调拨,进而影响到北京构建金融中心的深度发展。另外,北京金融业的竞争仍然不充分,本地金融机构实力不强,金融资产和金融业务主要集中在国有金融机构,例如,2001年北京四大国有商业银行人民币存贷款业务所占的市场份额分别是81.60%和78.57%,在目前资产运用权高度集中的管理模式下,难以适应首都发展知识经济的金融需求,截至2001年年底,北京地区金融机构对高新技术产业的贷款余额为345亿元,在全市各银行的本外币贷款余额中占比仅为4.6%。尤其是8.6万户的在京中小企业,已经成为支撑首都经济的半壁江山,但是能为它们提供融资担保的公司只有24家,据北京市经委估算目前中小企业获贷率不足20%。同时,在监管方面,从监管组织体系来看,北京目前的金融监管主体人民银行营业部、证监办和保监办之间的沟通仅限于书面文件,鲜有相互的协商和紧密的合作,这种缺乏交流的分块式监管难以适应金融业的混业化趋势,容易留下监管的漏洞,降低监管的有效性;从监管方法来看,北京目前的金融监管基本还处于合规监管阶段,尚未建立以风险监管为核心的综合监管体系,监管方式和技术手段落后。更不容忽视的问题是金融机构的内控制度不健全;行业互律流于形式,权威性不足;社会公律的约束力软弱。

而就开放度而言,北京市金融业对外开放步伐不能适应北京市作为国际交往中心的需要。北京市引进外资金融机构的力度和业务开放程度还比较小,已引进的外资金融机构经营品种少,规模小,服务领域狭窄,不利于北京经济特别是外向型经济的发展。北京地方金融机构的国际业务承接能力较差,在国际惯例、国际标准、国际代理、国际清算和国际监管方面与国际金融业差距较大。虽然北京中资金融机构在国内尚属先进,但与国际先进相比,差距仍然很大。调查统计显示,存在的问题主要集中在:一是制度问题,调查对象中有83%的人认为中资金融机构最需要改进的是体制问题,包括产权制度和内部治理结构、内外部的组织制度、业务制度、经营管理制度等,其中对分业经营和分业管理的体制非议最多;二是理念问题,被调查者普遍认为中资金融机构在经营理念、市场理念、服务理念、创新理念、风险理念、监管理念等方面陈旧落后,与开放型市场经济条件下金融运作的要求相距甚远;三是技术问题,首都金融业目前的业务运作中技术含量很低,大量的是原始和简单的金融业务,而一些技术含量较高的业务或者无力提供,或者只能部分提供,不能使客户满意,此外在管理技术、应用技术等方面也存在着诸多的不足。

三、金融服务体系发展相对滞后

从发达国家金融中心产生和发展的历史中不难发现,金融服务体系对金融中心的影响非常大,有没有发达的金融基础性设施、是否具有一定数量的辅助性金融机构、是否具备足够的掌握经济金融专业知识和相关金融交易技术的人才等,都是能否构建金融中心的条件。面对金融全球化的挑战,强大的金融服务体系是维护金融中心经济发展和金融稳定的有力保证,但相比较发达的金融中心,北京在法律体系、会计制度、审计制度、信息披露机制、交易结算系统和监管体系等方面仍非常欠缺,这些是北京构建金融中心的重要障碍。

四、地区间横向经济联系松散,缺少经济腹地

一般而言,要成为金融中心必先成为区域内甚至全国的经济中心。经济中心需要经济体具备雄厚的经济实力、较强的经济集聚和扩散能力,且与相邻腹地有密切的经济联系,进而推动腹地经济的发展规模和发展速度。例如,伦敦金融中心即以英伦三岛为其发展腹地,进而扩散至欧洲大陆;纽约金融中心以全美国为其腹地,进而扩散至全球;新加坡以马来西亚为其发展腹地,香港金融中心则利用华南甚至大陆作为其发展腹地。

北京虽然位于环渤海湾大经济圈,但现阶段各城市经济发展策略与政策不尽相同,行政划分与区域利益往往会阻碍经济体的经济联系与协调。就目前的形势,环渤海经济圈虽然经济总量突出,一体化的呼声也很高,但是实际上各城市间的竞争关系远大于合作关系。这种现象集中体现在产业重复布局以及功能区规划混乱中。此外,环渤海经济圈,尤其是京津唐中城市间的隔离现象也较为严重。大城市、特大城市之间的贫困村庄带不仅阻碍了城市间人力、物力、财力的相互流动,也妨碍了真正意

义上的城市群的形成,造成了横向经济联系松散的状况,阻碍了区域间经济的协调发展,在一定程度上制约了北京金融中心的可持续发展。

五、金融创新意识不强,创新成果较少

从国际金融中心发展的历史来看,一个地区成为国际性金融中心的重要条件之一就是拥有意义重大的金融创新。但是目前,北京各金融机构业务趋同现象较为严重,金融产品和金融服务大同小异,缺乏特色。占北京金融市场份额最大的银行业主要从事的仍然是传统的存、贷、汇业务及代收代付等简单业务,而技术含量高的新兴业务起步较晚,目前北京中资银行合法的金融产品只有 60 种左右,中间业务收入占总收入的比重不足 10%,而全球金融产品有 20 000 多种。北京市全面对外开放后,其金融业将处于统一的国际国内大市场中,所面临的市场需求和金融风险都越来越大,需要金融体系提供不同功能的金融产品和多样化的金融服务,以满足需求、规避风险和框定成本。

第十二章 建立体系完备、开放包容的国际金融中心

根据国际经验,目前世界各大金融中心的金融自由度和开放度都处于国际领先的地位,在配套设施与体系的建设以及影响力与辐射力等方面也具有明显的优势。所以在北京构建国际金融中心的过程中,不仅应当解决当前面临的具体问题,也应以国际经验为参考,走出一条有自身特色的金融中心道路。

2008年4月30日,北京市市委、市政府出台了《关于促进首都金融业发展的意见》,明确了首都金融业发展定位和目标,将北京定位为国家金融决策中心、金融监管中心、金融信息中心和金融配套服务中心。通过建立全方位的政策支持体系、多层次的金融市场体系、多样化的金融组织体系、立体化的金融服务体系,不断提升首都金融业的创新力、集聚力、贡献力、影响力和辐射力,力争使北京成为具有国际影响力的金融中心。同时,前几章分别从实证和定性的角度对北京市构建金融中心所面临的优势以及存在的问题进行了分析。可发现北京市金融业对经济增长的贡献越来越重要,且金融体系也在不断地完善。但与此同时,北京市在构建金融中心的过程中也存在着许多的问题。本书认为,在构建金融中心的过程中,北京应当以体系完备、开放包容作为阶段性目标,在相关制度、环境、配套设施等方面着力发展。

一、明确北京金融中心的定位与作用

在北京构建国际金融中心的过程中,一个重要的合作伙伴与潜在的竞争城市是上海。如本书前文所述,与上海相比,北京的优势与劣势都很明显。其优势在于作为国家的首都和政策制定的中心,在金融决策、金融监管、金融信息等方面具有领先的条件;但同时,首都的地位和稳定为先的要求也使其具有开放度、自由度较低,金融创新不足,外资金融机构发展缓慢等劣势。所以,北京应当以现有的条件为基础,在实际发展过程中

按照《关于促进首都金融业发展的意见》的指导,以国家金融决策中心、金融监管中心、金融信息中心和金融配套服务中心作为定位,发挥自身比较优势,与上海等国内其他金融中心进行明确的分工与协作,避免重复布局与建设带来的资源浪费与内耗,形成金融的合力,构建有特点、有效果、有影响力的金融中心。

二、创建宽松的金融政策环境

Mckinnon 和 Shaw 从金融抑制、金融深化的角度提出,发展中国家消除金融抑制,实行金融自由化将有力促进该国的经济发展。在金融自由化和金融发展程度较高的国家,金融和经济增长之间存在良性循环的关系。金融发展和金融自由化导致金融体系的效率提高,从而提高资源配置的效率和经济增长水平,同时经济增长本身又使得经济体系对金融服务的需求增加,反过来又促进了金融的发展和不断自由化。从某种意义上说,现代市场经济就是金融经济,金融体系的发达程度是决定一国经济增长水平的最重要变量之一。纵观较成熟金融中心,金融市场的自由度与开放度均较高,便于吸引外资进入,同时有利于金融资源的有效利用。目前我国金融市场的自由度与开放度较低,不利于金融资源的有效配置,也不利于我国金融业的战略性发展。我们必须意识到,北京构建国际金融中心,不仅是北京一城一地的事务,也应是整个国家的事务;北京构建国际金融中心所带来的好处,也并不是北京独享,而是会带动整个国家金融体系与金融业的蓬勃发展。

当前,我国利率市场化尚未完全完成,汇率形成机制尚处于改革之中,人民币资本项目尚未完全开放,国内外的资金自由流动、自由集聚难度较大,这从根本上制约着中国大陆城市成为国际金融中心。在经济全球化背景下,我国要在参与世界经济中获得利益,利用外资弥补我国经济建设资金的不足,客观上需要放松对外来资金的管制。但是在开放吸引外资的同时,也应确保我国金融秩序的稳定。目前较为可行的路径是以人民币汇率形成机制改革为契机,逐步实现外汇管制的开放。一方面,利用目前人民币升值预期较强和国家外汇储备充裕的时机,积极探索有效的外汇管理改革措施,提高企业用汇自主权,逐步培育以金融机构为主体的外汇交易市场;另一方面,在继续推进跨国公司外汇资金管理方式改革的同时,配合企业"走出去"战略,探索发展离岸金融业务,引导外汇资金双向合理流动。

此外，我们也应当按照WTO规则的要求，适度降低金融企业市场准入条件，逐步扩大外资金融机构的设立与营业范围。目前我国采用分国别、分企业、分城市试点颁布外资金融机构牌照和试点开展业务的做法，在一定程度上有悖于WTO规则要求的公平性和透明性原则，也为相关金融机构的发展以及相关部门的监管带来一些实际困难。同时，也应当在对外开放的同时对内开放，扶持民营金融机构的建立与发展，提高金融市场主体的层次性与业务的多样性、灵活性。

最后，应当注重政府职能与角色的转化。政府宏观调控对于金融中心构建具有重要的导向作用，但政府应当注重调控、干预经济的领域与方式，应当在金融市场监管与金融市场自治两方面协调发展。政府应当加大对市场主体的服务力度，为市场主体创造良好的营业环境与竞争氛围。

三、构建完善、中立、权威的法律制度

我国目前尚处于经济转轨时期，金融业发展的总体环境还达不到发达金融中心的要求，主要表现为我国金融业发展相关法律法规尚未与全球化背景下国际法律相接轨。另外，目前我国金融业发展的政策主导性极强，调控的连续性欠缺，政策可操作性较差。国外与民间机构、资本进入市场往往缺乏明确的预期性，进入的成本较高，并可能形成一定程度上的进入壁垒。这就需要我国进一步完善现有的法律法规。具体到北京，则应当在争取国家层面法律、政策制定的同时适时出台配套规章制度，在会计准则、评估准则、产权制度等方面达到国际化、规范化。

同时，随着我国金融市场的发展，金融衍生产品在我国大量涌现，使得我国现行金融税收制度出现了大量空白点。在准确理解金融衍生产品特性及其对传统税收制度影响的基础上，应当设计一套既鼓励市场发育和中外资金融机构公平竞争，又避免税收流失、增加财政收入的合理适当的衍生产品税收制度。这一税收制度应涵盖签发、交易、收益三个环节，并在初期设定较低税率或制定较多减免规定以促进我国金融衍生产品市场发展。

另外，在金融业的法律制度中，征信体系应占有重要的地位。在北京构建国际金融中心的过程中，完善征信体系，打造信用环境良好的竞争环境十分重要。建设信用北京可以从制定信用法规、标准与建立信用数据库两方面着手，使完善的征信体系与良好的信用环境成为北京的核心竞争力之一。目前，北京在建立联合征信方面制度优势突出：一方面，北京

作为首都，不仅是金融政策、监管的集中地，也是央行和各大银行总部所在地，可以争取国家提供政策支持，将分散在税务机关、银行、工商机构的企业和个人的丰富信息收集汇总，建立信用数据库，并在央行的支持下使征信体系更加高效便捷；另一方面，中关村科技园区等一批高新科技集中地为北京带来了明显的信息服务技术优势，也能够在构建信用北京的过程中提供技术支持。此外，相关部门在征信系统的建设中应当采取开放的政策，积极引进国外先进技术和成熟的经验，创建信用数据库，深入加工信用信息产品；分析失信动因，针对违约成本低、收益大的现实问题，建立奖惩机制和黑名单，激励守信，惩罚失信，创建良好的信用环境。

四、加强金融配套设施建设

先进的通信技术和设施能有效降低企业经营成本，扩大金融中心的辐射范围，增加金融中心的客户群，提高金融资讯的普及率。良好的道路交通设施，便捷的空运服务，有效的金融资源空间布局与整合等均对金融中心的构建具有重要影响。北京应当完善城市的通信设施，进一步提高通信技术的现代化，特别是支持网络交易的金融设施和技术的现代化。由政府出面组织协调有关部门共同参与，以开放性、网络化、规范化、一体化原则为指导，在金融服务的各个方面采用先进的网络技术，改善金融运行环境，提高金融服务效率。完善区域内的票据清算系统和配套设施，提高票据清算速度，加强北京金融信用卡类支付手段的网络化建设，争取建成各种信用卡共享通用的自动支付网络。北京还必须加快发展与国际金融市场的信息化联系，建立先进的实时金融信息交换系统和跨国金融业电子化、网络化服务系统。在城市道路交通方面，应当合理配套地面交通与轨道交通，最大限度克服北京交通拥挤状况。北京市已经提出"一主一副三新四后台"的金融业空间布局，应当注重克服各个金融功能区的内部无序竞争，避免造成金融资源的分散化。北京金融中心的构建中，要重点突出金融街的金融中心地位，促进各种存量和增量金融资源向金融街集聚，逐步将金融街打造成北京的华尔街。至于其他区域，虽然也可以吸引一些金融机构入驻，但具有"星星点点"的性质，不再强调其金融中心或金融资源集聚区的功能，而是可以集中精力发展现代服务、高科技等其他产业。

五、加强横向联系,拓展金融腹地

金融业成长不是金融业部门的孤立发展态势,它是金融业与经济地域系统保持空间恒久交换关系的反映。正如第六章中的实证分析,金融业对经济增长的贡献程度不断上升,而第二产业的贡献率则呈现下降趋势。但是如前所述,金融业的发展是离不开其他产业的,与其经济腹地等有着密切的联系。一方面,金融业虽在一定程度上并不绝对依赖于实物运动,但也不能完全脱离实物运动而独立存在。区域经济发展水平是金融业成长的重要地理约束因素,为其提供了承载空间。另一方面,金融业成长是介入区域经济发展的动力性条件和重要力量。经济腹地是一个与经济中心或中心城市相对应的概念,其内涵是经济中心的吸收和辐射能力能够达到并能促进其经济发展的地域范围。经济腹地是产业链赖以形成的基础,其能够有效促进金融中心的构建,通过与邻近地区的经济联系,能够带动彼此经济发展,进而加大资金的集聚。北京地处环渤海湾核心地区,加强与环渤海区域各省市在政府金融服务、金融监管、金融机构三个层面上的合作,积极搭建政府推动区域金融合作的服务平台。2008年,组织召开了环渤海地区金融合作与发展论坛,确立了促进区域金融合作和发展的政府推动机制与合作协调机制,启动了京津唐、环渤海区域金融发展和区域金融一体化进程。

参 考 文 献

[1] Allen F. and Gale D. ,2001,*Comparing Financial Systems*,MIT Press Books,1.

[2] Atje R. and Jovanovic B. ,1993,"Stock markets and development",*European Economic Review*,Vol.37,No.2.

[3] Amiti. M. Specialisation Patterns in Europe, Centre for Economic Performance[J]. Discussion Paper No. 363, London School of Economics, 1997.

[4] Bagchi-Sen S. ,1995," Foreign Direct Investment in US Manufacturing Industries:Source-Specific Variations",Geografiska Annaler. Series B,*Human Geography*,17—29.

[5] Bagehot,W. ,1878,"Lombard Street: A description of the money market",Paul.

[6] Baker,M. ,and Wurgler,J. ,2002,"Market timing and capital structure",*The Journal of Finance*,Vol.57,No.1.

[7] Baldwin-Edwards, Martin, 2001 , " Semi-reluctant hosts: Southern Europe's ambivalent response to immigration",Brown J. World Aff. ,8,211.

[8] Beck,T. ,Demirgüç-Kunt, A. S. L. I. , and Maksimovic,V. ,2005," Financial and legal constraints to growth: Does firm size matter",*The Journal of Finance*,Vol.60, No.1.

[9] Berger, Charles P. ,1974,"The Formation of Financial Centers: A study in Comparative Economic History",*Princeton Studies in International Finance* No. 36, Princeton, NJ: International Finance Section, Department of Economics, Princeton University.

[10] Bottazzi,L. ,Da Rin,M. ,and Hellmann,T. ,2004,"The changing face of the European venture capital industry: Facts and analysis",*The Journal of Private Equity*, Vol.7,No.2.

[11] Buchanan J. M. ,1962,"Stubblebine W C. Externality",*Economica*, 371—384.

[12] Cimoli M. ,Pereira W. ,Porcile G. ,et al. ,2011,"Structural change, technology, and economic growth: Brazil and the CIBS in a comparative perspective",*Economic Change and Restructuring*, 44(1—2),25—47.

[13] Cimoli M. ,and Porcile G. ,2011,"Global growth and international cooperation: a structuralist perspective",*Cambridge Journal of Economics*,Vol.35,No.2.

[14] Clark, G. L., and Wójcik, D., 2005, "Path dependence and financial markets: the economic geography of the German model", *Environment and Planning A*, Vol. 37, No. 10.

[15] Cook C., Stevenson J., 1996, "The Longman handbook of modern British history, 1714—1995", Longman.

[16] Creamer D., 1943, "Shifts of manufacturing industries", *Industrial Location and National Resources*, 1943, 85—104.

[17] Da Rin, M., and Hellmann, T., 2002, "Banks as catalysts for industrialization", *Journal of Financial Intermediation*, Vol. 11, No. 4.

[18] Davies S., Lyons B., 1996, "Industrial organization in the European Union: Structure, strategy, and the competitive mechanism", OUP Catalogue.

[19] Demirgüç-Kunt, A., and Maksimovic, V., 1998, "Law, finance, and firm growth", *The Journal of Finance*, Vol. 53, No. 6.

[20] Dong X., Song S., Zhu H., 2011, "Industrial structure and economic fluctuation—Evidence from China", *The Social Science Journal*, 48(3), 468—477.

[21] Dufey G., Giddy I. H., 1978, "International Financial Planning", *California Management Review*, 21(1).

[22] Dunn Jr E., 1980, "The development of the US urban system: concepts structures regional shifts", Vol. 1.

[23] Fagerberg, J., 2000, "Technological progress, structural change and productivity growth: a comparative study", *Structural Change and Economic Dynamics*, Vol. 11, No. 4.

[24] Ellison G., E. L. Glaeser. Geographic Concentration in U. S. Manufacturing Industries: A Dartboard Approach[J]. Journal of Political Economics, 1997(105): 899—927.

[25] Fisman, R., and Love, I., 2003, "Trade credit, financial intermediary development, and industry growth", *The Journal of Finance*, Vol. 58, No. 1.

[26] Goldberg L. G., Grosse R., 1994, "Location choice of foreign banks in the United States", *Journal of Economics and Business*, 46(5), 367—379.

[27] Goldberg L. G., Saunders A., 1980, "The causes of US bank expansion overseas: The case of Great Britain", *Journal of Money, Credit and Banking*, 630—643.

[28] Goldberg, Lawrence G., and Anthony Saunders, 1981, "The determinants of foreign banking activity in the United States", *Journal of Banking and Finance*, Vol. 5, No. 1.

[29] Goldberg, Lawrence G., and Robert Grosse, 1994, "Location choice of foreign banks in the United States", *Journal of Economics and Business*, Vol. 46, No. 5.

[30] Goldsmith, R. W., 1969, *Financial structure and economic development*, New Haven: Yale University Pres.
[31] Gras, N. S. B., 1922, "An introduction to economic history", Harper.
[32] Greenwood, J., and Smith, B. D., 1997, "Financial markets in development, and the development of financial markets", *Journal of Economic Dynamics and Control*, Vol. 21, No. 1.
[33] Gurley, J. G., and Shaw, E. S., 1955, "Financial aspects of economic development", *The American Economic Review*, 515—538.
[34] Gurley, J. G., and Shaw, E. S., 1956, "Financial Intermediaries and The Saving-Investment Process", *The journal of finance*, Vol. 11, No. 2.
[35] Harris, R. D., 1997, "Stock markets and development: A re-assessment", *European Economic Review*, Vol. 41, No. 1.
[36] Hawkins R. G., Ritter L. S., Walter I., 1973, "What economists think of their journals", *The Journal of Political Economy*, 1017—1032.
[37] Henderson R., Baldwin J. M., Ceska T. A., et al. ,1990, "Model for the structure of bacteriorhodopsin based on high-resolution electron cryo-microscopy", *Journal of Molecular Biology*, 213(4): 899—929.
[38] Horne J., Danev N., Knapp A., 1967, "The global financial centres index", City of London.
[39] Johnson, Harry G. ,1967, "Economic policies toward less developed countries", Brooking Institution, Washington.
[40] Kaufman G. G., 2001, "Emerging economies and international financial centers", *Review of Pacific Basin Financial Markets and Policies*, Vol. 4, No. 4.
[41] King, R. G., and Levine, R., 1993, "Finance, entrepreneurship and growth", *Journal of Monetary Economics*, Vol. 32, No. 3.
[42] King, R. G., Plosser, C. I., and Rebelo, S. T., 1988, "Production, growth and business cycles: I. The basic neoclassical model", *Journal of monetary Economics*, Vol. 21, No. 2.
[43] Krugman, P. R., 1991, *Geography and trade*, MIT press.
[44] Krugman, Paul R, 1981, "Consumption preferences, asset demands, and distribution effects in international financial markets", National Bureau of Economic Research, Inc, No. 0651.
[45] Kumar, K. B., Rajan, R. G., and Zingales, L., 1999, "What determines firm size?", *National Bureau of Economic Research*.
[46] Kuznets, S. S., 1971, "Economic growth of nations", Harvard University Press.

[47] Kuznets, S., 1949, "National income and industrial structure", *Econometrica: Journal of the Econometric Society*, 205—241.

[48] Kuznets, S., 1957, "Quantitative aspects of the economic growth of nations: II. industrial distribution of national product and labor force", *Economic Development and Cultural Change*, 1—111.

[49] Levine, R., and Zervos, S., 1996, "Stock market development and long-run growth", *The World Bank Economic Review*, Vol. 10, No. 2.

[50] Levine, R., and Zervos, S., 1998, "Stock markets, banks, and economic growth", *American economic review*, 537—558.

[51] Lewis, W. A., 1954, "Economic Development with Unlimited Supplies of Labor", *Manchester School of Economics and Social Studies*, Vol. 16, No. 2

[52] Marcel P. T., Szimai A., 2000, "Productivity Growth in Asian Manufacturing: the Structural Bonus Hypothesis Examine", *Structural change and economic dynamics*, 11(4), 371—392.

[53] Marshall, Alfred, and Mary Paley Marshall, 1920, "The economics of industry", Macmillan and Co..

[54] McGahey R., 1979, "The Economics of Crime: A Critical Review of the Literature", *Mimeographed, New School for Social Research*.

[55] McKinnon, R. I., 1973, "Money and capital in economic development", Brookings Institution Press.

[56] Molho L. E., 1986, "Interest Rates, Saving, and Investment in Developing Countries: A Re-Examination of the McKinnon-Shaw Hypotheses", *Staff Papers-International Monetary Fund*, 90—116.

[57] Ozer E. J., Best S. R., Lipsey T. L., et al., 2008, "Predictors of posttraumatic stress disorder and symptoms in adults: a meta-analysis", *Educational Publishing Foundation*, 1, 3.

[58] Pagano, M., 1993, "The flotation of companies on the stock market: A coordination failure model", *European Economic Review*, Vol. 37, No. 5.

[59] Park, Robert E., Ernest W. Burgess, and Roderick Duncan McKenzie, 1984, eds., *The city*, University of Chicago Press.

[60] Park, Y. S., 1982, "The Economics of Offshore Financial Centers", *Columbia Journal of World Business*, Vol. 17, No. 4.

[61] Pender, Michael P., 2003, "Infection of autoreactive B lymphocytes with EBV, causing chronic autoimmune diseases", *Trends in immunology*, Vol. 24, No. 11.

[62] Peneder M., 2003, "Industrial structure and aggregate growth", *Structural Change and Economic Dynamics*, Vol. 14, No. 4.

[63] Poon, J. P., 2004, "Quantitative methods: past and present", *Progress in Human Geography*, Vol. 28, No. 6.

[64] Poon, J. P., Eldredge, B., and Yeung, D., 2004, "Rank size distribution of international financial centers", *International Regional Science Review*, Vol. 27, No. 4.

[65] Porter, Michael E., 1996, "Competitive advantage, agglomeration economies, and regional policy", *International Regional Science Review*, Vol. 19, No. 1—2.

[66] Rajan, R. G., and Zingales, L, 2001, "Financial systems, industrial structure, and growth", *Oxford Review of Economic Policy*, Vol. 17, No. 4.

[67] Rajan, R. G., and Zingales, L., 1998, "Which capitalism? Lessons from the East Asian crisis", *Journal of Applied Corporate Finance*, Vol. 11, No. 3.

[68] Reed, H. C., 1980, "The ascent of Tokyo as an international financial center", *Journal of International Business Studies*, 19—35.

[69] Smith, Helen Lawton, and Sharmistha BagchiSen, "Academic Entrepreneurship in Oxfordshire".

[70] Syrquin, M., 1984, "Resource allocation and productivity growth", In: Syrquin, M., Taylor, L., Westphal, L. E. (Eds.), Economic Structure Performance Essays in Honor of Hollis B. Chenery, Academic Press, 75—101.

[71] Timmer, M. P., and Szirmai, A., 2000, "Productivity growth in Asian manufacturing: the structural bonus hypothesis examined", *Structural Change and Economic Dynamics*, Vol. 11, No. 4.

[72] Valli V., Saccone D., 2009: "Structural Change and Economic Development in China and India", *European Journal of Comparative Economics*, Vol. 6, No. 1.

[73] Vapnik, V., Golowich, S. E., and Smola, A., 1997, "Support vector method for function approximation, regression estimation, and signal processing", *Advances in Neural Information Processing Systems*, 281—287.

[74] Weber, Alfred, 1909, *über den standort der industrien*, JCB Mohr.

[75] 白重恩、杜颖娟、陶志刚,2004:《地方保护主义及产业地区集中度的决定因素和变动趋势》,《经济研究》第4期。

[76] 〔瑞典〕瑞斯托劳拉詹南,2003:《金融地理学》,商务印书馆。

[77] 查尔斯·P.金德尔伯格,2003:《世界经济霸权,1500—1900》,商务印书馆。

[78] 查尔斯·P.金德尔伯格,2010:《西欧金融史》,中国金融出版社。

[79] 陈勇,2009:《13—15世纪欧洲早期银行业研究》,复旦大学。

[80] 崔功豪,1999:《区域分析与规划》,高等教育出版社。

[81] 范方志、张立军,2003:《中国地区金融结构转变与产业结构升级研究》,《金融研究》第11期。

[82] 范方志、张立军、张少林,2004:《西部地区金融结构与产业结构的关系探讨》,《南方金融》第12期。

[83] 付凌晖,2010:《我国产业结构高级化与经济增长关系的实证研究》,《统计研究》第8期。

[84] 干春晖、郑若谷、余典范,2011:《中国产业结构变迁对经济增长和波动的影响》,《经济研究》第5期。

[85] 盖文启、张辉、吕文栋,2004:《国际典型高技术产业集群的比较分析与经验启示》,《中国软科学》第2期。

[86] 干杏娣,2002:《新时期上海国际金融中心的发展策略与规划》,《上海金融》第11期。

[87] 葛晶,2009:《北京城市经济可持续增长路径研究》,首都经济贸易大学。

[88] 胡坚、杨素兰,2004:《国际金融中心评估指标体系的构建——兼及上海成为国际金融中心的可能性分析》,《北京大学学报:哲学社会科学版》第40期。

[89] 胡坚、杨素兰,2003:《国际金融中心评估指标体系的构建——兼及上海成为国际金融中心的可能性分析》,《北京大学学报》第5期。

[90] 黄解宇、杨再斌,2006:《金融集聚论:金融中心形成的理论与实践解析》,中国社会科学出版社。

[91] 黄茂兴、李军军,2009:《技术选择、产业结构升级与经济增长》,《经济研究》第7期。

[92] 黄育华、王力,2004:《关于建设国内金融中心问题的思考》,《金融时报》。

[93] 金福子、崔松虎,2010:《产业结构偏离度对经济增长的影响——以河北省为例》,《生产力研究》第7期。

[94] 卡尔·马克思,1983:《资本论》,中国社会科学出版社。

[95] 李博、胡进,2009:《中国产业结构优化升级的测度和比较分析》,《管理科学》第2期。

[96] 李惠媛,2010:《基于面板数据模型的我国产业结构优化升级的影响因素分析》,浙江大学。

[97] 刘赣州,2005:《论中部地区产业结构优化升级的金融支持》,《学术界》第5期。

[98] 刘伟、张辉,2008:《中国经济增长中的产业结构变迁和技术进步》,《经济研究》第11期。

[99] 刘伟、张辉,2013:《我国经济增长中的产业结构问题》,《中国高校社会科学》第1期。

[100] 刘再兴、周起业,1989:《区域经济学》,中国人民大学出版社。

[101] 陆红军,2007:《国际金融中心竞争力评估研究》,《财经研究》第33期。

[102] 罗勇、曹丽莉,2005:《中国制造业集聚程度变动趋势实证研究》,《经济研究》第8期。

[103] 潘英丽,2003:《论国际金融中心形成与发展的成功经验》,《上海投资》第10期。

[104] 潘英丽,2003:《论金融中心形成的微观基础——金融机构的空间聚集》,《上海财经大学学报》第5期。

[105] 潘英丽,2003:《中国国际金融中心的崛起:沪港的目标定位与分工》,《世界经济》第26期。

[106] 邱竞,2008:《北京经济增长方式转变研究》,中国人民大学博士学位论文。

[107] 饶余庆,1997:《香港——国际金融中心》,商务印书馆(香港)有限公司。

[108] 史春云、张捷、高薇等,2007:《国外偏离一份额分析及其拓展模型研究述评》,《经济问题探索》第3期。

[109] 史诺平、廖进中、杨炜娜,2010:《中国金融发展与产业结构调整关系的实证研究》,《统计与决策》第3期。

[110] 苏辉,2013:《南通经济增长,能源消费与环境污染关系的实证分析》,《企业导报》第6期。

[111] 孙畅、吴立力,2006:《"区位商"分析法在地方优势产业选择中的运用》,《经济论坛》第21期。

[112] 王传辉,2000:《国际金融中心产生的模式比较研究及对我国的启示》,《世界经济研究》第6期。

[113] 王焕英、王尚坤、石磊,2010:《中国产业结构对经济增长的影响——基于面板模型的研究》,《社会科学版》第2期。

[114] 王力、黄育华,2004:《国际金融中心研究》,中国财政经济出版社。

[115] 伍海华、张旭,2001:《经济增长·产业结构·金融发展》,《经济理论与经济管理》第5期。

[116] 谢太峰,2006:《关于金融生态内涵与评价标准的思考》,《金融理论与实践》第4期。

[117] 谢太峰,2008:《金融资源空间整合:北京金融中心建设的模式选择》,《首都经济贸易大学学报》第6期。

[118] 徐明亮,2009:《区域金融发展对区域产业结构升级的影响研究——以宁波为例》,《宁波经济丛刊》第5期。

[119] 徐现祥、周吉梅、舒元,2007:《中国省区三次产业资本存量估计》,《统计研究》第5期。

[120] 薛俊波、王铮,2007:《中国17部门资本存量的核算研究》,《统计研究》第7期。

[121] 杨再斌、黄解宇,2007:《国际金融中心建设量化评价指标体系研究——兼论上海舆新加坡的国际比较》,《美中经济评论》第4期。

[122] 姚洋、高印朝,2007:《金融中心评价指标体系研究》,《金融论坛》第12期。

[123] 叶耀明、纪翠玲,2004:《长三角城市群金融发展对产业结构变动的影响》,《上海金融》第6期。

[124] 余秀荣,2009:《国际金融中心功能与十七世纪阿姆斯特丹国际金融中心》,《金融经济(理论版)》第4期。

[125] 余秀荣,2011:《国际金融中心历史变迁与功能演进研究》,中国金融出版社。

[126] 曾国平、王燕飞,2005:《中国金融发展与产业结构变迁》,《财贸经济》第8期。

[127] 张辉,2003:《产业集群竞争力的内在经济机理》,《中国软科学》第1期。

[128] 张辉,2004:《全球价值链理论与我国产业发展研究》,《中国工业经济》第5期。

[129] 张辉,2006:《全球价值链动力机制与产业发展策略》,《中国工业经济》第1期。

[130] 张辉,2009:《北京市产业结构变迁对经济增长贡献的实证研究》,《经济科学》第4期。

[131] 张辉,2010:《从北京看我国地方产业结构高度化进程的主导产业驱动机制》,《经济科学》第6期。

[132] 张晓明,2009:《中国产业结构升级与经济增长的关联研究》,《工业技术经济》第2期。

[133] 张泽慧,2005:《国际金融中心指标评估方法及指标评价体系》,《社会科学研究》第1期。

[134] 赵晓菊、谈儒勇、汪冰,2003.:《上海重建国际金融中心的制约与对策》,《上海财经大学学报》第4期。

[135] 赵玉林、魏芳,2008:《基于熵指数和行业集中度的我国高技术产业集聚度研究》,《科学学与科学技术管理》第11期。

[136] 周立,2004:《中国各地区金融发展与经济增长,1978—2000》,清华大学出版社。